2020年度国家出版基金资助项目；
广州市人文社会科学重点研究基地“广州与中外文化交流研究中心”项目；
中山大学西学东渐文献馆项目。

# 时事新论

〔英〕李提摩太／著

王雨／校注

南方日报出版社
NANFANG DAILY PRESS
中国·广州

晚清西学丛书

主编：梅谦立　周伟驰　姚达兑

图书在版编目（CIP）数据

时事新论 / (英) 李提摩太著；王雨校注 . -- 广州：南方日报出版社，2021.6

(晚清西学丛书 . 第二辑)

ISBN 978-7-5491-2324-7

Ⅰ . ①时… Ⅱ . ①李… ②王… Ⅲ . ①李提摩太 (Richard, Timothy 1845-1919) —文集 Ⅳ . ① C52

中国版本图书馆 CIP 数据核字 (2020) 第 259829 号

SHISHI XINLUN

时事新论

著　　者：(英) 李提摩太
校 注 者：王　雨
出版发行：南方日报出版社
地　　址：广州市广州大道中 289 号
出 版 人：周山丹
出版统筹：谭庭浩
策划编辑：黎　衡
责任编辑：陈　静
装帧设计：邓晓童
责任校对：魏智宏
责任技编：王　兰
经　　销：全国新华书店
印　　刷：广州市岭美文化科技有限公司
开　　本：889mm×1194mm　1/32
印　　张：13.5
字　　数：387 千字
版　　次：2021 年 6 月第 1 版
印　　次：2021 年 6 月第 1 次印刷
定　　价：58.00 元

投稿热线：（020）87360640　读者热线：（020）87363865

发现印装质量问题，影响阅读，请与承印厂联系调换

# 总序一

梅谦立

近三十余年来，西学东渐方面的研究已取得了较好的成绩，尤其是晚明清初时段的研究，产生了不少新成果，在学界有不小的影响。从晚明延至晚清民国的西学东渐研究，这是很合理的研究趋势。晚清民国的西学东渐，并非从零开始，而是与晚明有着千丝万缕的联系。其实，在鸦片战争之前，晚明开始引入的西学，潜移默化之间已经渗透进中国社会文化的各个领域。

2006年，在倪梁康教授的领导下，中山大学组建了西学东渐文献馆，其宗旨在于借助广东的地缘优势，进行相关文献资料的收集、整理和研究工作，以推进西学东渐方面的研究。围绕着这一目标，文献馆稳步推进有关工作。比如，目前已连续出版了学术辑刊《西学东渐研究》，共8辑。2015年，文献馆与中国社会科学院周伟驰教授、中山大学姚达兑副教授筹划出版《晚清西学丛书》，侧重于晚清时具有一定影响力但当前还未作整理校注的西学著作。2016年，经广州市社会科学规划领导小组批准，在文献馆的基础上设立了广州市人文社会科学重点研究基地——中山大学广州与中外文化交流研究中心。中心亦随即加入推动落实《晚清西学丛书》的整理和出版计划。2018年，《晚清西学丛书》第一辑（共计七册）付梓。现在，丛书的第二辑亦将印行，包括《劝世良言》《普法战纪》《中西关系略论》《辨学启蒙》《西学略述　西学考略》《格致新机　格致新法》《时事新论》《百年一觉》《富国策》等九册十一种。除了《劝世良言》和《西学略述》在1980年代初曾经出版之外，其他的并没有再版，不易寻觅。这些著作涉及哲学、文学、政治、科学、经济等学科，呈现出晚清时期西学东渐的丰富性，同时对于追溯现代中国的西方哲学、文学、政治学、经济学、自然科学等学科的建立及发展都具有很大的价值。相信这些书的出版，能有助于高校师生和普通读者更为深入地了解晚清知识界的世界视野，以及西方知识在中国的传播过程。

在晚明清初的中西交流中，广州扮演了很重要的角色。延至晚清，尽管上海逐渐兴起，但广州在文化交流上的重要性并没有因此而衰落，在译介及出版方面仍处于领先地位。《晚清西学丛书》第二辑收入的一批曾经产生很大影响的文献，与广州作为中西文化交流的中心密切相关。《劝世良言》为基督新教第一位华人传道人、广东人梁发的著作。此书还收入了稀见的梁发《言行日记》《熟学圣理略论》《真道问答浅解》等。梁发一家曾生活在广州海珠区龙导尾附近。梁氏逝世之后，其墓还曾迁到岭南大学校园中央。《普法战纪》为王韬在香港撰写，在晚清产生了很大的影响，重印数次。《劝世良言》一定程度上影响了洪秀全领导的太平天国运动，《百年一觉》《时事新论》等对康有为、梁启超等维新派产生了巨大的影响。这些著作，提供了理解广东敢为天下先这一改革开放精神的思想背景。这些对于广州（乃至广东的）的历史文化研究，也有着重要的意义。

整理文献不是很起眼的工作，但需要相当的付出。好的整理工作，需要很谨慎，需要做很多研究性的工作。而在当前管理制度下，文献整理很难获得好的“工分”。因此，这一吃力不讨好的工作得以顺利完成，要非常感谢参与本辑丛书整理工作的杨汤琛、叶杨曦、周伟驰、李彬、吕飞跃、肖清和、马永康、王雨、张锦冬、姚达兑等诸位学者的付出，同时也感谢南方日报出版社编辑团队的精心编辑。

此外，本辑丛书获得了2020年度国家出版基金和广州市人文社科重点基地建设项目的资助，特此致谢。

2020年6月8日

# 总序二

周伟驰

## 一、晚清西学东渐的译述时期与转译时期

历史上发生过几次大规模的知识传播运动，表现为大规模的翻译运动，如希腊经典被译为阿拉伯语（百年翻译运动），阿拉伯语的希腊经典被译为拉丁语，印度佛典被译为汉文，日本明治维新后对于西方著作的翻译等。明清之际，西方知识开始向中国传播，虽然中间有过停顿，但西学东渐规模越来越大，在晚清呈现上升趋势，到民国达到一个高潮。改革开放后，更是以前所未有的速度快速进行，目前的态势用“方兴未艾”来形容也不为过。“西学东渐”作为一个过程，跟“中学西传”是一体两面。就西学东渐本身来说，在这个过程中，虽然也有少量著作是撰写的，但还是以翻译著作居多，可以说西学东渐是一个翻译的过程。

在明末以来这个生机勃勃的“400年翻译运动”中，晚清占有特殊地位。晚清译介者[1]来源是多种多样的，既有西方传教士也有中国学者，既有教会组织也有政府机构。翻译内容五花八门，从宗教知识到世俗知识，呈现出阶段性的特征。我们可以根据翻译活动的方式是直接翻译还是转译，是合作翻译还是独自翻译，概括地将晚清西学翻译分为两个时期，时间上大致以甲午战争至维新变法为界。甲午战争前是“译述时期”，维新变法失败后是“转译时期”。

---

［1］本文所说的“西学东渐”是指西方知识在中国的传播，它们有些是通过直接翻译实现的，有些则是由一些人撰写著作实现的。本文重视翻译，但也重视介绍西方知识的著作。一般模糊地称为“译撰”或“译介”，如林乐知、花之安，既翻译又自己撰写、介绍西方的知识。再如一些中国学者，可能在不懂外文或仅是略懂外文的情况下，也编写一些西学著作，如王韬、王炳耀都可以放在西学东渐传播西学范围之下。

从马礼逊来华到戊戌变法失败后，翻译者主要是西方传教士及其中国助手，一般情况下是传教士“口译”，中国助手“笔述”。当然，这时期不是没有个别人士可以单独地进行翻译（如颜永京），但总体来说这样的人凤毛麟角，因此，我们可以把这一时期（1807—1898年）称为“译述时期”。这一时期的翻译者如果受雇于教会，则其翻译内容多为宗教类著作；如果受雇于清政府（如江南制造局翻译馆），则其翻译多为军事科技类著作；如果是自立的学会（如广学会），则人文社科类著作会多一些。

“译述时期”大致可分成三个阶段。从1807年马礼逊来华学习中文翻译《圣经》到第一次鸦片战争，为第一个阶段，翻译的主体为传教士及其中国助手，他们主要在中国的广州、澳门以及东南亚一带，翻译的内容主要是宗教书籍，也有一些地理、历史、科技的著作，还办了一些中文杂志。

第一次鸦片战争到第二次鸦片战争，为第二个阶段。这时香港被割占，广州之外，福州、厦门、宁波、上海成为通商口岸，太平天国运动使得中华帝国南部陷入战乱。以上海为中心，传教士在各大口岸与其中国助手翻译了一些宗教著作与文化著作，创办了一些中文杂志[1]。

在这两个阶段中，著名的译撰者有马礼逊、米怜、郭士立、麦都思、合信、俾士、湛约翰、罗孝全、艾约瑟、慕维廉、玛高温、伟烈亚力等，与之合作的中国人有李善兰、王韬、管嗣复、张福僖等人。这些传教士所出中文书刊对林则徐、梁廷枏、徐继畬、魏源都有影响，使他们成

[1] 第一、二个阶段的主要译著，可参考熊月之：《西学东渐与晚清社会》（修订版），北京：中国人民大学出版社2011年版，第105—109页及第三章。其出版数据主要依据伟烈亚力《基督教在华传教士纪念录》及苏精《马礼逊与中文印刷出版》。

为第一批睁眼看世界的中国人。较出名的出版中心有宁波花华圣经书房（1860年迁到上海后改名美华书馆）、上海墨海书馆等。

第二次鸦片战争到甲午战争和维新变法期间，为第三个阶段。这一阶段，太平天国被镇压，同光中兴，洋务运动兴起，以传教士为主的西方人士有一些服务于北京、上海、广州、福州、天津等地的清政府机构，与中国助手翻译了大量军事、科技、史地类著作。一些为教会服务的传教士翻译了一些宗教著作。一些有“文化传教”情怀的传教士则创办了广学会这类文化机构，他们办刊、出书，译述了一些社会科学类的著作。西学翻译的中心，在教会方面主要有广学会、益智书会、美华书馆、博济医局、上海土山湾印书馆、金陵汇文书院、福州美华书局，在官方和中国知识分子方面则主要有同文馆、江南制造局翻译馆、天津机器局、天津武备学堂、上海译书公会、农学报社、申报馆等[1]。活跃的口译者有嘉约翰、傅兰雅、金楷理、林乐知、李提摩太、艾约瑟、慕维廉、花之安、韦廉臣、舒高第[2]等人，著名的笔述者则有中国的王韬、沈毓桂、蔡尔康、徐寿、徐建寅、华蘅芳、钟天纬、瞿昂来、李凤苞、任廷旭、范祎等人，能从事独立翻译的有李问渔、颜永

[1] 熊月之列出了主要出版中心书目、京师同文馆译著书目，见熊月之：《西学东渐与晚清社会》（修订版），北京：中国人民大学出版社2011年版，第253—254页；江南制造局翻译馆译书目录，见第423—432页；广学会出版西书目录（1900年以前），见第446—447页。

[2] 舒高第是中国人，在美国学习过很长时间，中文笔译能力似不甚佳，翻译时尚需助手笔述。

京等少数几人[1]。他们译介的西方知识对洋务派、维新派、革命派，如李鸿章、张之洞、康有为、梁启超、谭嗣同等人都有影响，西方知识传播者的影响力在维新变法中达到顶峰。

甲午战争的战败意味着洋务运动的失败。向西方学习几乎成了朝野上下的共识，日本因为“同文同种”、路近学费低、现代化成绩较好而获得了梁启超、张之洞等人的青睐，他们认为留学日本学习西学是一个捷径。在他们的提倡下，清政府自1896年开始向日本派出留学生，人数逐年增多[2]。在废除科举的1905年和次年，留日人数达到顶峰，分别是8000人和1.2万人。1898年维新变法失败后逃亡日本的梁启超[3]，加上留日学生，使得从日文“转译西学”大为兴盛，翻译数量快速地超过了“译述时期”[4]，我们可将这一时期（1898—1911年）称为“转译时期”。这不是说在此阶段已没有“译述”和单独直译，广学会、

---

[1] 有些学者认为，晚清条约口岸围绕着当时传教士和清政府的翻译活动，出现了一批了解西学、倾向西学的中国知识分子，参考段怀清：《传教士与晚清口岸文人》，广州：广东人民出版社2007年版；王立群：《中国早期口岸知识分子形成的文化特征：王韬研究》，北京：北京大学出版社2009年版。

[2] 黄福庆：《清末留日学生》，台北：“中央研究院”近代史研究所1975年版，第2—3页。

[3] 梁启超在去日本之前的西学知识主要来源于译述，流亡日本后他凭借自创的“和文汉读法”，能够阅读日文著作。关于梁启超与明治思想界的关系，可参考狭间直树编：《梁启超·明治日本·西方》，北京：社会科学文献出版社2012年版；狭间直树主讲：《东亚近代文明史上的梁启超》，上海：上海人民出版社2016年版；郑匡民：《梁启超启蒙思想的东学背景》，上海：上海书店出版社2009年版。与梁启超相关的近代中日之间西学概念的翻译与传播，可参考狭间直树、石川祯浩主编，袁广泉等译：《近代东亚翻译概念的发生与传播》，北京：社会科学文献出版社2015年版；石川祯浩：《中国近代历史的表与里》，北京：北京大学出版社2015年版。

[4] 实藤惠秀：《中国人留学日本史》，北京：北京大学出版社2012年版，第167—207页。

严复、林纾亦仍在翻译，而只是说，在规模和影响上，这一阶段是以从日文“转译”过来的西学为主。民国后才进入对于西学大规模的“独立直译”阶段。

这一时期译介西学的机构有商务印书馆、译书汇编社、南洋公学译书院、广智书局、作新社、文明书局、会文学社（会文堂书局）、金粟斋译书处、教育世界出版社、新学会社、中国医学会等，翻译的内容侧重于社会科学和史地书籍，而应用科学与自然科学比重减少。译介者大多是留日者，如樊炳清、蔡元培、王国维、范迪吉等。

在“转译时期”，明治时期由日本学者创制的对译西方名词的“和制汉词”大量进入中文，有很多取代了“译述时期”的译法，成为今天我们仍然在应用的主流译词。这可能是自佛教词汇之后最大规模的“外来词”群体。像“哲学”“社会”“文学”“经济”“政治”“宗教”“自由”这类人文社科名词，都是来自和制汉词。这些词的总量在1000个左右[1]，实际数量可能远不止此。由于“转译”在广度和深度上远超此前的“译述”，和制汉词逐渐占据主流，替代了“译述时期”的许多译法，而使汉语基本词汇实现了“急速现代化”[2]。不过，明治和制汉词本身对于日本来说只是一个历史阶段现象。随着日本减少汉字学习，以及用“和制英语”的人越来越多，汉词及和语逐渐不用或少用[3]，汉字在日本的使用本身呈萎缩

[1] 周圣来：《美意识的种子：和制汉词对中国现代文学的影响》，香港：练习文化实验室有限公司2016年版，第89—93页；和制汉词总表参见该书第335—341页。

[2] 郎宓榭等著：《新词语新概念：西学译介与晚清汉语词汇之变迁》，济南：山东画报出版社2012年版，引言。

[3] 周圣来：《美意识的种子：和制汉词对中国现代文学的影响》，香港：练习文化实验室有限公司2016年版，第71—73页。

状态。但是，明治和制汉词在中文世界中反而站稳脚跟。可以说，今天中文世界的翻译已难以离开和制汉词。虽然里面问题很多，但是约定俗成，即使要作改良也只能逐步地进行了。

由“译述”逐渐向“转译”发展，这在书目汇编的变化中体现出来了。晚清新书的编目，除了出版者（如广学会）的年报外，比较集中的有：傅兰雅《译书事略》（江南制造局翻译西书事略），《格致汇编》1880年5—8月连载。孙维新《泰西格致之学与近刻翻译诸书详略得失何者为最要论》，本为上海格致书院作业，对140本西书做出比较评价，后刻印出来。梁启超《西学书目表》[1]，《时务报》报馆1896年版，录通商后西书名352种，附表录通商前西书名86种、近译未印书目88种。沈桐生《东西学书录提要总叙》，读有用书斋1897年出版。黄庆澄编《中西普通书目表》，上海算学报馆1898年刻，里面西学部分多取自梁启超《西学书目表》。徐维则编《东西学书录》，1899年出版。这些书目所录的绝大多数是“译述”著作。徐维则的《东西学书录》后来得到顾燮光帮助，顾燮光补充了从日文译为中文的西书，二人合编《增版东西学书录》，1902年出版。赵惟熙编《西学书目答问》，1901年出版。而上海通雅书局在1903年、1904年出版的《新学书目提要》，编者可能是一群留日学生。顾燮光《译书经眼录》，杭州金佳石好楼1934年印。这些书目中，最齐全的

［1］《西学书目表》，1896年武昌质学会重校本。该本前言《西学书目表序例》，亦载《时务报》（第八册），见《时务报》报馆编：《强学报时务报》（第一卷），北京：中华书局1991年版，第488—494页。

可以说是《增版东西学书录》和《译书经眼录》[1]。从这两本书可以看出，1900年后从日文转译的西学著作已成为当时翻译书的主流，在社会科学著作中占有绝对地位。据不完全统计，1896—1911年，中国翻译的日文书至少有1014种。这个数字远远超过此前半个世纪以来中国翻译西文书数量的总和，也大大超过同时期中国翻译西文书的数量[2]。而其中社会科学著作达366部，法律图书98部，政治图书96部[3]。

上面所说的西学著作多指图书，但是晚清介绍西学的还有一些中文报刊，不少著作都是先在报刊上登出再出单行本的。近代报刊的一般情况，可以参考戈公振《中国报学史》[4]的第三章“外报创始时期”以及美国白瑞华《中国近代报刊史》等[5]。关于这些报刊的详细目录，可以参考《中国近代期刊篇目汇录》[6]。

《西学书目表》《增版东西学书录》和《译书经眼录》，都侧重于科技类与社会科学类译著，许多书被遗漏，比如新教人士的著作。早期新教来华传教士所译撰的

[1] 这两个目录被收入熊月之：《晚清新学书目提要》，上海：上海书店出版社2014年版，前言。该书索引亦很有价值。

[2] 熊月之：《西学东渐与晚清社会》（修订版），北京：中国人民大学出版社2011年版，第509页。

[3] 谭汝谦主编：《中国译日本书综合目录》，香港：香港中文大学出版社1980年版。转自滕超：《权力博弈中的晚清法律翻译》，北京：中国社会科学出版社2014年版，第335页。

[4] 戈公振：《中国报学史》，上海：上海书店出版社2014年版。

[5] 白瑞华著，苏世军译：《中国近代报刊史》，北京：中央编译出版社2013年版；赵晓兰、吴潮：《传教士中文报刊史》，上海：复旦大学出版社2011年版。传教士中文报刊对维新派报刊有影响，可参考徐松荣：《维新派与近代报刊》，太原：山西古籍出版社1998年版。

[6] 上海图书馆编：《中国近代期刊篇目汇录》（一），上海：上海人民出版社1965年版。该书于1980年重印。

著作，可以参考伟烈亚力1867年出版的《基督教新教传教士在华名录》[1]；1860年后的新教译撰著作散落各处，近已有人系统整理，如黎子鹏的《中国基督教文字事业编年史：1860—1911》[2]。

## 二、译述时期的主要译撰者及其观念

从1807年马礼逊来华并准备翻译《圣经》到1911年清王朝覆灭，晚清可以说是经历了一个“百年翻译”运动。如果说最后13年（1898—1911年）是“转译”由无到有到兴盛的过程，那么，在此之前的90余年（1807—1898年）则是“译述时期”。虽然有不少翻译机构，但如果看最活跃的翻译者，我们会惊讶地发现，他们大多是新教传教士[3]。译得最多也最有名的，几乎全是传教士[4]，如伟烈

---

［1］Alexander Wylie, *Memorials of Protestant Missionaries giving a List of Their Publications, and Obituary Notices of the Deceased*. With Copious Indexes. Taipei: Ch’Eng-wen Publishing Company, 1867. 伟烈亚力著，赵康英译：《基督教新教传教士在华名录》，天津：天津人民出版社2013年版。

［2］黎子鹏编著：《中国基督教文字事业编年史：1860—1911》，香港：基督教文艺出版社有限公司2015年版。

［3］有的学者将传教士翻译分为三个阶段：1815—1842年，从南洋创办《察世俗每月统记传》至上海墨海书馆建立；1843—1887年，从上海墨海书馆建立至上海广学会成立；1888—1898年，广学会成立至维新变法失败。并列出了各时期的主要非宗教类著作。参考何绍斌：《越界与想象：晚清新教传教士译介史论》，上海：上海三联书店2008年版，第44—45页及第一章。这种分期法过分以上海为中心，而且太细。其实，无论宗教还是非宗教类书籍，晚清译述是多中心的，上海当然最活跃，但北京、广州、宁波、武汉等地也从未中断过。

［4］改革开放后，对作为中国近代史上重要一环的传教士展开了大规模的翻译和研究。翻译中较为重要的系列是周振鹤教授主编并由广西师范大学出版社出版的“来华基督教传教士传记”丛书，黄兴涛、杨念群主编并由中华书局出版的“西方的中国形象”丛书。此外，亦有不少零散出版的传教士传记。

亚力[1]、傅兰雅[2]、林乐知[3]、丁韪良[4]、李提摩太[5]、金楷理等人，因为当时愿意来华且愿意从事文化传播的西方人士只有传教士。西方本土的知识分子没有机会、动力和经费来华，中国人也没有主动去请他们。这种局面要等到“五四”前后杜威、罗素受邀来华方有改变。传教士撰译宗教书籍是其来华的本行和义务，而译介科技、史地、人文社科著作，要么是因为受雇于清政府，要么是被“文化传教”“社会福音”的淑世情怀驱动[6]。如广学会的几位

[1] 汪晓勤：《中西科学交流的功臣：伟烈亚力》，北京：科学出版社2000年版。

[2] 王扬宗：《傅兰雅与近代中国的科学启蒙》，北京：科学出版社2000年版。傅兰雅在加州大学的全部英文档案已收入戴吉礼主编：《傅兰雅档案》，桂林：广西师范大学出版社2010年版。

[3] 贝奈特著，金莹译：《传教士新闻工作者在中国：林乐知和他的杂志（1860—1883）》，桂林：广西师范大学出版社2014年版；梁元生：《林乐知在华事业与〈万国公报〉》，香港：香港中文大学出版社1978年版；卢明玉：《译与异——林乐知译述与西学传播》，北京：首都经济贸易大学出版社2010年版。单篇论文当然更多，如查时杰：《林乐知的生平与志事》，载林治平主编：《基督教入华百七十年纪念集》，台北：台北宇宙光出版社1977年版。

[4] 丁韪良著，沈弘等译：《汉学菁华》，北京：世界图书出版公司2010年版；丁韪良著，沈弘等译：《中国觉醒》，北京：世界图书出版公司2010年版。目前关于丁韪良最好的研究著作，可参考王文兵：《丁韪良与中国》，北京：外语教学与研究出版社2008年版。

[5] 李提摩太：《亲历晚清四十五年——李提摩太在华回忆录》，天津：天津人民出版社2005年版。他人撰写的李提摩太传记，立场差异较大，主要有丁则良：《李提摩太》，上海：开明书店1951年版；苏慧廉著，山西大学外语学院《李提摩太传》翻译组译：《李提摩太传》，香港：世华天地出版社2002年版；苏慧廉著，关志远、关志英、何玉译：《李提摩太在中国》，桂林：广西师范大学出版社2007年版（按：后两书实为同一书，译者不同而已）。

[6] 近代传教士创办的中文报刊情况，可参考赵晓兰、吴潮：《传教士中文报刊史》，上海：复旦大学出版社2011年版。由于传教士是中文报纸的先驱，因此，在晚清早期，其办报史跟中国近代报刊史基本是重叠的。大陆较早系统地研究传教士与晚清现代化关系的，可参考王立新：《美国传教士与晚清中国现代化》，天津：天津人民出版社1997年版。该书于2008年出版第二版。

传教士，他们避开了直接传教的做法，也避免只译介实用性的技术，而是通过《万国公报》[1]等报刊和著书立说，对西方文明进行比较全面的介绍，这跟他们背后的一些基本信念有关。

19世纪来华的新教传教士，跟当时的西方人一样，都自觉不自觉地持有西方中心论，认为西方文明要优越于其他文明，西方的政治制度（民主、自由等）要优越于东方。对于他们来说，优越的根本原因是新教优越于别的宗教。这种观点可以称为“新教文明等级观”[2]，主要包括几个信念：从事实来看，西方文明无论在政治、经济、商贸、军事、科技方面都超出非西方文明，非西方文明逐步屈从于西方即真实的证据；追溯西方文明强大的根源，在于基督教，它使西方人有道德，有博爱精神，重团结，乐群，有求知精神，追求知识，在教育、慈善等方面都具有宗教精神；当时的国家富强等级是新教国家（英美德）强过天主教国家（法意西），基督教国家强过中国、印度、日本、土耳其等“半文半野”国家，更强过非洲、南太平洋野蛮人国家，这表明新教要优于天主教，基督教要优于异教；像日本这样的国家之所以进步，是因为吸收了

[1] 关于《万国公报》，早期有台湾王树槐和香港梁元生的研究，大陆较系统的研究有王林：《西学与变法——〈万国公报〉研究》，济南：齐鲁书社2004年版（该书根据作者1996年博士论文改编）；杨代春：《〈万国公报〉与晚清中西文化交流》，长沙：湖南人民出版社2002年版。

[2] 周伟驰：《晚清新教传教士的文明等级观》，《文景》，2012年第9期。亦见周伟驰：《太平天国与启示录》，北京：中国社会科学出版社2013年版，第276—308页。近来，一些学者对19世纪西方的一般文明等级观及其对中国的影响进行了研究，可参考刘禾主编：《世界秩序与文明等级：全球史研究的新途径》，北京：生活·读书·新知三联书店2016年版。

西方“教化”（文明）的长处，当然，它现在还没有学到“教道”（新教）。而拒绝学习西方的国家（如中国和土耳其），则往往面临险境。国家想强盛，就要像日本那样学习西方“教化”与“教道”。与启蒙主义思想家从“自由、平等、博爱”及“科学、民主、道德”等世俗价值观来看文明等级不同，传教士是从宗教的角度来看文明的本质和等级的。广学会的几个主要撰稿人如林乐知、李提摩太、韦廉臣、花之安[1]、艾约瑟、慕维廉、沈毓桂[2]都坚持这个观念。从某个角度上看，他们是马克斯·韦伯之前的“马克斯·韦伯”。

新教文明论在韦廉臣、花之安、李提摩太等人那里都有具体的论述，但在林乐知、沈毓桂的“三伦说”里得到了集中的表达。它认为，人上要面对上帝，下要处理万物，中间要对待同类，因此而有神伦、物伦和人伦。只有崇拜真神，才能正确地对待他人，以平等、自由、民主处之，才能正确地对待万物，发展科技，利用厚生。如果说神伦是强调基督教排他一神论，物伦则是要引入西方科技观念，以破除中国人的泛灵论和风水迷信之类阻碍现代化的观念（如风水严重阻碍了修铁路和开矿），那么人伦跟中国传统的人伦有什么不一样呢？在《教会新报》阶

[1] 对花之安的研究，可参考张硕：《汉学家花之安（Ernst Faber）思想研究》，北京：知识产权出版社2013年版。

[2] 易惠莉：《西学东渐与中国传统知识分子：沈毓桂个案研究》，长春：吉林人民出版社1993年版。较早的对传教士个体的介绍可参考顾长声：《从马礼逊到司徒雷登——来华新教传教士评传》，上海：上海书店出版社2005年版。至于艾约瑟、慕维廉、韦廉臣，尚未看到相关的研究专著。在对待基督教与中国文化的高低评估上，传教士虽然总体上扬耶抑儒，但个体存在着程度上的差异，如李提摩太和李佳白较为和缓，林乐知则较为严峻。

段，林乐知尚侧重耶儒在仁义礼智、忠孝节义、戒律上的一致，但随着甲午战争严重暴露中国文化的负面因素，林乐知开始强调新教人伦异于且优越于儒教之处，以美国式的自由、民主、平等来反衬儒教的专制、束缚、愚昧，较为系统地揭露并批判了儒教的负面影响。正如在印度的传教士对印度文化的批判促进了印度知识分子的启蒙主义一样，传教士与中国基督徒对中国文化风俗陋习（从男尊女卑、缠足到专制）的系统批判，启发了从康有为、梁启超到新文化运动的文化反思与启蒙主义。

今天，如果我们系统地阅读《教会新报》和《万国公报》上中外作者的文章，就会发现，对中国传统宗教的批判，对皇权、族权、夫权、神权的批判，对国民性的批判，以及提倡白话文、汉字拼音化，在晚清已经全面展开，只不过用词没有那么激烈。他们的这种反思与批判，可以称为近代第一波启蒙主义运动。如果说陈独秀、鲁迅、胡适等人是以现代西方科学民主思想来批判中国传统文化，那么这第一波启蒙主义运动就是以现代新教思想[1]来批判中国传统文化。

西学对晚清各方面，尤其对政治和思想方面，一直持续发挥着影响。从林则徐、魏源、徐继畬到洪仁玕和冯桂芬这样的新式思想家，一步步地向前深化，直到在戊戌

[1] 现代新教思想是在基督教的视野下容纳科学与民主，它跟苏格兰启蒙、英美温和的改良传统有关，它并不认为基督教与科学、民主是矛盾的。这种兼容论的思想视野，在民国初期的赵紫宸那里都还存在。而新文化运动的主导方向则是排除了信仰的科学与民主，近似于法俄无神论与世俗化传统。

运动中达到高潮。康有为、梁启超、谭嗣同[1]等人受李提摩太、林乐知的影响是十分显著的[2]，他们的许多改革建议、新知识和新思想，直接来源于广学会、江南制造局翻译馆的著作[3]。经过义和团运动的反西方文明后，清朝痛定思痛，决定实行君主立宪，不仅西学在“转译”中迎来新一波高潮，连民教关系也在双方的反思和克制下开始缓和，基督教迎来一个平稳增长期。西学不仅对经世派、改良派、洋务派、维新派有影响，对一早一晚以洪秀全和孙中山为代表的反清人士亦有影响。太平天国与基督教的关系甚深，尤其深受《圣经》与《劝世良言》的影响[4]。孙中山早年自命“洪秀全第二”，1894年他曾在《万国公报》上发表《上李傅相书》[5]，改良不成后，决定采取革命方式再造中华，其早期追随者与起义人员中多为基督教

---

［1］张灏著，崔志海、葛夫平译：《烈士精神与批判意识：谭嗣同思想的分析》，北京：中央编译出版社2016年版，第45—51页。朱维铮先生在谈到西学对谭嗣同的影响时说：“谭嗣同非但同意彻底西化，甚至像王韬一样，以为西方列强侵略中国是好事，可以加速中国的革新。”参考李天纲编校：《万国公报文选》，上海：中西书局2012年版，第24页。

［2］王树槐：《外人与戊戌变法》，上海：上海书店出版社1998年版（原书于1965年在台湾出版）；梁元生：《林乐知在华事业与〈万国公报〉》，香港：香港中文大学出版社1978年版；房德邻：《〈万国公报〉与戊戌变法》，《北京师范大学学报》，1986年第6期。

［3］强学会办的《万国公报》（与上海《万国公报》同名）和《中外纪闻》，许多内容即直接转自传教士所办刊物。关于维新派所办报刊的一般情况，可参考徐松荣：《维新派与近代报刊》，太原：山西古籍出版社1998年版。

［4］可参考周伟驰：《太平天国与启示录》，北京：中国社会科学出版社2013年版。

［5］李天纲编校：《万国公报文选》，上海：中西书局2012年版，第269—279页。

徒[1]。这是因为他们受到西方现代思想的影响，具有了新的世界观和价值观，不能再忍受清朝的腐败统治。在晚清，香港、广东、上海等沿海地区和海外，中国基督教徒已呈现网络状分布，通过与西方基督教世界的连接，他们中间正酝酿着一些新的思想和人群、改造社会和国家的力量，也酝酿着新世界各行业的领袖[2]。

梁启超在关于明清学术思想史的著作[3]中，对西学的影响和意义做了高度评价。但是，后来者在撰写中国近代史时，由于种种原因，对于晚清西方人士如何译介西学，将新的思想和观念传递给中国知识分子（口岸文人），并通过他们的笔影响到中国思想界，进而影响到中国历史，整体上的研究尚不足。比如，桑兵等著的近800页巨著《近代中国的知识与制度转型》[4]，就很少谈到晚清译述带来的知识变化，而直接从日本的影响开始。相比之下，《剑桥中国晚清史》[5]，则用了《1900年以前的基督教传教

[1] 梁寿华：《革命先驱：基督徒与晚清中国革命的起源》，香港：宣道出版社2007年版；李志刚：《洪秀全与孙中山对耶儒的认识及推行革命的比较》，载《基督教与中国近代文化》，香港：基督教文化学会2009年版；李志刚主编：《辛亥革命与香港基督教》，香港：基督教文化学会2009年版。

[2] 罗元旭：《东成西就：七个华人基督教家族与中西交流百年》，北京：生活·读书·新知三联书店2014年版。讲述了上海互有姻亲关系的七大基督教家族的崛起历史。其实，在香港、广东、福建也有不少这样的基督教世家。

[3] 梁启超：《论中国学术思想变迁之大势》，上海：上海古籍出版社2001年版，第135—136页；梁启超：《清代学术概论·儒家哲学》，天津：天津古籍出版社2003年版，第85—87页；梁启超：《中国近三百年学术史》，天津：天津古籍出版社2003年版，第30—31页。

[4] 桑兵等著：《近代中国的知识与制度转型》，北京：经济科学出版社2013年版。

[5] 费正清、刘广京编：《剑桥中国晚清史》，北京：中国社会科学出版社2006年版。

活动及其影响》一章专门讨论这种影响，显得比较平衡。

在资料上，与明清时期西学东渐重要文献逐渐得到系统出版[1]不同，晚清西学文献（包括宗教文献）一直没有得到系统整理出版，相关著作的出版只能比较孤立而零散地进行。比如，在人文社科书籍方面，上海书店出版社2002年“近代文献丛刊”出版过晚清几本产生过重要影响的西学书，如李提摩太译《泰西新史揽要》、花之安编著《自西徂东》、林乐知译《文学兴国策》、丁韪良译《万国公法》、傅兰雅译《佐治刍言》等。上海科学技术文献出版社2012年出版了《江南制造局译书丛编》，将当年江南制造局翻译馆的译著予以出版，除了工程类书籍外，还选了较有思想性的“政史类”书籍，收入《佐治刍言》《列国岁计政要》《西美战史》《俄国新志》《法国新志》《埏纮外乘》《四裔编年表》《各国交涉公法论》《各国交涉便法论》《公法总论》《美国宪法纂释》《欧洲东方交涉记》《英俄印度交涉书》《东方时局论略》等。2014年，上海书店出版社影印出版了全套《万国公报》，在清晰度上超过了当年曾普惠于学界的台版《万国公报》。在宗教类书籍方面，最近几年，上海大学陶飞亚教授对近代基督教（包括新教）文献的总量和馆藏情况做

[1] 最近代表为张西平等主编：《梵蒂冈图书馆藏明清中西文化交流史文献丛刊》（第一辑），郑州：大象出版社2014年版。它基本涵盖了以往相关的出版物。另可参考钟鸣旦等编：《法国国家图书馆明清天主教文献》，台北：台北利氏学社2009年版；周岩编校：《明末清初天主教史文献新编》，北京：国家图书馆出版社2013年版。黄兴涛、王国荣编：《明清之际西学文本》，北京：中华书局2013年版。

了一个系统摸底，取得了很大成就，可以作为以后出版的一个路线图。在港台，一些新教传教士的著作开始得到搜集、整理和出版，郭士立、丁韪良、米怜、宾为霖、理雅各、杨格非等人的中文著作选集开始出现[1]。

不过，跟晚清西学的总量相比，这只是沧海一粟。例如，广学会当年出版了大量著作，后来有机会重新出版的并不多见。

我们出版这套《晚清西学丛书》，是希望能搜集、整理出一些具有代表性的晚清西学译撰著作，填空补缺，为还原晚清思想的全貌做一些添砖加瓦的工作。我们希望能促进对晚清西学的研究和重新评估，将之作为明末清初至今完整的“西学东渐”上的重要一环，予以独立的突显。

## 三、晚清西学东渐中的岭南西学

鸦片战争之前，广州是清朝对外开放的唯一港口，也因此是西学东渐的唯一口岸。以新教传教士为代表的具有现代知识的西方人士，都是先到广州[2]，如马礼逊、裨治文、卫三畏等人；鸦片战争后，香港被割占，上海、

---

[1] 周联华主持，曾庆豹、吴昶兴主编的“汉语基督教经典文库集成”系列，在香港橄榄出版有限公司出版，已出版的晚清传教士文献有黎子鹏编注：《晚清基督教叙事文学选粹》（2012年）、《赎罪之道传：郭实猎基督教小说集》（2013年）、《天道溯源：丁韪良基督教作品选粹》（2013年）。

[2] 梁碧莹教授介绍了跟广州关系密切的20多位美国人，其中有一小半是传教士。参考梁碧莹：《美国人在广州：1784—1912》，广州：广东人民出版社2014年版；雷雨田主编：《近代来粤传教士评传》，上海：百家出版社2004年版。晚清来华传教士介绍了马礼逊、郭士立、米怜、麦都思、裨治文、卫三畏、伯驾、嘉约翰、罗孝全、理雅各、合信、明稽章。

厦门、福州、宁波开放后，西方人士才逐渐分头奔向这些沿海城市。在很长一个时期内，广州在西学东渐中占有优势，但后来逐渐被上海赶超。关于广州为何被上海赶超[1]，以及何时被上海超过，曾经有过讨论。一个主要的可能原因是，鸦片战争后，按《南京条约》的规定广州应对英国人开放，但广州人抗拒，前前后后拖了十五年[2]，正是在这一时期，一些西方人士开始从广州迁往上海，广州西学人才外流。虽然如此，广州也仍旧是近代文化中一个极其重要的中心点。广东人容易接受新的生活方式和思想观念。反观一下中国近现代史就能知道，从太平天国起，“南风北吹”跟“西学东渐”几乎是同步的。这种态势甚至持续到改革开放的今天。

在近代报刊创办上，广州领先一步。广州原为清朝唯一通商口岸，早期来华西方人士为让西方人了解中国而创办了一些英文期刊，同时又创办了一些中文报刊，一是为了向中国人传教，二是为了让中国人了解西方，促进文化交流，增加西方文明对中国人的影响。中文报刊中，较为连贯且有影响的，包括《东西洋考每月统记传》《察世俗每月统记传》《遐迩贯珍》，都是在广州、香港与南洋创办的。后来，上海和北京的发展速度超过广州，《六合丛谈》《格致汇编》《万国公报》均在上海创办，《中西闻见录》则在北京创办。维新时期京沪涌现了一些报刊，如《中外纪闻》《强学报》《时务报》等。同一时期在广州

[1] 熊月之：《西学东渐与晚清社会》（修订版），北京：中国人民大学出版社2011年版，第167—168页。

[2] 王毅：《皇家亚洲文会北中国支会研究》，上海：上海书店出版社2005年版，第4—5页。

也有一些新的报刊，但是影响力主要在南方和南洋一带。

西方知识也以著作的形式在广东出现。1834年，西方人士在广州成立了“在华实用知识传播会”（Society for the Diffusion of Useful Knowledge in China），裨治文和郭士立（郭实腊）是其中主力。该会出版的著作包括：郭士立《大英国统志》（1834年）、郭士立《古今万国纲鉴录》（1838年）、《犹太国史》（1839年）、《贸易通志》（1840年）、《万国地理全集》（1838年）、郭士立主编《东西洋考每月统记传》（1837—1838年）、裨治文《美理哥合省国志略》（1838年）、罗伯聃《意拾喻言》（1838年）、裨治文《广东方言撮要》（*Chinese Chrestomathy in Canton Dialect*）[1]。1843—1860年之间，西方人士在广州出版的中文书刊，除了《圣经》、传教小册子、词典和年鉴外，还主要有裨治文《亚墨理格合众国志略》（1844年）、合信《天文略论》（1849年）、合信《全体新论》（1851年）、哈巴安德《耶稣教要理问答》（1851年）和《耶稣正教问答》（1852年）、合信《博物新编》（1855年）、湛约翰《上帝总论》（1856年）、俾士《地理略论》（1859年）、纪好弼《醒世要言》（1859年）和《真教问答》（1859年）、嘉约翰《经验奇症略述》（1860年）等[2]。鸦片战争后，原在广州的一些西方人士逐渐转移到上海。1857年，裨治文、卫三畏、艾约瑟、雒

---

[1] 沈国威：《打造专业术语：以19世纪的英汉词典为中心》，载郎宓榭等著：《新词语新概念：西学译介与晚清汉语词汇之变迁》，济南：山东画报出版社2012年版，第299页。

[2] 熊月之：《西学东渐与晚清社会》（修订版），北京：中国人民大学出版社2011年版，第129—130页。

魏林等18人决定成立“上海文理学会”，后来它成为皇家亚洲文会北中国支会[1]。上海的西方人士办报著书的越来越多，使上海成为传播西学的最大中心，但广东仍有叶纳清（1864年去世）、花之安（1839—1899）等人在从事译撰活动。花之安于1886年去上海，但其主要著作是在广东时完成的。

广州作为晚清最重要的西学中心之一，其西学传播从来就没有停止过。上文显示，在广州以至广东的西学著作以宗教类和医学类为突出，马礼逊、梁发、合信、嘉约翰都是显著者。一些用粤语翻译的文学著作，如《天路历程》、《人灵战纪》、《辜苏历程》（即《鲁滨孙漂流记》），在粤语文学中有一席之地，可视为《虾球传》的先驱。即便在近代国际公法方面，也是广州的伯驾节译瓦泰尔《国际法》在前[2]，丁韪良翻译惠顿《万国公法》在后。

由于开放最早，广东得风气之先，其西学视野领先内地一步，不少广东人从事西学的介绍或引进。如鸦片战争前，对西方最了解的中国人是梁廷枏，他著有《海国四说》《夷氛纪闻》等。跟随马礼逊和米怜学习的梁发，其《劝世良言》直接影响了太平天国运动。洪仁玕在香港与传教士韩山文、理雅各等人交往，阅读他们出版的中文著作，使他能够写出中国近代第一个现代化纲领《资政新篇》。再如跟德国人关系密切的东莞世族王家，第一代王元琛是郭士立的弟子，王元琛之子王炳耀和王炳堃跟叶纳

[1] 王毅：《皇家亚洲文会北中国支会研究》，上海：上海书店出版社2005年版，第11—13页。

[2] 谭树林：《美国传教士伯驾在华活动研究：1834—1857》，北京：群言出版社2010年版，第179页。

清、花之安等人有师承关系，交往密切，王炳耀与孙中山也有深厚友情，其子王宠惠后来成为民国外交部长和总理，他们都有西学著译问世。再如南海人何进善（福堂），他是理雅各在马六甲任教于英华书院时的学生，著有宗教书多部，其子何启是维新派思想家，女婿伍廷芳曾任清廷驻美公使和民国外交总长。像王元琛、何进善这样的世家尚有不少。至于郑观应、康有为、梁启超、黄遵宪等思想家，张荫桓、何如璋等具有新思想的官员就不多说了。甚至康有为的弟子、创办孔教会的高要人陈焕章，也到美国拿了一个博士学位（1911年），其英文著作《孔门理财学》还被马克斯·韦伯引用过。陈氏对儒教的认识已经是在全球化的视野中，含有与西学比较的问题意识，跟传统的儒家大为不同。广东人久在西学熏染中，自觉不自觉地以西学促中学，以中学解西学，融会贯通，创立新学。康有为之参照基督教创立孔教就是一例。

## 四、编选说明

我们这套丛书，选取了晚清西学中较重要的一部分进行校注。在“西学”范围上，我们不做严格限定，而大致指跟泛称“西方”有关的知识和思想。在时间方面，我们所说的“晚清”，限定在1807—1911年之间，若有个别作品或作者实在重要而延伸至明末清初或民国，也可做灵活的处理。比如，某些译者或作者的选集文章发表时代横跨清朝、民国两个时期。在地域方面，凡是以汉文译撰的著作，不管它们是在南洋、港澳或内地产生的，都可以入选。在作者方面，不管是西方人还是中国人，是直接翻译还是借鉴后独创，都可以入选。由于是立足于广州和广东，我们会侧重广东的西学传统。

我们选书的考虑，大致有如下几个方面：

第一，对晚清思想界和社会产生过影响的西学著作，比如，影响过晚清经世派、洋务派、维新派、革命派甚至保守派的著作。产生影响的译撰著作不一定是在西方本身重要的著作，但在当时晚清的形势下，它们影响了很多中国人，甚至改变了中国的历史进程。如《佐治刍言》《泰西新史揽要》《百年一觉》《大同学》《中东战纪本末》《中西关系略论》《治心免病法》《西学略述》《列国变通兴盛记》《时事新论》《西学考略》《格物探原》等。

第二，有些书的影响较小或几乎没什么影响，但它们在西方本身有重要的历史地位，也有永久的价值，因此是值得重视的，如哲学名著培根的《格致新机》（即《新工具》）[1]，以及一些文学名著，如《天路历程》《鲁滨孙漂流记》等。这些名著在民国还有不同的译本，甚至直到今天还在产生新的译本。回过头去看晚清的译本，一些词语和概念的不同译法，显得别有一番风味。

第三，还有些是因为晚清译本提供了另一种翻译的可能性，具有语言考古价值。晚清译述出现在日语转译之前，译撰者尚未受到和制汉词的影响，而根据汉语自身的规则与历史进行翻译，因此为今日西学的翻译提供了另外的可能性。比如颜永京、丁韪良关于心理学的著译，艾约

[1] 邹振环：《影响中国近代社会的一百种译作》，北京：中国对外翻译出版公司1996年版，第80—87页。该书较详细地介绍了《谈天》《重学》《佐治刍言》《心灵学》《泰西新史揽要》《治心免病法》《文学兴国策》《百年一觉》等书。

瑟、傅兰雅关于政治经济学的著译，里面很多关键词语的译法跟现代汉语译法（大部分为和制汉词）颇为不同，值得玩味。这就如同在文学上，新文化运动掀起白话文革命之初，涌现了很多种白话文的可能性，在今天语言越来越趋于统一和相同的情况下，回过头去考察白话文革命之初的种种表达方式，有可能像敞开新的空间一样。在一种语言的构成中，词语是基本细胞，作为思想的直接现实，语言意味着思想的界限，重新审视汉语革命的历史，也就是对现代思想史的一种反省。近年来，学界对中国哲学史、思想史有过反思和争论，如现代中国人用“现代汉语”来研究中国古代“哲学”等，是否等于“汉话胡说”，是否在“以西解中”？对于近代以来学科的分类、变迁，基本词语和概念的巨大变革，我们可以借由对这些处于变革前夜的晚清西学译著典籍的“渐变”所进行的微观考察，来重新把握和理解现代中国人思维内容与方式变革的过程，也对诸如“自由”“哲学”这类重要译词是否能准确表达西文原词展开反思和探讨。与此相关，对于一些在和制汉词中传过程中起到了重要作用但今天很少被人提起的转译本，我们也会予以注意。比如王国维翻译桑木严翼的《哲学概论》、元良勇次郎的《心理学》及《伦理学》等等，就既对王国维本人的思想发展起过作用[1]，也对哲学类和制汉词进入中文世界有所影响。在译述和转译之间，相对来说，我们会侧重于译述时期的译撰著作。

第四，虽然我们所理解的“西学”是广义的西学，但

[1] 可参考佛雏：《王国维哲学译稿研究》，北京：社会科学文献出版社2006年版。

由于出版数量有限，我们会侧重于考虑各领域的代表作。比如天文学，晚清相关著译是相当多的，我们可能只选最早也最具代表性的伟烈亚力和李善兰译述本《谈天》，以及他们两人译述的《几何原本》和《代数学》，艾约瑟和李善兰译述的《重学》，合信编译的《博物新编》。当时有开创性的植物学、动物学等自然科学著译也将酌情选入，当然，如果今天其他出版社已有出版，我们会尽量避免重复[1]。晚清历史、地理的著译相当多[2]，我们也只选有代表性的。在人文社会科学方面，可以考虑比较中英法律、详细介绍英美陪审团制度的哲美森《华英谳案定章考》，中国人介绍英法政治制度的刘启彤《英政概》《法政概》，徐建寅《德国议院章程》，李佳白比较各国政治制度的《列国政治异同考》，详细介绍美国宪法的林乐知《环游地球略述》，以及舒高第、郑昌棪译述的《美国宪法纂释》（1907年）等。在西方思想的译介上，虽然只是到了“转译时期”才大盛，但译述中也有不少，比如李提摩太和马林对社会主义的介绍，尤其是马林发表在《万国公报》上含有基督教社会主义成分的关于地租、公正、平等的文章，对孙中山等人产生过影响。在宗教方面，宣教著作我们不会选，但比较有特色或者有历史价值，或者在今天仍有比较宗教、比较经学和比较神学意义的少量译撰著作，会适当选入。韦廉臣、艾约瑟对古埃及、波斯、希

［1］韦廉臣、艾约瑟口译，李善兰笔述：《植物学》，上海：上海交通大学出版社2014年版。该书原于1858年由上海墨海书馆出版，拟定了许多专有名词，对后世有影响。该书此次是作为刘华杰主编的“博物学文化”丛书中的一本出版的。

［2］艾约瑟译的《希腊志略》《罗马校略》得到出版，参考陈德正、韩薛兵校注：《〈希腊志略〉〈罗马志略〉校注》，北京：商务印书馆2014年版。

腊、罗马的宗教情况做了较多的介绍。在哲学思想等方面，艾约瑟、林乐知等人介绍了古希腊、古罗马和中世纪哲学，林乐知的包含十四本书的《自历明证》丛书，就详细介绍了基督教八大教父中的两位即奥古斯丁和金口约翰的生平与学说，以及日本明治维新时期同志社大学的创办人新岛襄的传记，其篇幅在中文世界里都是前无古人的。在文学方面，比如艾约瑟对弥尔顿、库柏诗歌的译介，都堪称最早。

第五，如前所说，广州在晚清西学东渐中有特殊地位，西学对广东敢为天下先的近现代文化有着潜移默化的影响，并随着广东人走向全国而在全国产生影响。我们将选择有广东特色的译撰著作，包括方言作品，以呈现一个鲜活的广东近代西学传统。

第六，虽然晚清西学著译不少，但我们侧重于以往不太受重视和整理的那些著作，而对于已得到很好整理、校注或市面上易得的著作，如严复的译著、容闳的《西学东渐记》等，则尽量避免重复，因此我们的选择含有一种“补遗”的意味，以呈现一个更丰富、更立体、更多面的历史。

## 五、致谢

在倪梁康教授的主持下，中山大学在2006年成立西学东渐文献馆，搜集、整理西学东渐文献与资料，并定期出版《西学东渐研究》，目前主要有法国籍的梅谦立教授做明清天主教文献研究，倪教授本人做唯识学和现象学的比较研究。我本科毕业于中山大学哲学系，中山大学是我的母校，我跟中山大学有特殊的情谊。近些年我在做晚清新教研究，涵盖的范围从太平天国到广学会和康有为、梁启超维新派之关系，正属于“晚清西学东渐”范围。因我父母在广东，每次我回家探亲，都会去看望在中山大学的师友，如哲学系的陈立胜老师和中文系的新进学者姚达兑。姚达兑是80后学者，他对近代西方文学的中译颇有研究，对出版晚清西学很有兴趣。2015年夏天，我与陈立胜老师拜见倪梁康教授，谈起西学东渐，说起我和姚达兑约了几个海内外同人想做晚清西学校注，只是出版资金一时遇到困难。倪教授听闻后，觉得此事有益于西学东渐研究，也有益于社会和学界，乐意促进此事，于是决定将这套丛书置于西学东渐文献馆的项目当中，通过广州市人文社会科学重点研究基地“广州与中外文化交流研究中心”及广州市科创委“西学东渐与广州21世纪海上丝绸之路”专项基金的经费予以资助。我们决心放眼长远，编出一套有参考价值的丛书。

晚清西学的校注与普通古籍的校注尚有不同，在文言之外，尚有外语（英法德日）及西学知识的问题，校注起来有额外的难度，相关人员寻找起来非常不容易。为找到这套丛书每本书的校注者，姚达兑和我可没有少在网上和微信上讨论。最后，对丛书的校注，我们找到了几位学贯中西、学养上佳的年轻学者，他们都是海内外名校毕业的博士，有的长期从事中西文化比较的工作，堪称“合适的人做合适的事”。

此项计划的完成，有赖于一些机构和个人的帮助。尤其是以下机构：中山大学西学东渐文献馆、广州与中外文化交流研究中心、南方日报出版社、“十三五”国家重点图书出版规划、国家出版基金和“西学东渐与广州21世纪海上丝绸之路”专项基金；以下个人：倪梁康教授、张伟教授、梅谦立教授，以及加盟本项目校注工作的学者肖清和、马永康、赵璐、张洪彬、李彬、王雨、龚昊、孙若圣、韩晓、葛小辉、窦新光、杨汤琛、叶杨曦、陈思行、张锦冬、司佳、吕飞跃等。姚达兑在联系校注者和出版社方面付出了大量劳动，很多实际的工作也是他在做，在此我要特别感谢他。希望我们的丛书能够有益于读者与学术界，越做越好。

2017年6月26日

2020年3月22日略有修订

# 《时事新论》导读

王 雨

## 一、李提摩太其人

李提摩太（1845—1919），英国威尔士(Wales)卡马孙郡（Carmarthenshire）人[1]。1870年初，李提摩太来到中国，开始了布道生涯。在烟台的前两年，李提摩太用街头布道的方式传播教义，但是成效微小[2]。后来，李提摩太采取“寻找上等人”的方式进行布道，探访周边的道教、佛教和伊斯兰教精神领袖，官场上的人物以及地方有名的士绅，并试图说服他们改信基督教[3]。

1880年，李提摩太与李鸿章见面。此次见面使前者更加深刻地注意到走上层路线从而对中国领导层施加影响的重要性，并由此开始为官员和学者们举办传播宗教的学术讲座。李提摩太认识到：“如果通过向官员和学者们作一些演讲，使他们对科学的奇迹发生兴趣，我就能够给他们指出一条路，一条利用蕴含在自然中的上帝的力量去为他们的同胞谋福利的路。”[4]在接下来的一段时间里，李提摩太花重金购买各种书籍和科学仪器，并亲自向官员和学者们演讲和展示实验。在处理上帝与科学的关系时，李提摩太没有简单地把二者对立起来，而是将科学置于上帝之手，向听众指出是上帝赋予了人类无限的权力，使后者能

[1]本文的中译人名和地名，另标注者除外，皆出自李提摩太著，李宪堂、侯林莉译：《亲历晚清四十五年——李提摩太在华回忆录》，天津：天津人民出版社2005年版。

[2]李提摩太著，李宪堂、侯林莉译：《亲历晚清四十五年——李提摩太在华回忆录》，天津：天津人民出版社2005年版，第32页。

[3]同上书，第33—41页。

[4]同上书，第136页。

利用自然的力量，为自己的生活和社会发展提供便利[1]。

1890—1891年间，李提摩太任天津《时报》主笔。期间，李提摩太创作了200多篇评论性文章，被一再翻印。后来，李提摩太从中选择105篇，于1894年结集为《时事新论》出版。1891年，李提摩太赴上海主持广学会。任职期间，他将自己在传教时获得的经验写入广学会的发展规划，确定广学会刊物的读者群是大清帝国最重要的行政官员、各省学政、县教谕、书院院长以及部分一般的读书人，还有他们的子女[2]。紧接着，李提摩太给在中国比较有名望的传教士写信，请他们提出一些对中国人最重要的题目，以便组织翻译[3]。另有一些人答应专门著书立作。除此之外，广学会还大量发表有关时事和改革的文章，并得到官员们的支持。

1894年，甲午战争爆发，李提摩太与助手蔡尔康也完成了对麦肯西《泰西新史揽要》的翻译并连载在《万国公报》上[4]。《泰西新史揽要》的出版在社会上引起震动。李提摩太也因此更加受到高层关注，频繁参与政事。1895年，李提摩太见到康有为，二人商议变法维新的有关计划。李提摩太不仅自己加入强学会，还邀请其他传教士如李佳白、白礼仁成为会员，以示对维新派的支持。同时，

---

[1]李提摩太著，李宪堂、侯林莉译：《亲历晚清四十五年——李提摩太在华回忆录》，天津：天津人民出版社2005年版，第141页。

[2]同上书，第201页。

[3]同上书，第202页。

[4]《万国公报》创刊于1868年，曾名为《中国教会新报》，盛行中国30余年，对中国士大夫产生深远影响。有关《泰西新史揽要》的译介，可参考刘雅军：《李提摩太与〈泰西新史揽要〉的译介》，《河北师范大学学报》，2014年第27卷第6期。

李提摩太利用传教士的身份，“游说于‘后党’、地方实力派，以及各国驻华公使之间，以减轻推行新政的种种阻力”[1]。

维新运动失败以后，李提摩太对中国政界的影响也逐渐衰弱。他先是主持创办山西大学，后又巡游世界各地，促进宗教复兴以及世界和平运动。1916年，71岁高龄的李提摩太回到英国定居，并于1919年逝世于伦敦。

## 二、《时事新论》的关键词

《时事新论》广学会本一共108篇，除序与跋外，共105篇。另附图说一册。全书共12卷，分别为国政、外国、格学、矿务、通商、筑路、养民、新学、利源、军务、教务、杂学。不久，湖南出版了8卷的翻刻本，该8卷分别为国政、外国、养民、新学、利源、军务、教务、杂学，去除了全本中的格学、矿务、通商、筑路4卷。[2]《时事新论》被收入《广学会译著新书总目》《东西学书录》《增版东西学书录》《西学书目答问》以及《读西学书法》中。[3]

若单纯以观点之有无与新旧来判断，李提摩太在《时事新论》中提倡的筑路、通商、开矿、兴学、办报等等新

---

[1]苏慧廉著，关志远等译：《李提摩太在中国》，桂林：广西师范大学出版社2007年版，第205页。

[2]徐维则：《增版东西学书录》，熊月之编：《晚清新学书目提要》，上海：上海书店出版社2014版，第153页。

[3]孙青：《晚清之“西政”东渐及本土回应》，上海：上海世纪出版集团2009版，第117页。

政措施，并无十分的新意。比如，王韬早在1859年就指出，中国应该学习西方军火武器、造船与建立翻译机构，以便和西人争胜[1]。郭嵩焘也早在19世纪70年代洋务派领袖创办军工企业时，大唱反调，鼓励兴办民用企业，造富于民[2]。当然，这并不意味着李提摩太是一个毫无创建之人，而是反过来要求研究者，不应以观点之新旧来衡量李提摩太这样一个复杂人物对晚清知识界的重要性。兹选择以下几个方面对李提摩太的思想进行分析。

### 中国

之所以选择“中国”这个词作为李提摩太政治思想的切入点，是因为在这部集子中，该词一共出现了473次，居所有二字词汇出现次数之首。因此，通过分析该词的使用方式，可以帮助我们从概念史的角度理解李提摩太对中国的认识与态度。那么。李提摩太究竟是以何种方式使用“中国”这个词的？该词有9次出现在标题当中，分别为《论朝鲜宜求中国保护》《朝鲜宜求中国保护再论》《论中国易于富强》《论中国新兴三大事》《论中国兴电报之益》《中国各报馆始末》《论中国宜求格致之学》《再论中国宜求格致之学》以及《论中国宜特设商部以整顿商务》。图说部分出现2次，分别为《中国电线地图》和《中国电报各局清单图》。剩余462处“中国”之分布，主要集中在时间、空间与行动主体这三种用法之中。

---

[1]柯文，雷颐、罗检秋译：《在传统与现代性之间——王韬与晚清改革》，南京：江苏人民出版社1994年版，第29页。

[2]何云鹏：《论郭嵩焘的维新变法思想》，《延边大学学报》，2017年第7期，第72页。

在时间的范围内，“中国”一词多与朝代连用（如“中国唐宋以来”“当中国汉时”等），与具体时间点或时间段连用（如“此中国万历十二年间事也”“一千八百八十二年，退伊犁与中国”等），朝代与具体时间段同时出现（如“当中国明代西历一千四百一十八年”等），与“古”“今”等表时间的笼统之词连用（如“今中国大开海禁”“夫中国亘古以来”）。这一做法则是将历代王朝皆视为中国的一部分，而当下之清王朝更是中国的载体。

在空间范围内，“中国”一词多与其他国家与地区相对使用，既是政治实体，又指涉地理疆域（如“朝鲜之于中国，徒奉正朔”“中国地大于欧洲”“印度者，在中国之西南”等），与境内局部地区连用（如“由中国上海展轮”“且中国西域边境”及“中国直省水灾”等），与省数连用，表示疆域大小（如“德国境土幅员，不过中国三省之大”“缅甸、安南二处，共合中国七省之广”等）。

“中国”一词还经常作为变法的行动主体出现，如开矿（“中国如能广为开采”）、新学（“中国及早讲求新学”）、开设学校（“中国今立学堂”）、修铁路（“中国试办火车”）等等，又与外交、军事相连（如“一切交涉，悉由中国代办”“我中国自处局中”“我中国有渡海之师”等）。同时，该词还包含其他实体，如人口（“以中国之民”“知中国民贫日甚”等）。

由此可以看出，在李提摩太笔下，“中国”一词的内涵是丰富和多样的。它既指清王朝，也指整个中华帝国。换句话说，李提摩太承认清朝是绵延的中华帝国的组成部分。这与同时期在东亚流行的话语体系形成明显的张力。

在日本，甲午战后，许多重要的思想家不再视中国为具有历史连续性的共同体，转而将其解释为不同朝代的更迭。他们因为清王朝不是汉族政权而拒绝承认其为中华帝国中的一员[1]。受现代种族主义思潮的影响，活跃在20世纪初的革命派通过宣传满族并非“中国人”而否认清王朝政权入主中原的合法性[2]。虽然李提摩太并未在其作品中回应上述观点，但在实际的话语流通中指向了另一种可能性：“中国”是不言自明的，并不一定需要借助种族主义话语来获得发展的动力以及政治上的正当性。

### 铁路

“铁路”是《时事新论》中的另一个高频词，在一定程度上代表了李提摩太的经济理念。铁路的重要意义在于，它为中国的求富提供了思考的可能。李提摩太强调，只要铁路发展了，富民与富国可以两全，“铁路一成，则利益自见”[3]。这些“利益”涉及方方面面：可平定乱民、支援战争，“兵粮转运，克期立至”；“可以救灾，可以御敌，相隔万里如在户庭”[4]；可以降低运费，增加政府的财政收入，以欧洲为例，“每一年每一里可得装货、载人各项利银二千两，以全洲统计，可得银一千六百兆。若以骡马转运人货，较火车脚价足加三倍”[5]。值得一提的是，

---

[1]葛兆光：《宅兹中国：重建有关“中国”的历史论述》，北京：中华书局2011年版，第242—243页。

[2]王柯：《民族与国家：中国多民族统一国家思想的系谱》，北京：中国社会科学出版社2001年版，第190—191页。

[3]见本书正文第168页。

[4]见本书正文第44页。

[5]见本书正文第46页。

李提摩太指出，铁路在与中国情况比较接近的俄国的兴盛的过程中发挥了重要作用："然观其于亚西亚等洲，开垦荒地，营造火车铁路，建埠通商，使瘠土不毛、平沙无垠之地，尽变而为膏腴沃壤。长林峻阪、川阻山深之区，尽变而为水陆通都。而且转运迅速，财力饶阜，在在皆便民益物之举。"[1]在欧洲各国以及中国也是如此，"凡属火车总汇各路，皆当繁盛数倍，此可为预决者也。若京通之路，果能照此推广开办，则各路货物，无不争至都门行见，都城内外富庶之象，更倍于今日矣"[2]。

李提摩太认为，铁路对一个国家的发展能产生全局性的影响。在他的规划中，"中国建造铁路当以京都为总汇，然后分支路以达各省"。修建铁路的方式可以是"以京津各属饥民令其承修京通一带铁路，以工代赈"。这样一来，在铁路得以扩展的同时，民众因为获得了工作机会可免于饥馑，同时也消除了滋生盗贼的隐患。除此之外，经营铁路带来的利润，"除支销各项及酌提成本外，余利仍可收助经费正用，此外调军转饷有裨于国计，商贾贸易有便于民生，从此日新月盛，其利益更无穷矣"[3]。

### 殖民地

目前可知的是，李提摩太共有《论缅甸》《论安南》《论朝鲜宜求中国保护》《朝鲜宜求中国保护再论》以及《欧洲各国开辟非洲考》等文，以直接或间接的方式表达

[1]见本书正文第69页。
[2]见本书正文第150页。
[3]见本书正文第174页。

他对殖民问题的看法。相比《论缅甸》《论安南》两篇文章是对过去所发生的事情进行评论，初次发表于1890—1891年间的《论朝鲜宜求中国保护》与《朝鲜宜求中国保护再论》则恰逢其时。在此期间，东北亚形势发生剧烈变动。先是1884年朝鲜开化党人发动政变，试图与中国脱离册封关系，与日本及欧美国家结交。然后是1890年日本内阁首相山县有朋称朝鲜、中国东北和台湾是日本的“利益线”，是与日本“安危密切相关的地区”，宣称保卫利益线上“国家独立自卫之道”[1]。等到1895年初《时事新论》出版，甲午战争已经爆发，并在当年的4月份以北洋舰队覆灭，中国战败而告终。朝鲜也继缅甸、安南之后，不再是清政府的朝贡国，而一变成为日本的殖民地。

在《论朝鲜宜求中国保护》一文中，李提摩太指出朝鲜需要采用“泰西之新法”才能变通求存。更具体地说，朝鲜“凡与泰西各大国互市和约一切交涉，悉由中国代办。如有外患，亦由中国派兵会同御防。若中国有事，亦可遣兵助援。似此办理，朝鲜既可省水师、陆营无限兵费，又不须派使臣分驻各国，虚糜款项，徒受亏累。惟该国如愿派人至五洲游历，或另有善法，亦可照办”。简单来说就是，朝鲜变为中国一省，“外事则悉听国家定夺，内事则仍由各省自主”[2]。李提摩太对朝鲜的建言之策，在1896年中国战败之后成了其向清政府提出的自救之策。李提摩太向李鸿章建议，将中国托管给英国，20年后赎回。虽然此议最终并未施行，但依然可以看出李提摩太在

---

[1]郑师渠：《中国近代史》，北京：北京师范大学出版社2007年版，第136页。

[2]见本书正文第33页。

殖民托管这一问题上的连贯性。

在李提摩太看来，这一“泰西之新法”，英美皆已实施。如美国，“前本十数小国相合而成，故又名曰合众国。其新法凡与五洲各国往来交涉之事，皆国家定夺，倘属内地风俗治化，仍系各管各省，虽国家亦不搀越过问”。如英国，“在五洲亦有极小者数处，除本地治化，仍由自主外，所有外国各事，亦全由英国家定章办理。近来闻风景慕，愈附愈多”。此外，李提摩太还认为，这种办法其实非西方独有，中国早已实践，比如，“蒙古、西藏等处，虽为中国属土，亦仅齐其政，不易其俗，均与美英新法大略相同”[1]。

以今人眼光视之，李提摩太所举之美、英以及蒙藏的三个例子，性质迥异。美国早已独立，各州是国家的有机组成部分。相比之下，英国的海外属地，与英伦三岛的地位并不对等。至于蒙藏更是不同，这两个地区在清末的地位虽相比于清初有所下降，但依然享受着比本土18省更为优越的政治待遇。更重要的是，蒙藏与清廷并不存在欧美殖民地式经济剥削的问题。

李提摩太将英国的殖民统治放置到了传统的中央与地方的话语之中的做法，在其对弱国的讨论中时常出现。除了上文中提及的安南、缅甸与朝鲜，该做法还以较大的篇幅出现在另一篇讨论印度兴盛的长文中。这一话语置换的做法，固然符合清廷统治者的思维逻辑，但同时也遮蔽了英国对印度的殖民统治的本质。也正是基于此，在这篇文章中，印度铁路的发展、矿产的开发、学校的兴起，皆被

[1]见本书正文第33页。

视作印度兴盛的标志，以及英国管理印度技术之高明的证据。[1]

相比之下，李提摩太对安南、缅甸的处理与朝鲜和印度有大不同。如果印度代表的是兴盛之道，那么安南、缅甸代表的则是取死之道。更为意味深长的是，李提摩太在感叹二国的悲惨遭遇之时，还不忘将其与中国相比较，“缅甸、安南二国共合中国七省地之广，乃十年之间亡也忽焉，呜呼可不慎哉！”在李提摩太看来，缅甸与安南的灭亡是不愿采取“泰西新法”，咎由自取所导致，充其量是哀其不幸，但绝对没有愤恨帝国主义和殖民主义之不公之意[2]。

## 三、《时事新论》对晚清知识界的影响

接下来，笔者以1895年北京《万国公报》和台北“中央研究院”“近代史数位资料库”为基础，分析李提摩太诸多观点在晚清的流通状况，重点探究李提摩太究竟以何种方式出现在时人的文章之中，并对这些方式进行总结分析，以求深化了解李提摩太在晚清知识界的影响。[3]需要

[1]李提摩太著，王雨校注：《列国变通兴盛记》，广州：南方日报出版社2018年版，第71—94页。

[2]王雨：《帝国主义时代知识的构成——论李提摩太<列国变通兴盛记>》，《基督教学术》，2017年第18期，第261页。

[3]“近代史数位资料库”由“近代春秋TIS”“近现代人物资讯整合系统”“英华字典资料库”“清代奏折档案资料库”“近代妇女期刊资料库”“近代城市小报资料库”“近代史料全文资料库”“档案馆人名权威检索系统”以及“近代商号资料库”等9个子资料库组成，其中仅“近代史料全文资料库”就收录7800余万字。

声明的是，“近代史数位资料库”的检索结果所显示的其他转载和引用李提摩太文章的作品有可能迟于1900年。这些作品主要收入邵之棠编《皇朝经世文统编》（1901年）、宜今室主人编《皇朝经济文新编》（1901年）、何良栋编《皇朝经世文四编》（1902年）以及杨凤藻编《皇朝经世文新编续集》（1902年）[1]。因此，更具体地说，本文探讨的是李提摩太1890—1901年的思想在甲午以后、新政（1905年）以前这10年间的批评与接受状况。[2]

通过检索发现，在李提摩太的一系列观点中，其谈论较多的铁路反而被人引用得少，而其他谈论相对较少的军事、邮政等话题，反而受人热捧。据周伟驰考证，在对维新变法产生巨大影响的1895年北京《万国公报》上，铁路议题出现在全部56期文章之中的17期的标题当中，占总标题数的32.1%（铁路在第11期的标题中出现了2次）。若以其出现的最后一期数（第32期）来计算，则更是高达

[1]沈艳：《晚清经世文编的文化特色与文化本质》，《清史研究》，2000年第1期，第69页。

[2]毋庸讳言，本文的研究方法是有局限性的。这体现在依据关键词在有限的文本中搜索，这会导致数据库未收录的，以及未出现关键词的相关文献无法被纳入讨论范围。但即使如此，7800万字之巨的的数据库，已经要比对个别的文本进行分析要更能接近晚清知识界对李提摩太《时事新论》内诸多观点的真实接受状况。

53.1%[1]。然而，针对铁路这一议题，李提摩太的铁路观点所占篇幅很小，只收录其一篇名为《铁路备荒说》的文章。该文多雷同于其发表在上海《万国公报》（1891年第6期）的《问答造铁路即以救灾》，而后文又题《造铁路即以救灾说》，收在李提摩太《时事新论》卷六之中。

在铁路议题之外，北京《万国公报》现存56期文章当中，至少有10篇直接或间接引用李提摩太的相关观点，这其中尤以军队建设为最多。据周伟驰考察，第2期《地球万国兵制》有部分文字出自李提摩太《时事新论》卷十《说兵》。第54期全文转载李提摩太《论水师四》。另外，据周伟驰推测，北京《万国公报》所缺之第51、52、53三期所刊内容分别为《论水师一》《论水师二》《论水师三》。除此之外，北京《万国公报》还在人口、渔业、邮政、报业和工人生活等5个主题上参考、引用过李提摩太在《时事新论》中阐明的观点。这包括：第1期《地球万国说》（参考卷九《论产业宜与人数并增》），第4期《佃渔养民说》（参考卷七《五洲渔人生计说》），第9期《照录上海公报论邮政》（出自卷九《纪西国送信章程

[1]据周伟驰介绍，这些篇目分别为第5期《译西报论铁路》、第6期《铁路情形考续前稿》、第7期《照录美国林乐知原译英铁路公司清单》、第11期《照录薛叔耘星使日记论铁路二则》《照译美国林乐知论铁路》、第14期《铁路通商说》、第16期《俄国新筑西伯里亚铁路说录林乐知原稿》、第17期《俄国新筑西伯里亚铁路说录林乐知原稿接前稿》、第19期《铁路改漕说》《铁路备荒说》、第24期《铁路释疑》、第25期《铁路释疑续前稿》、第26期《铁路便行旅说》《铁路兴屯垦说》、第27期《铁路工程说略》、第28期《铁路工程说略续前稿》、第29期《铁路工程说略续前稿》、第30期《铁路工程说略续前稿》、第31期《铁路工程说略续前稿》、第32期《王爵棠星使条陈八事录呈众览〈一、铁路宜亟开拓也〉》。见周伟驰：《康有为创办的北京〈万国公报〉各期内容及其来源》，《世界宗教研究》，2020年第1期，第117—118页。

始末》），第18期《报馆考略》（引用卷一《中国各报馆始末》），第56期残篇（与卷七《论工人宜渐富》相同）[1]。

通过在“近代史数位资料库”中检索发现，李提摩太提倡的开矿成为晚清知识界的热门话题。陈其璋在《奏请各省开矿摺》（1896年）里引用《时事新论》，谓山西矿产“曾经德人游历称该省煤铁之矿品居[上上]多至（上）三十万余英方里”，以证明中国矿产之丰富[2]。同样的案例也被其他学者援引。比如，《富国宜亟开矿说》提到“李提摩太《时事新论》又谓山西矿产曾经德人察阅”[3]。《兴矿务以开利源论》一文也援引了这一案例，不过矿产面积少了许多。文中写到“西人李提摩太君言二十年前曾经着名熟悉地脉之德人游历至山西，据称省中煤铁之矿不特为上上之品，且甲于地球五大洲，多至十三万余英里”[4]。该文又引李提摩太1897年西方大国产煤之数与中国相比较，“按李提摩太君核各国一千八百九十七年出煤之数以英为最多，其次美，其次

---

[1]周伟驰：《康有为创办的北京〈万国公报〉各期内容及其来源》，《世界宗教研究》，2020年第1期，第117—118页。

[2]陈其璋的奏折又分别收入邵之棠辑：《皇朝经世文统编·卷八十九·考工部三·矿务》，沈云龙编：《近代中国史料丛刊续编》，第72辑，台北：文海出版社1980年版，第3525—3526页，以及宜今室主人编：《皇朝经济文新编·矿务新论·卷二》。陈其璋奏折提交时间的确定有赖于光绪朝《清实录》，其中1896年部分录有“兹据御史陈其璋奏，奥国博物院谓中国煤产以江西乐平、浙江江山等处为最，而莫多于山西。比利时议院谓中华金、银、铜、锡四金之矿，所在多有。外洋《时事新编》谓山西煤铁之矿，品居上上，多至十三万余英方里”。

[3]何良栋辑：《皇朝经世文四编·卷四十四·工政·矿务》，沈云龙编：《近代中国史料丛刊》，第77辑，台北：文海出版社1966年版，第796—798页。

[4]邵之棠辑：《皇朝经世文统编·卷八十九·考工部三·矿务》，沈云龙编：《近代中国史料续编》，第72辑，台北：文海出版社1980年版，第3490—3493页。

德、日本。在各国之下，亦有一百四十余万墩，而中国无数可核，而核存煤之数以中国为最，有二十万英方里之多弃而不取”。另有《纠合西人以开中国诸矿说》一文，也写到“英李提摩太《时事新论》谓山西矿产曾经德人游历，称合省煤铁之矿多至三十余万方英里。此皆经彼所游历之地，故能详言之也”[1]。

还有的晚清士人在阅读李提摩太的过程中，着重寻找自己所关注的相关议题，作为思考的参照点。有作者对《时事新论》中描述热气球的发展史特别感兴趣，但因为李提摩太“未能备述”，所以自己就另作文《气球形制用法考》一篇，详细考究热气球的制作与用法。[2]有读者自己浏览大英博物馆图书部，想作文一篇向同胞介绍，欣然发现李提摩太已作文描述，“不禁喜甚”，于是把李提摩太所译大英图书馆全部十七条图书使用章程全盘搬到自己所作《论中国宜广设藏书院》一文之中。作者也由此建议：“各省都会之所，广设藏书之院，参以伦敦博物院藏书楼之规例，搜罗中西有用书籍、图画，分类编列，任人观览。”[3]

李提摩太在文中所引的数据也尤其受读者欢迎。《时事新论》有《论学校》一文，内提及德、美、英、法、俄等五国在1850年左右的每百人识字率，借以说明兴办学校

---

[1]金匮阙铸补斋辑：《皇朝新政文编·卷二十二·矿政》，沈云龙编：《近代中国史料丛刊三编》，第30辑，台北：文海出版社1980年版，第639—640页。

[2]杨凤藻编：《皇朝经世文新编续集·卷九·工艺》，沈云龙编：《近代中国史料丛刊》，第79辑，台北：文海出版社1966年版，第772—773页。

[3]邵之棠辑：《皇朝经世文统编·卷十·文教部十·藏书》，沈云龙编：《近代中国史料丛刊续编》，第72辑，台北：文海出版社1980年版，第372—374页。

对提高民众智识的重要性。关于识字率的这组数据，后来出现在《论农为工商之本而农人识字尤为务农之本》一文之中，该文作者阅“李提摩太君《时事新编》中载各国识字人数”，由此感慨认为“西国富强之道即基于此”[1]。

以上的众多案例表明，李提摩太关于中国的一系列理念与看法，如铁路、军事、开矿、兴学、办报、发展农业、改善工人生活等方面，以抄录、转引、回应等方式出现在18世纪末和19世纪初晚清士人的阅读视野当中，成为后者思想中的一部分。这也更有力地说明了，所谓由器物到制度的认识上的进化论，非但不能概括当时思想界的全貌，反而有遮蔽全貌的嫌疑。

## 四、结论

总的来说，《时事新论》中所反映出的李提摩太的思想是复杂多样的。他既延续了第二次鸦片战争之后晚清国人自强求富的种种思考，又与之有所不同。如上文所指出的，李提摩太使用“中国”一词同时指称作为政治实体的清朝和包括清朝在内的中华文明连续体，就已经迥异于稍后一些将清朝排除出中华文明的狭隘民族主义的做法。

李提摩太思想的有效性和持久性得益于其广阔的比较视野。他在为晚清的变革事业建言献策之时，还留心观察西方社会的变化。李提摩太曾作文《论工人宜渐富》，点评欧美出现的工人罢工与设立工会等事。他认为，“工人

---

[1]邵之棠辑：《皇朝经世文统编·卷二十四·地舆部九·农务》，沈云龙编：《近代中国史料丛刊续编》，第72辑，台北：文海出版社1980年版，第1039—1041页。

之于国家，即生财之源致富之本”[1]，并支持为工人增加工资，缩短工作时间。可惜的是，这一建议并没有真正地得到实施。此时的李提摩太，或许已经意识到，日益加剧的社会阶层分化和工人罢工，不仅仅是一国之内的问题，还牵涉到殖民地与宗主国，半殖民地与帝国主义列强，以及列强之间的利益冲突，更在根本上是西方经济发展模式的问题。也正是从这个角度来说，他在《时事新论》中所提倡的筑路、通商、办报和改革教育等议题，实际上不仅是对中国发展的思考，还包括了对西方发展模式的反思。

[1]见本书正文第213页。

# 时事新论

[英] 李提摩太　著
王　雨　校注

李提摩太像（Timothy Richard）

英國李提摩太著

時事新論

讀万卷書廔主題

1894年上海广学会铸板印制之《时事新论》扉页

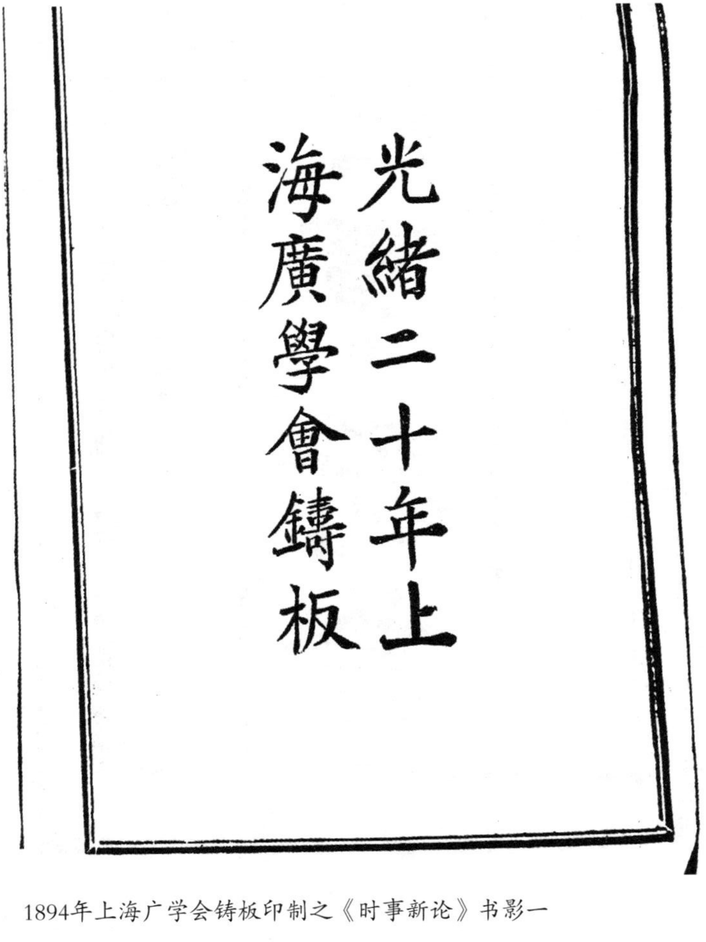


1894年上海广学会铸板印制之《时事新论》书影一

重刻時事新論敘

中國唐宋以來久重朝報迨至　本朝每日必發邸鈔一本默揣　朝廷之命意殆欲使民略知時政以啟其愚蒙也然自中西互市至今垂五十年凡與西國往來交涉重大之事邸鈔悉祕而不宣於是通商各海口始有日報館以承其乏而中西交涉諸事略具其中說者謂華人若非此而昧之恐官長之所措施有更形棘手者矣光緒十六年僕寄寓於七十二沽閒旋應友人之請主持時報館政當時中國日報自天津時報而外上海則有申報滬報廣州則有廣報香港則有循環報中外新報維新報凡此六七報館類皆日出一篇所惜者各報館主筆之士兼明西文者甚少是以論及西事僅本諸衆口之傳述而以未窺西學門徑之故不能深入顯出以指明關繫之所在所謂美猶有憾也僕生長泰西於各國富民教民安民新民之學亦嘗深切講求既主時報之席竊欲以所知所能者徧告華人而使之共明其關繫又惜前後甫及期年未遑一一詳論特以中國之民較諸西國之民知中國民貧日甚富民新學尤為當務之急於是逐日持論多倚於富民一途夫中國戶口四百兆其庶莫京既庶宜先加富孔子論政要亦不外乎此也此一年中時報諸首論雖非出自一人之手筆惟每遇道及西事之處議論皆本之於鄙人者於借鏡異方補苴中國之意曰諄諄焉然猶恐其未當也乃為時無幾各日報館恆取鄙人之新論輾轉

時事新論　敘　一

1894年上海广学会铸板印制之《时事新论》书影二

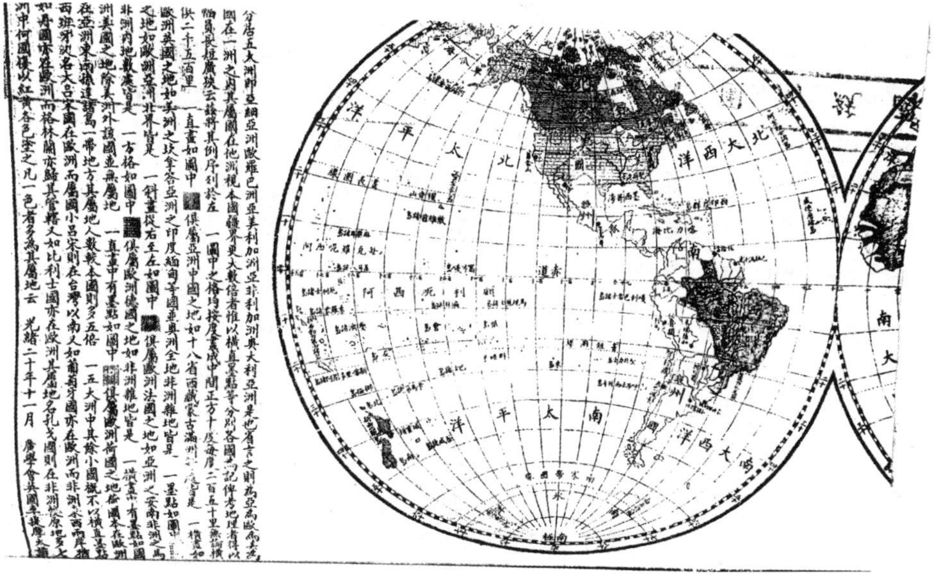


1894年上海广学会铸板印制之《时事新论》插图

# 重刻《时事新论》叙

中国唐宋以来久重朝报[1]。迨至本朝，每日必发邸钞[2]一本。默揣朝廷之命意，殆[3]欲使民略知时政，以启其愚蒙也。然自中西互市[4]至今垂五十年，凡与西国往来交涉重大之事，邸钞悉秘而不宣。于是通商各海口始有日报馆，以承其乏，而中西交涉诸事略具其中。说者谓：华人若并此而昧之，恐官长之所措施有更形棘手者矣。

光绪十六年，仆寄寓于七十二沽[5]间，旋应友人之请主持《时报》馆政。当时中国日报自天津《时报》而外，上海则有《申报》《沪报》，广州则有《广报》，香港则有《循环报》《中外新报》《维新报》。凡此六七报馆类

[1]朝报，朝廷发布之公报。上载诏令、奏章及官吏任免等事项。汉代郡国、唐代节度使皆在京设邸，由邸所传钞，因谓之邸钞或邸报。在外省统称为“朝报”，亦称京报。《宋史·王安石传》：“黜《春秋》之书，不使列于学官，至戏目为断烂朝报。”参阅宋赵升《朝野类要·朝报》，见华夫主编：《中国古代名物大典·上》，济南：济南出版社1993年版，第1264页。

[2]邸钞，也作邸抄，后来又叫京报，是清朝抄录谕旨及题本、奏折而成的原始形态的报纸，从中可以了解朝廷施政情况，在当时为各级官员广泛阅读，受到普遍重视。吕小鲜：《有关清代邸抄的三个问题》，《清史研究》，2000年第1期，第91页。

[3]殆，大概的意思。

[4]此处指的是1840年鸦片战争之后，中国开放广州、厦门、福州、宁波、上海为通商口岸。

[5]七十二沽，天津旧时的别名。

皆日出一篇。所惜者各报馆主笔之士兼明西文者甚少，是以论及西事仅本诸众口之传述，而以未窥西学门径之故，不能深入显出，以指明关系之所在，所谓美犹有憾也。

仆生长泰西，于各国富民、教民、安民、新民之学，亦尝深切讲求。既主《时报》之席，窃欲以所知所能者遍告华人，而使之共明其关系。又惜前后甫及期年，未遑一一详论。特以中国之民较诸西国之民，知中国民贫日甚，富民新学尤为当务之急，于是逐日持论多倚于富民一途。夫中国户口四百兆，其庶莫京[1]，既庶宜先加富。孔子论政，要亦不外乎此也。此一年中《时报》诸首论虽非出自一人之手笔，惟每遇道及西事之处，议论皆本之于鄙人。盖于借镜异方，补苴[2]中国之意日谆谆焉。然犹恐其未当也。乃为时无几，各日报馆恒取鄙人之新论，辗转重刻于其报。窥各报主笔之心，盖深知富民之新法宝大有造于中国，其重付剞劂氏[3]者殆欲以广其传与？

故屈计前后拙作凡二百余篇，而重登各报者几及其半。由今思之，各报馆主笔既以为有益而录之矣。若更裒集[4]诸作，汇为一帙，以公诸世，当亦可为土壤细流之助。爰取光绪十六七年间刊登《时报》各论，为之分别门类，共成若干卷。而以是年各国清单绘图，列说与夫舆地诸图之关系于中华者，悉附于后。于戏[5]！居今之世，为今之人，其可视民之日即于困穷而不亟思有以拯之哉？

[1]庶，平民，百姓；京，大。其庶莫京，形容百姓极多。

[2]补苴，弥补缺漏。唐代韩愈《进学解》有“补苴罅漏，张皇幽眇”。

[3]剞劂氏，指刻板印书的经营人。

[4]裒集，即收集有关作品或资料编成集子。

[5]于戏，感叹词，相当于“呜呼”的意思。

重刻既竟为书数语，以明缘起，而并以告世之有志于富民者。

光绪二十一年岁次乙未正月人日[1]李提摩太自序于沪上广学会寓庐

[1]人日，即正月初七。农历新年的第一个七天为不同牲畜和人类的生日。晋朝董勋《答问礼俗说》记载：“正月一日为鸡，二日为狗，三日为猪，四日为羊，五日为牛，六日为马，七日为人。”

# 《时事新论》弁言

余，英人也。屈指游华二十余年矣。于齐、于晋、于燕、于赵，风土、方言、山川、形胜靡不粗悉大略，而于中国之经、史、子、集，尤酷嗜而涉猎之。窃见夫中国文物之盛，自三皇五帝以来相传勿替。递至夏、商、周、秦，历数千年，积群圣人之经营缔造而法制益备。故环地球九万里，邦国之古，民人之众，惟中国首屈一指焉。

若欧洲各国当中国汉时，洪荒始辟，至今未及二千年。校之中国，诚瞠乎后矣[1]。然人材崛起，奋发有为，而于天球[2]、地舆[3]、格致[4]、测算诸学，尤深考究。故近来轮船驶于重洋，火车驰于陆路，而电线遥接于数万里外，顷刻通音。继以耕织、开矿及制造、枪炮等事。悉假机器为用，创亘古未有之奇，泄造化不宣之秘，是以百年来欧洲通商各国，有由小而大，由弱而强者矣，亦有由大而小，由强而弱者矣。顾同此通商之国也，何以大小异

[1]张大眼睛在后面看。比喻落后很多，追赶不上。语出《庄子·田子方》：“颜渊问于仲尼曰：‘夫子步亦步，夫子趋亦趋，夫子驰亦驰，夫子奔逸绝尘，而回瞠若乎后矣。’”

[2]天球，即现在的天文学。

[3]地舆，即现在的地理学。

[4]陈元龙（1652—1736）的《格致镜原》将“格致”定义为“博物之学”。

势，强弱判等若此？此其故惟能借通商之交谊，熟察其兴衰之理，俾广我闻见之资而已。

夫天道数百年小变，数千年大变。迩来[1]欧洲各国新学日出，精益求精，要在熟思审处，主善惟师，当仁不让，取人之长补己之短。勿狃于陈言，勿拘于成法，勿因循而误事，勿苟且以图功，广益集思，通权达变，将见持盈保泰[2]之功，长治久安之道基于此矣。

今中国大开海禁[3]，中外一家，为三千年未有之变局。就目前而论，玉帛往来[4]，相敦辑睦[5]，似可不必鳃鳃[6]过计。然强俄窥伺于北，英法侵吞于南，而日本且逼处于东，缅甸、安南藩篱已撤，高丽、西藏觊觎尤深。况乎外忧未已，内患迭乘。浸假[7]而晋豫旱魃[8]为虐矣，浸假而鲁郑黄水[9]告灾矣，坐令数千万饥民流离于道路之中，转徙于沟壑之内，时事艰难至此已甚，无如筹荒者惟从事于仓谷，治河者专致于堤坝，岁糜[10]数百万公帑[11]，

[1]迩来，即近来。

[2]处高位而能保守成业，平安无事。例如《野叟曝言·第一一八回》：“汝遇此明主，受之殊恩，当朝夕纳诲，启沃君心……登斯民于三五，臻治术于唐虞，此即持盈保泰之道。”

[3]大开海禁，指的是第一次鸦片战争以后，清政府对外签订条约，开放通商口岸之事。

[4]玉帛，玉器和丝织品，古代诸侯会盟时所带的珍贵礼品，比喻和平。玉帛往来即指和平友好的关系。

[5]辑睦，和睦的意思。

[6]鳃鳃，忧愁恐惧的样子。

[7]浸假，逐渐。

[8]旱魃，传说中引起旱灾的怪物，比喻旱象。

[9]黄水，黄河。

[10]糜，浪费。

[11]公帑，公款。

而亿兆之众卒未能遍拯。是徒保于目前，终无济于日后也。推原其故，皆由新学之未立，闻见之不广。若果以新学为训，不独外患可消，亦内灾可弭。《兵法》云：知己知彼，百战百胜。此之谓欤！

欧洲各国，报馆林立。各国利弊，无不周知。故新学中以报馆为教育人材之一端。余侨寓中国，践土食毛[1]，久在四民[2]之列，深欲中国明德新民，闻见日广，渐底于富强。近因津门报馆延[3]余，承乏[4]其间。窃拟从此将各国之事表而出之，晓然于大众，藉富刍荛[5]之献。所虑者学问谫陋[6]，耳目未周。惟愿当代之通儒、硕士[7]，凡有卓识高见，崇论闳议，随时见惠[8]。俾与时事有益，则不佞[9]幸甚，天下幸甚！

天津《时报》主人 李提摩太

---

[1]践，履，踩；土，国土；毛，指土地上生长的谷物。践土食毛，原意是指吃的食物和居住的土地都是国君所有。旧时官吏用以表示感戴君主的恩德。

[2]四民，指士、农、工、商。

[3]延，聘请。

[4]承乏，补充空缺的职位，为在任者的谦称。

[5]刍，割草；荛，打柴。刍荛，割草打柴的人。用在这里是讲话者的谦辞。

[6]谫陋，浅陋、浅薄的意思。

[7]硕士，贤德的人，有学问的人。

[8]见惠，称他人赠物与己的谦辞。

[9]不佞，不才，自谦之辞。

# 目　录

---

校注者按：伴随《时事新论》出版的，还有一本名为《时事新论图说》的册子。《时事新论图说》存图43张，涵盖各国疆域、人口、军事、矿产、教育等诸多方面。所谓图说，也不仅仅是地图，还包括许多柱状图，频繁使用于进行国与国之间某个领域的比较。因目前所见版本在数字化上有所欠缺，所以不能收入此校注本，略有遗憾。此处存目，供读者一览大概。

目录

地球图
亚细亚小图
开辟疆域图
新辟非洲图
各国幅员英方里图
各国人数图
各国人地图
本朝人数图
五洲各教人数图
五洲各教所辖地图
亚洲各教所辖地图
各国识字人数图 一千八百五十年
各国识字人数图二 一千八百八十一年
中西生齿图
列国学校清单
西国喜事图
西国丧死图

自京师至各省里数日期图 走土路
自英京至各国里数日期图 走铁路
自上海至各处里数日期图 坐轮船
各国铁路图
铁路图
各国金产数目图
各国银产数目图
列国出煤图
各国存煤图
铁矿图
生铁图
钢图
各国进/出口货价目图
六大国每年出入货物价值数目总图
列国出入货物价值总数图
列国海关收税图
英国制造清单图
治河法
中国电线地图
中国电报各局清单图
列国电报里数图
列国所发电信数目图
各国兵船图
各国水师本年化费图
各国买卖轮船图
六大国轮帆兵各船并价值数目总图
六大国各等兵船及兵船所护商船数目总图
列国快兵船数目图
人地金产诸图书后

# 卷一　国政

# 上谕各国使臣定期朝见谨书于后[1]

今夫天道十年一小变，百年一大变。惟能因变达权，乃可独操胜算。中国自开海禁以来，环地球九万里，合大小数十国，无不通商立约，书币[2]往来，岁时不绝。各国使臣冠盖相属[3]，杨柳雨雪之诗[4]正可为今日咏矣。然外洋各国凡有一介之使，均承三接[5]之荣，修好邻封[6]，藉此通情达意，其关系良匪浅鲜。顾驻华各国使臣自同治十二年觐见后，至今此典缺如。恭读光绪十六年十一月初一日上谕：各国在京使臣于明年正月，由总理各国事务

[1]该文收入陈忠倚辑《皇朝经世文三编》，见《皇朝经世文三编·卷三十八·礼政一》，沈云龙主编：《近代中国史料丛刊》第76辑，台北：文海出版社1966年版，第588—589页。

[2]书币，即礼单，送礼时开列礼物名称和数目的单子。泛指修好通聘的书札礼单和礼品。

[3]冠盖，古代官吏的冠服和车盖，代指官吏；属，接连。冠盖相属，形容政府的使节或官员，一路上往来不绝。

[4]诗出《诗经·小雅·采薇》：“昔我往矣，杨柳依依；今我来思，雨雪霏霏。”原意指出征战士常年不得回家，此处活用为各国使节、官员往来，四时不断。

[5]三接，三度接见。语出《易·晋》：“晋，康侯用锡马蕃庶，昼日三接。”孔颖达疏：“昼日三接者，言非惟蒙赐蕃多，又被亲宠频数，一昼之间，三度接见也。”后多以“三接”为恩宠优渥之典。

[6]邻封，相邻的封地，此处指邻国。

衙门奏请定期觐见，嗣后每岁正月均照此举行，钦此。[1]仰见我皇上睿哲，天生励精图治，辑睦邻封，礼意优渥，薄[2]海中外，臣工士庶，莫不欢欣鼓舞，庆忭[3]同声。盖天下事每患隔阂而不通，则彼此之情不能相达，自未免有壅蔽之虞[4]。

中国自道咸[5]以来，所办交涉各事往往不克平允。无他，皆由未能洞悉情形，无从据理力争耳。试观泰西各国君主，或远游他邦以资阅历，或时相盟会以重邻交。此外，聘使远来，无不修觌面[6]之仪，承欢燕好[7]。故于各处之风土人情，各国之政刑技艺，皆能明如指掌，推之格致、历算、兵刑、礼乐，事无不知，情无不烛，原[8]其富强职[9]此之故。

今皇上召见各国使臣，从此情谊亲洽。凡有利于军务国政者，无不周知。而平日之外患内忧，自可预为整顿而消弭于无形矣。曷言乎外患也？方今天下多故，事变靡常，南则逼于法，西则迫于英，北则侵削于俄。说者谓：欧洲各国恃其富强，恣为兼并，而抑知彼之设法益民，使民之心悦诚服，有不期然而然者乎？

---

[1]查光绪十六年（1890年）上谕档，未收录此上谕。见中国第一历史档案馆编：《光绪朝上谕档》第十六册（光绪十六年），桂林：广西师范大学出版社1996年版，第309页。

[2]薄，接近。

[3]忭，高兴的意思。

[4]虞，危险。

[5]道咸，即道光年间（1821—1850）、咸丰年间（1851—1861）。

[6]觌面，见面。

[7]承欢，获取欢心；燕好，宴饮招待。

[8]烛，洞察。

[9]职，由于。

考欧洲各国益民之事，厥[1]有三端：一在通路。盖泰西各国水路则有轮船，陆路则有火车，即火车不到之处，亦必有平坦石路，务使商贾、货物及粮米各项易于转运，虽遇歉岁[2]亦无饥馑[3]之忧。一在养民。民以食为天，必须代谋生业，庶几温饱有资。西国于开垦、开矿、通商、耕织、制造、修路等事特为广其生计。俾小民各有专营，虽生齿[4]日众，亦可免游惰[5]之风。一在教民。西国学问皆求实济，国中男女无论贵贱，成童皆须入学。凡天球、地舆、格致、测算、农政、船政、化学、理学、医学及各国语言、文字、律例，无不循序渐进。即瞽[6]聋残疾之人亦有学院，分别教训[7]。故国中人民无一弃材，各有裨于公私，以广其用。盖西国益民之大略如此。强邻日逼，外患方深，而顾可漠焉置之乎？

曷言乎内忧也？中国经费有常，民生日蹙，人材未广，斯三者诚为当务之急。查中国各处海关岁收税项不下二千万两，在承平无事之时，尚可不忧匮乏。然以今日添设海军及各处防营之用，所入实不敷所出。若能仿照西法，早为通路，使南北行省除轮船而外又有火车通行，将见商贾辐凑，不加税而税源自可加倍，则经费何忧支绌耶？

至中国每年新添人民不下四百万，以十年计之，即

[1]厥，代词，它的。
[2]歉岁，收成不好的年份。
[3]饥馑，饥饿。
[4]生齿，小孩长出乳齿，借指人口、家口。
[5]游惰，游荡懒惰。
[6]瞽，目盲。
[7]教训，教育，训导。

有四千万。各省产业如常，生之者寡，食之者众，中国衰衰，诸公但知物力维艰，而不设法变通，以求阜财[1]之道，虽欲民生不困，势必不能。若能仿西国养民诸法，次第施行，则民业日增，民生自厚矣。此外欲求人财，须宏[2]教育。近来中国老成宿将日渐凋零，倘犹拘守成规，其何以拔真才而资实用？惟有推广中西之学，宏开登进之途，庶几杰士挺生[3]，朝无倖进，野少遗贤矣。

总之中国外患内忧，皆由从前闻见未广，不知西法之善，故未能幡然变计耳。今皇上圣明天纵，洞烛事机，一旦亲裁大政，即举行各国使臣觐见之典。其识见之高，足令四方倾服。从此推广，所及必更熟悉各国情形。倘能择善而从，自可收其功效。

噫！江海不以大受而拒细流，泰华[4]不以穷高而辞[5]块壤。由是前席咨询虚衷采纳，熙熙然[6]，喁喁然[7]，中外禔福[8]，海内又安，吾将拭目而观其后也。

---

[1]阜财，使财物丰厚。

[2]宏，扩大。

[3]挺生，挺拔生长。

[4]泰华，泰山与华山的并称。

[5]辞，拒绝。该句语出李斯《谏逐客书》：“是以泰山不让土壤，故能成其大；河海不择细流，故能就其深；王者不却众庶，故能明其德。”

[6]熙熙然，快乐满足又舒适的样子。

[7]喁喁然，众人景仰归向的样子。

[8]中外禔福，国内外和气安康的意思，语出《汉书·司马相如传》：“遐迩一体，中外禔福，不亦康乎？”值得一提的是，清代总理衙门的匾额上题的字即“中外禔福”。李提摩太或许有与之呼应的意图。

# 觐见使臣关乎振兴说[1]

王者，以权力制天下，权力所不及，民斯去之矣；以恩泽结天下，恩泽所未遍，民斯怨之矣。独有不倚权力、不藉恩泽而有以控制固结乎？四海兆姓之心使之沦肌浃髓[2]，欢欣鼓舞而不自已，虽百世后犹为之观感颂述者，何也？曰：德也。旷观前代开创中兴之主，未有不由积德而立卜年卜世[3]之基；继体守成之主，未有不由败德而启亡国丧身之祸。问：有其仁如天，其智如神，武定祸乱，文致太平，列圣相承，尧兢舜业，先后同轨，媲美唐虞，如我大清者乎？

夫本朝发祥辽沈，定鼎中原，厚泽深仁，遍于寰宇。惟当年海禁未开，五洲情形未能熟悉，故道咸之间与泰西各国小有龃龉，交涉事件动辄召衅。推厥原委，皆彼此交谊未孚[4]误之也。迨至立约通商，言归于好，化干戈为玉

[1]该文收入陈忠倚辑《皇朝经世文三编》，见《皇朝经世文三编·卷三十八·礼政一》，沈云龙主编：《近代中国史料丛刊》第76辑，台北：文海出版社1966年版，第590页。

[2]沦肌浃髓，渗透到肌肤、骨髓。语出《淮南子·原道》：“不浸于肌肤，不浃于骨髓。”后比喻感受深刻或受到深厚的恩惠。

[3]卜年，数年，多年。卜年卜世，形容时间长久。

[4]孚，为人所信服，使信任。

帛。同治纪元，我皇太后[1]垂帘听政。斯时也，海上各国互市之议甫定，而内地赭寇[2]窃踞金陵，大江南北已无完土，蹂躏十余省，扰乱十数年，中华[3]大局几有不可收拾之势。惟我皇太后睿哲天生，任贤勿贰，外与各国讲信修睦，既慎简[4]大臣分别出使，俾得互通情款，复选聪颖子弟出洋肄习西学，预储异日人材；内则赏罚分明，简任将帅，卒使积年巨寇次第荡平，且西靖回疆，东安藩属，三边柳色[5]，永戢烽烟，七萃虫沙[6]，都消日月。数年来天下有磐石之安，海内无金瓯之缺[7]，乃从容退政，颐养深宫。懿铄哉！我皇太后之圣德神功，凡属中外臣民固莫不钦仰无既者矣。

今皇上圣明天纵[8]，亲裁大政之初，即以辑和邻邦为本。于本年正月二十五日特旨，令各国驻京大臣觐见。各国使臣恭献颂词，伏读皇上答词，中外邦交从此永固等因。大哉！王言诚四海民人之福也，独是外洋各国今既日益亲洽，中国正可际此承平无事之时，亟筹养民之术，以中国每十年中生死之数相较，当添生者四千万人，而地土如故，财产如故，虽欲民生不困，户口不贫，乌可得乎？试观外洋各国讲求格致之学，以及开矿、铁道、信局、商

[1]皇太后，指慈禧太后（1835—1908），于同治元年（1861年）开始垂帘听政。

[2]赭寇，指洪秀全的太平天国政权，适时太平军定都南京，称“天京”。

[3]《皇朝经世文三编》里，此处“中华”作“中国。”

[4]简，选择。

[5]三边，原指东、西、北边陲，泛指边境，边疆。柳色，本意为柳叶繁茂的翠色，此处引申为和平宁静的状态。

[6]虫沙，比喻战死的兵卒，亦泛指死于战乱者。

[7]金瓯，金的盆盂，亦用以指国土。无金瓯之缺，比喻国土完整。清代的国歌即名《巩金瓯》。

[8]天纵，指上天所赋予，才智超群。多为对帝王的谀辞。

务、农政莫不极力整顿，故近数十年来较前皆加富几倍。中国地大物博，俗美风醇，向为最古之邦，讵[1]可独居人下耶？然运会积久而必返，风气由渐而自开。何幸我皇上明烛几先，毅然振作，自强不息，择善而从。由此逐渐推广，次第举行，将见中外无捍格之虞[2]，亿兆免流离之患，则长治久安之道有可豫期[3]者矣。谓之关系振兴，谁曰不宜？

[1]讵，怎么。
[2]虞，危险。
[3]豫期，盼望，希望。

# 两君相见论[1]

与国往来，主宾酬酢[2]，无非交以道、接以礼，一诚之周浃[3]而已。诚则珠槃玉敦[4]，坛坫[5]联欢，不诚则敌忾同仇，干戈作气。溯自春秋以来，各国互相雄长，专主杂霸，仁义之道，早已久假不归。然观其内尊外攘[6]，事大字[7]小者，莫非开诚布公，信以待人，方能狎主[8]齐盟，以为诸侯长。故《鲁史》一书大抵皆纪两君相见会盟之事。其所以维系人心者，固班班可考也。虽然春秋之初去古未远，人鲜诈虞，所以桓公用管仲之言，招携以礼，怀远以德，凡属列辟[9]，罔不率从，遂为衣裳之会[10]者九，

[1]该文收入陈忠倚辑《皇朝经世文三编》，见《皇朝经世文三编·卷三十八·礼政一》，沈云龙主编：《近代中国史料丛刊》第76辑，台北：文海出版社1966年版，第589—590页。

[2]酬酢，主人客人相互敬酒，主敬客称“酬”，客还敬称“酢”。

[3]周浃，周全通彻，深入遍及。《荀子·君道》：“古者先王审礼以方皇周浃于天下，动无不当也。”梁启雄简释：“《周易》释文：‘周，遍，备也。’《说文》新附：‘浃，洽也，彻也。’”

[4]珠槃玉敦，古代诸侯盟誓时用的器具。引申为订立盟约。

[5]坛坫，会盟的坛台。

[6]内尊外攘，对内尊王，对外攘夷。

[7]字，抚养，教育。

[8]狎主，交替主持。

[9]列辟，指诸侯。

[10]衣裳之会，与“兵车之会”相对而言，指春秋时代诸国之间和好的会议。

天下同风。孔子称管仲曰："如其仁，如其仁。"诚足尚已。

追其后，各国之君以智勇相倾，以争夺为事。同舟皆为敌国，婚姻旋作寇雠[1]。所有觌面[2]之仪，欢好之会，莫不暗怀机诈，为挟制要求之举，如盂之盟[3]，宋公为楚所执，而霸业因之不终。夹谷之会[4]，齐令莱[5]人为乐，欲执鲁君。幸孔子辅以君子之道，隐消祸患于将萌。

递至战国，七雄并峙，于敦礼让、修盟好之事更置不讲。其有相约会晤能徼倖于一时，不致丧身辱国者，非有文武兼资之臣，临机应变，制胜于仓卒间不可。如秦赵会于渑池，酒酣，秦王请赵王鼓瑟，赵王鼓之。蔺相如请秦王击缶，秦王不允。相如曰："五步之内，臣请得以颈血溅大王矣！"[6]左右欲刃之，相如张目而叱，莫不披靡。秦王卒为一击缶。赵王归以相如为上卿。至秦昭王遗书诱楚怀王会武关面结盟，昭雎[7]、屈平[8]曰："秦，虎狼之国，不可信。"子兰劝之行。王入武关，秦伏兵绝其后。

---

[1]雠，同"仇"。寇雠，仇敌，敌人。

[2]觌面，见面。

[3]盂，地名，在今河南睢县。公元前639年，宋襄公会齐、楚于鹿上（今山东巨鹿西南），相约在盂会盟诸侯。宋襄公赴约时遭楚国伏兵被抓，后因宋国的坚决抵抗和鲁国出面调停被放。不过，宋襄公想借他国之力而成霸业的企图也从此破灭。

[4]夹谷之会，典出《春秋左传》，鲁定公十年，鲁齐两国讲和，地点在夹谷。盟会之时，孔子以礼仪向齐国交涉。会后，齐人为孔子所折服，归还了郓（今山东郓城东）、讙（今山东宁阳北）、龟阴（龟山之阴，在今山东新汶东南境）等汶阳之田。

[5]莱，古莱国，在今山东黄县，后被齐国所灭。

[6]典出《史记·卷八十一·廉颇蔺相如列传第二十一》。

[7]昭雎，战国后期楚国重要将领，曾在重丘大败秦军。

[8]屈平，即屈原，诗人、政治家。楚武王熊通之子屈瑕的后代。早年受楚怀王信任，任左徒、三闾大夫，兼管内政外交大事，提倡"美政"，主张对内举贤任能，修明法度，对外力主联齐抗秦。因遭贵族排挤诽谤，被先后流放至汉北和沅湘流域。楚国郢都被秦军攻破后，自沉于汨罗江，以身殉国。

遂留怀王。呜呼！赵有蔺相如，前既能完璧而归，后复能折冲樽俎[1]，奉君还国，且令强秦降心相从，不敢加兵于赵。楚有昭雎、屈平而君为人虏，岂非用贤不用贤之明证欤？

谚云：筵无好筵，会无好会。是以中国列代以来，两国之君或相见于疆场之上，或论交于微贱之时。若已践履大位，虽使命迭至，玉帛频通，苟欲轻身入境，握手言欢，则从未之前闻。乃近来五洲相连，环地球九万里，各国无不互市修好，开数千年来未有之变局。而外洋新闻纸屡载德、俄、英各国君主时相往还，轻车简从，尽泯嫌猜，相亲如一家，相敬如一人，倘有欧洲全局关系要事，不难当面商断。

论者谓，今日欧洲之局不啻一大战国。及观其推诚相与，真意相孚[2]，非战国诸君所能及其万一矣。噫！物极则变，变久则通，实天道、世运、人事有以限之也。在中国正统相承定于一尊，向来划疆自守，不事远图。但今既海禁大开，外洋各国声势相联，情谊日密。而我独示人以外，落落自处，将来孤立无援独受其害。是诚不可不及早图维[3]，幡然变计者也。

[1]折冲樽俎，原指诸侯国在宴席上制胜对方，后泛指在外交谈判上克敌制胜。语出《战国策·齐五策》：“此臣之所谓比之堂上，禽将户内，拔城于尊俎之间，折冲席上者也。”

[2]相孚，为人信服的意思。

[3]图维，即谋划，考虑。

# 醇贤亲王功德恭纪

皇帝本生考醇贤亲王[1]于光绪十六年十一月二十一日薨于位。王为宣宗成皇帝[2]之子，文宗显皇帝[3]之弟，初封郡王，嗣封亲王，充御前大臣，恪恭尽职。迨皇帝入承大统，钦奉慈禧端佑康颐昭豫庄诚寿恭钦献皇太后[4]诏，以亲王世袭罔替。当皇帝之践阼[5]也，时甫冲龄[6]，又在日本犯我台湾之后，军务粗定，地方甫平。王受懿旨，平章国事，整军经武，亲仁善邻，奏派泰西公使，每庆得人综理神机营[7]务，修军政。乃天步艰难，国家多故。曾

---

[1]醇贤亲王名奕譞（1850—1891），初封郡王，1864年加亲王衔，1872年进亲王，1874年准世袭罔替，谥号贤。奕譞因为是光绪帝之父，所以称皇帝本生考。

[2]宣宗成皇帝指的是清宣宗爱新觉罗·旻宁（1782—1850），年号道光，是清朝第八位皇帝，也是清朝定都北京后的第六位皇帝。

[3]文宗显皇帝即爱新觉罗·奕詝，1850年3月9日至1861年8月22日在位，年号咸丰。

[4]即慈禧（1835－1908）。慈禧太后出自叶赫那拉氏，满洲镶蓝旗，是清朝末年的一位皇太后，同治、光绪年间（1861—1908）掌权。她是咸丰皇帝妃，也是同治皇帝的生母，死后谥号为“孝钦慈禧端佑康颐昭豫庄诚寿恭钦献崇熙配天兴圣显皇后”。

[5]践阼即走上阼阶主位，登基。古代庙寝堂前两阶，主阶在东，称阼阶。

[6]冲龄，幼年。

[7]神机营，军队名，明代京城禁卫军中三大营之一，较早使用火枪武器。清沿明制，于咸丰十一年（1861年）选八旗满洲、蒙古、汉军及前锋、护军、步军、火器、健锐诸营之精锐者充之。常守卫于紫禁城及三海，皇帝巡行时亦扈从。

未数载开办海防，兵力既患不支，库帑复虞告匮。王上承懿训，下督臣工，竭力经营，悉心擘画[1]，卒使强邻拱服，疆宇又安。王之功绩高，而王之心力瘁矣。揆时度势，海禁已开，琛航毕集，知成法之不足循，旧章之毋庸泥也。奋发有为于丙戌之夏，衽席[2]风涛，驱驰车马，亲阅天津、旅顺水陆各营，创立北洋海军，并置铁路。安内攘外，硕画宏谟，超越一时，独绝千古。然此犹系王之立功，而非王之立德也。

王既劳苦功高，皇太后酬庸[3]异数，赏坐杏黄轿[4]，以示优眷。王即毅然乘坐，懋功懋赏，何嫌何疑？乃王远承祖训，上畏天威，奏辞不获，迄不敢乘。历数年来俨如一日。王之敬恭也如此。又于皇帝践位之后，豫恐朝臣有上嘉靖治平之说，以邀恩宠者，历叙继统之君以宋孝宗不改生父秀王之封为至当[5]。准今酌古，持论精严，援献征文，权衡不易。王之宅心笃棐[6]，处事周详，又如此至恭。缴皇上发祥之邸第，恪遵成宪，尤为王之小心翼翼也。王事无大小，悉候懿旨而后行。人无智愚，均付众裁而始定，尊君亲上，集思广益，所以朝无废事也。不幸年甫五旬，溘然薨逝，坏我长城。何怪乎九重震悼，四海涕

---

[1]擘画，亦作“擘划”，筹划、安排的意思。

[2]衽席，床褥与莞簟，引申为寝处之所。

[3]酬庸，酬劳的意思。

[4]杏黄以杏实名色，即微微发红的黄色，在清代服色等级中仅次于明黄。乾隆朝《皇朝礼器图式》中定皇太子及其妃袍色用杏黄。

[5]明世宗朱厚熜年号嘉靖（1522—1566）。朱厚熜为明宪宗朱见深之孙，兴献王朱祐杬之子。即位后不久，嘉靖皇帝与杨廷和等人在议兴献王尊号的问题上发生礼议之争。醇贤亲王奕为光绪帝之父，担心朝臣援引明嘉靖皇帝的例子抬高其尊号，扰乱朝政，于是援引宋孝宗的先例，认为应效法先贤，不易尊号为宜。

[6]笃棐，忠心地辅佐。

零哉！

按：秀王子称为宋孝宗本生父。孝宗入继高宗，正位青宫。高宗诏百官追议子称封爵。户部汪应宸定其称曰：太子本生之亲，议入内降，曰皇太子所生父可封秀王，谥安僖。嗣孝宗登极，高宗升遐，祔于太庙，而不改秀王封号。王之援引，盖即诸侯不敢祖天子之义欤。称之皇帝本生考，盖有所本而亦王之素志也。王在九天之灵可以慰藉矣。

# 亲王宜游历各国说[1]

古昔圣王十有二年一巡狩。巡狩者，巡察诸侯之所守也。诸侯五年一朝曰述职。述职者，述其所守之职也。由是观之，古之天子诸侯，皆非终其身深居简出也。

殷商之制，储君皆时处田间，与民为伍，欲以知稼穑之艰难。故《周书·无逸》之篇曰：“其在高宗[2]，时旧劳于外，爰暨小人，作其即位；”“其在祖甲[3]，旧为小人，作其即位，乃知小民之依[4]。”《商书·说命》之篇曰：“予小子旧学于甘盘，既乃遁于荒野，入宅于河，自

[1]此篇收入郑观应编《盛世危言》。除此之外，郑观应在《盛世危言二编》中收录李提摩太《水雷》一文，《盛世危言统编》收录《论西学宜设特科》《论开煤矿之益》《西法有益于民论》《格致宜创新机器说》《制造钢铁记略》《气球考》《农人新法记略》《电学考》《各国开辟非洲论》《论水师》等文章。见夏东元编：《郑观应集·上册》，上海：上海人民出版社1982年版，第2—3、383—385页。本篇的标点也参考了该版本，特以致谢。

[2]殷高宗，名武丁，商王小乙之子，商朝第二十二任君主，夏商周断代工程将武丁在位时间定为公元前1250—公元前1192年。武丁在位时期，勤于政事，任用刑徒出身的傅说及甘盘、祖己等贤能之人辅政，励精图治，使商朝政治、经济、军事、文化得到空前发展，史称“武丁盛世”。

[3]祖甲，武丁之子，生卒年不详。商朝第二十四任君主，今本《竹书纪年》称其在位三十三年，曾征伐西戎，使商朝中兴。

[4]出自《周书·无逸》，原文是：“其在祖甲，不义惟王旧为小人，作其即位，爰知小人之依。”

河徂亳。[1]”是知古昔天子皆躬历于外，以豫[2]知民之艰难情伪，而后继大统，乃洞然于闾阎[3]稼穑[4]之依，官吏良莠之故。所以国无弊政，民无弊俗，朝野上下，熙熙皞皞[5]，裕如[6]也。三代而后，惟汉宣帝幼遭戾太子之难[7]，育于民间，年十九始入宫承大统，故民间之情伪，胥吏之良莠，无不尽知，励精图治，号为中兴。外此则开创之主，事事皆洞照无遗。而承平之世，青宫[8]鲜出宫闱，惟恃择傅读书，以明古今治理，而民间之稼穑艰难，蠹吏[9]之贪污狼藉，少所闻知。惟天生睿知之圣，乃不出户庭而明烛万里，人不敢欺。史鉴所载，汉、唐、宋、明之世，主非不明，徒以蔽于耳目之近，而皇恩不能下逮者，昭昭可考。岂若我国家列圣相承，闿泽仁恩，覃敷广被。今皇太后、皇上又深仁厚泽，浃髓沦肌，践土食毛[10]，谁不感戴？数十年来，华洋交涉，开前代未有之局，亦既洞悉其

[1]出自《商书·说命》，原文是：“台小子旧学于甘盘，既乃遁于荒野，入宅于河，自河徂亳。”

[2]豫，同“预”。

[3]闾阎，里巷内外的门。此处指民间，平民。

[4]稼穑，春耕为稼，秋收为穑，即播种与收获，泛指农业劳动。见《孟子·滕文公上》：“后稷教民稼穑、树艺五谷，五谷熟而民人育。”

[5]熙熙皞皞，和和乐乐，怡然自得。

[6]裕如，形容从容不费力。

[7]戾太子之难，戾太子指汉武帝嫡长子刘据（前128—前91）。戾太子之难指汉武帝晚年（前91年）的巫蛊之祸，刘据在这场风波中被奸臣迫害，被诬告谋反后举兵反抗，兵败逃亡，后来自杀。当时刚刚出生的汉宣帝刘询因巫蛊事件牵连入狱。直到公元前87年才获释，被祖母史家抚养。公元前74年，刘询在以霍光为首的大臣的拥立下登基。因长在民间，熟知民生疾苦，吏治得失。

[8]青宫，比喻太子所居的东宫。东方为青色，故称东宫为青宫。

[9]蠹，蛀蚀器物的虫子。蠹吏，指害民的官吏。

[10]践土食毛，指蒙受君恩，亦泛指起居生活。毛，泛指土地上生长的粮食蔬菜等植物。

治国养民之法，故专设总署，设海军，设机器局，以及各学堂。又命星使[1]游历外洋，兼理交涉事务，无不事事仿行，新中华之耳目，开小民之衣食，虽前代雄才大略之主，亦未能如我朝之盛也。

顾事须比校而后胜负分，势必互观而后强弱见。以我中华之地大物博，山岳蓄其菁华，川陆萃夫宝货，自然之利甲于五洲。倘能尽法以致之，又何假于外洋之物哉？且外洋人又往往惜之，谓不能尽其物利者，以不能尽仿其法也。然其法自在，在朝廷力求何如耳？欧西诸国之君，皆常躬历各国，不虑风涛险恶，而藉以联与国之欢。各国又皆盛饰礼仪，郊劳燕享[2]，不啻春秋会盟，珠槃玉敦之盛，而即藉以考其制造军伍之法，以取则焉。如英、德、美、奥，诸国之皇时常来往，见于日报者不一而足。而俄罗斯之兴，更专藉其先君彼得之游历，无法不仿，无善不备。日本亦然，故其国势蒸蒸日上也。日本自同治十二年始信其法，今才二十余年耳，已俨与西方大国比隆。溯其所以致此，则尝遣其宗室大臣躬历其境，考其致治之法，而又遣英俊子弟诣彼国读书，不数年尽得其奥。国中一切制造，皆以仿西式为本，非甘舍数千年祖宗之旧而为此补苴[3]，以弃故喜新也，特以既与交涉，不如是不能与之并驾耳。

我朝苟不开海禁，虽至今不用其法可也。既与交涉，

[1]星使，我国古代天文学家认为天人相应，天节八星主使臣持节宣威四方，因称帝王派遣的使者为星使。

[2]郊劳，到郊外迎接并慰劳；燕享，指以酒食祭神。郊劳燕享，泛指以酒食款待人。

[3]补苴，指补缀，缝补，引申为弥补缺陷。

而独鄙其事而不为，不几自敝乎？草野无知，窃愿朝廷亦遣亲王游历其境，以代时巡，目睹其政治，取其善者而为之，并遣英才子弟诣彼读书。久之必有驾西国而上之势，彼狡焉思启者何敢哉？刍荛[1]妄语，窃愿鉴日本之明效也。

[1]刍荛，割草打柴的人，泛指百姓，自谦之辞。

# 曾忠襄公功绩述略

曾忠襄公[1]任海疆之寄，为社稷之臣，立德立功，懋官懋赏，国家倚如柱石，民生奠若苞桑[2]，继贤兄文正公开府两江，历有年所，敬教、劝学、通商、惠工，尤为远人慑服，国赖以安。不意噩耗传来，骑箕[3]西去，中西人士痛悼同深，兹将其生平、战功、宦迹约略纪之，以作羊昙一哭[4]也。

按赭寇乱时，公兄文正公以侍郎回籍办团，旋督师剿贼。公于咸丰六年募军于长沙，为报国计。以其始攻吉安也，号曰吉字营，为公立功之始。是年丁父忧。七年，奉旨夺情，仍领吉军，进薄吉安。八年，攻克吉安，积功以知府遇缺即选，并加道衔。九年四月，统带湘军五千六百

---

[1]曾忠襄公，即曾国荃（1824—1890），字沅甫，号叔纯，湖南长沙府湘乡人，晚清名将，湘军主要将领之一。同治三年（1864年），曾以镇压太平军有功，加太子少保，封一等伯爵。光绪十年（1884年）署礼部尚书、两江总督兼通商事务大臣。光绪十五年（1889年）加太子太保衔。翌年，卒于位，谥“忠襄”。

[2]苞桑，桑树之本，比喻牢固的根基。

[3]骑箕，典出《庄子集释》卷三上《内篇·大宗师》，去世的婉称。

[4]羊昙，泰山平阳（今山东新泰市）人，东晋时期名士、音乐家，太傅谢安之甥，名列江左十贤之一。《晋书·卷七十九·谢安传》：“羊昙者，太山人，知名士也，为安所爱重。安薨后，辍乐弥年，行不由西州路。尝因石头大醉，扶路唱乐，不觉至州门。左右白曰：‘此西州门。’昙悲感不已，以马策扣扉，诵曹子建诗曰：‘生存华屋处，零落归山丘。’恸哭而去。”

人赴江西。六月抵景德镇，三战皆捷，遂克之。贼窜浮梁，公追，克浮梁县，江省肃清。奉旨："道衔知府曾国荃著免选知府，以道员用。钦此。"七月，率师至抚州。十月至巴河，请假回籍。十年闰三月，自湘回营，攻安庆，驻扎集贤关，是为规取安庆之始。十一年，攻安庆，踏平贼垒十九座，杀贼八千人，贼酋陈玉成计穷夜遁。八月初一日，开地道毁其城，贼众悉死，遂复安庆，是为肃清江南之始。奉旨赏加布政使[1]衔，以按察使[2]记名，遇缺题奏，并赏穿黄马褂。九月，进军庐江县，连克泥汊口、神塘河、运漕镇等隘，军威所至，势如破竹，骎骎乎有直捣金陵之势矣。

十月回湘募勇，奉旨赏给头品顶戴。同治元年正月，授公浙江按察使。时李傅相召募江淮劲旅，图复苏州，以公屡建奇功，威望素著，商之于公。公谓金陵为贼根本，如复苏州，必先攻金陵，贼以全力赴援，始免棘手。傅相韪之，即以围攻金陵属公[3]，而东南肃清之局始定。公以兵力单薄，又回湘募勇，奉旨督带所募新军，留防安庆。二月十五日，授公为江苏布政使，并奉上谕："该员为两江总督曾国藩之弟，军务紧要，需员办理，毋庸回避，以资得力。钦此。"公未接篆[4]，仍督师攻取巢县、含山、和州等州县，率师东下，破贼于铜城关。三月又破贼于铜城闸，克雍家镇，克和州，克梁山浃。旬之内迭克名城

[1]布政使，职官名。明清各省民政兼财政长官。属承宣布政使司，受辖于督抚，与掌理刑名的按察使并称为"两司"。

[2]按察使，职官名。唐置，明清以按察使为一省司法长官，掌刑名按劾之事。

[3]属公，让他来做，把围攻（金陵）的任务交给他。

[4]接篆，接受该机关的大印，即任职的意思。

要隘，遂与彭公玉麟[1]定计会攻。浼彭公牵制贼军，而自率马步十五营进逼金柱关，出贼不意，抵太平府北门，斩馘[2]三百余级，复太平府。五月，进攻秣陵关，取大胜关，逼雨花台，计距金陵仅四里耳。而克复金陵之基遂定，厥功尤伟。六月，贼犯雨花台，斩贼二千余人。歼对逆贼又袭我营。公率部将易良虎、刘连捷击走之。八月，伪忠王李秀成率苏常悍贼二十余万援金陵，围攻公营十五昼夜，抵死不去。九月，伪侍王李世贤又率贼十万自浙江来援，开掘地道，拟攻我营。公修内濠以障之，破其地道，勉励士卒裹伤血战，卒平贼垒数十座，擒斩数千人，贼自相践踏死无算，忠、侍两逆计穷遁去。自军兴以来，未有如此之恶战者也，奏闻奉旨颁赏翎管等物，有差。腊月廿三日，破贼于谷里村六郎桥。二年三月廿五日，授公为浙江巡抚[3]，仍领军剿贼，疏辞巡抚不获。四月，克雨花台，又平聚宝门外贼垒九座。五月平下关、草鞋夹、燕子矶、长干桥贼垒。六月平燕子山上方桥贼垒。九月亲督部将萧孚泗等，搦战枪毙某酋，贼遂穷促不敢复出。十一月，治地道攻城。三年正月，克天保伪城，分兵扼截太平、神策两门，三月，又开地道攻岳城，歼贼数万。五月，破龙脯子山石垒。六月十六日，攻克金陵，擒伪忠王李秀成及洪仁达等。诸悍酋伏诛。凡伪主将、伪天将、大

---

[1]彭玉麟（1816—1890），字雪琴，号退省庵主人、吟香外史，祖籍湖南，生于安徽。清朝著名政治家、军事家，人称雪帅，与曾国藩、左宗棠并称“大清三杰”，与曾国藩、左宗棠、胡林翼并称“中兴四大名臣”，湘军水师创建者、中国近代海军奠基人。1890年卒于衡阳，赐太子太保，谥“刚直”，并建专祠。

[2]馘，古代战争中割取敌人的左耳以计数献功。

[3]巡抚，职官名。明代始设，职责为代天子巡视天下。至清朝则以巡抚为省级地方政府的长官，总揽一省的军事、吏治、刑狱、民政等。

小酋目，死者不下三千余人。红旗奏捷，奉旨赏太子少保衔，封一等伯爵，并戴双眼花翎。

七月因病请假回籍，奉旨赏给人参六两，并谕一俟病痊即行来京陛见。十月回湘。四年四月，锡名曰威毅伯。八月十三日，简授山西巡抚。五年正月廿八日，改授湖北巡抚。六年十月，奏请开缺回籍治病，奉旨报可。光绪三年，又授山西巡抚，时晋省大祲，公设法赈饥，活人无数，继因边疆有事，移防山海关。事敉[1]开府[2]两粤，量移两江，所到地方，必以培养元气为务，百姓赖之如慈父母。光绪十六年，公年七十有三岁，十月初二日未时薨于位。呜呼惜哉！

[1]敉，安抚，安定。

[2]开府，高级官员成立府署，选置僚属。此处指曾国荃复出后任职两广总督。

# 书鄂督开辟全楚利源示后[1]

自古大有为之臣，负经济之才，具卓越之见，无不以厚民生、利民用为本。其所裁成辅相之道，大抵准今酌古[2]，因时制宜，以润泽鸿业，未有胶柱而鼓瑟[3]者。盖其所挟持甚大，志趣甚远，固非浅见寡闻者所能望其肩背也。今鄂督张香涛[4]制军自任粤东疆，寄其兴利除弊，已可概见。惜未竟其用，即量移鄂省，去后士民思之如慈父母，良以善政及人之沦肌浃髓也。

今既督鄂于两湖之地开办炼铁事宜，又置织布局、枪

[1]该文收入陈忠倚辑《皇朝经世文三编》，见《皇朝经世文三编·卷二十五·户政二》，沈云龙主编：《近代中国史料丛刊》第76辑，台北：文海出版社1966年版，第385—386页。

[2]准今酌古，择取古代之事，用来比照今天的情况。

[3]胶柱鼓瑟，将瑟的弦柱黏住，鼓瑟时就不能调节音调的高低。比喻顽固而不知变通。语本《史记·卷八十一·廉颇蔺相如传》：“王以名使括，若胶柱而鼓瑟耳。括徒能读其父书传，不知合变。”

[4]张香涛，即张之洞。张之洞（1837－1909），晚清重臣，字孝达，一字香涛，号香岩，又号壶公、无竞居士，晚年自号抱冰。人多称其香帅。直隶天津南皮（今河北南皮）人。道光十七年（1837年）八月初三生于贵州，官至体仁阁大学士。张之洞早年是清流派健将，后成为洋务派的主要代表人物之一，大力倡导“中学为体，西学为用”。他注重教育和治安，主导了中国近代的警察制度，对清末教育和社会发展有很大的影响。还曾创办汉阳铁厂、大冶铁矿、湖北枪炮厂等。八国联军入侵时，大沽炮台失守，张之洞会同两江总督刘坤一与驻上海各国领事议订“东南互保”。

炮厂，利国用而厚民生，无惑乎口碑之载道也。夫民不自生，必赖有以资其生者。农桑而外，大约不离乎开矿、制造等事。夫开矿与制造为致富之阶，其说起于泰西，而泰西各国行之而获效者比比皆是，故其人皆极深研几，两事并行不悖。其国家又设格致书院，以教育人才，于制造之学既精益求精。复建博物院，聚五洲之产而比校之，约期立会，互相考察，大抵集思广益，乐取于人以为善，而深戒夫私心自用之习。盖凡有是习，而任事未有不偾[1]者。

今香帅为富民开利源，为贫民谋利薮[2]，简员履勘本省、邻省煤铁之矿，劝谕开采。善乎香帅之为民生国计也！夫事不患不集，而患识之不充；功不患不成，而患习之难去。以香帅之总督两湖，方荷圣恩之简畀[3]。事权在手，无论何法，皆可施行，事岂尚有不集者乎？然苟非具卓识于先，则且与庸碌同。方谓多一事不如省一事之为妙也。而香帅于莅鄂之后，即思有利必兴。绅民不识其意，多未浃洽[4]。香帅毅然为之而不顾，盖知后来获效，绅民必有恍然悟者。

顾或谓民情难于图始，以鄂地舆情未洽。当发轫之初，方谓制军，事事更张，有类半山[5]之执拗者。于此而欲其集捐帮办，趋事赴功，殊非易易。不知香帅性成刚毅，见义勇为，其所改弦无非为民筹画耳。况公忠夙著，

[1]偾，把事情搞坏。
[2]利薮，财利的聚集处。
[3]简畀，经过选择而付予。
[4]浃洽，和谐，融洽。
[5]王安石号半山，以其执拗著称于世。

昕夕[1]焦劳，久为中外人之所钦仰。其事有不速成者乎？然而犹有说以处此。夫谋天下大事者，当定天下之大计。蒙谓各省凡有佳质之矿，皆当劝谕开采，设局制造，使贫民得所衣食，则中国之利源庶乎广被，不止斤斤为全楚计也，不禁企予望之。

[1]昕夕，朝暮，即从早到晚。

# 书重庆通商停止轮船上驶疏后[1]

中英所定四川重庆府通商新约不准轮船上驶，洋商之货只用华船装载。在当轴诸公深谋远虑，固非管窥蠡测[2]者所敢置喙[3]。然就通商本意而论，吾不能不有感焉。夫通商者，固欲通其所不通，而使彼此均获无穷之利也。正如人之有身，望其血气流通而不至凝滞也，滞则身惫矣；亦如地之有水，望其江海通达，而不至阻塞也，塞则水涸矣。若夫岩疆大邑，林林总总，鸡犬相闻，无非由于水陆通途，商贾辐凑[4]，货物毕至，而后市肆兴，民生富。反此则衰，衰则败矣。

观于中国近日最盛之地，莫如上海，肩摩毂击[5]，攘

---

[1]1890年3月31日，清政府与英国签订中英《新订烟台条约续增专条》，统一确定了鸦片税厘并征额，并在第一款就规定“重庆即准作为通商口岸，与各通商口岸无异。英商自宜昌至重庆往来运货，或雇佣华船，或自备华式之船，均听其便”。至此，重庆成为中国的第20个对外通商口岸。以上是李提摩太这篇文章的写作背景。该文争议较大。学者多用这篇批判李提摩太为帝国主义辩护。可参见早期丁则良著：《李提摩太——一个典型的为帝国主义服务的传教士》，北京：开明书店1951年版，第11页；最近如冯金声著：《中国西南铁路纪事》，重庆：西南交通大学出版社2017年版，第11—12页。

[2]管窥蠡测，用管窥天，以蠡测海，比喻所见狭小。语本东方朔《文选·答客难》：“以管窥天，以蠡测海，以筳撞钟岂能通其条贯？”

[3]置喙，插嘴，参预议论。

[4]辐凑，形容人或物聚集像车辐集中于车毂一样。

[5]肩摩毂击，肩膀和肩膀相摩，车轮和车轮相撞。形容行人车辆往来拥挤。

往熙来，其中无业小民因以觅衣食者不下数万人。问何以一盛至此者？盖上海虽僻在海隅，而地当南北之冲，为行海者必经之路。近日又与外洋互市，为五大洲商民会萃之所，故日兴月盛，有莫之致而致者矣。此外，如长江以内有汉口镇，城无百雉[1]，居异省垣[2]，而乃灯火万家，阛阓[3]相接，为中国第一大镇。无他，亦因其为九省通衢[4]耳。

今四川重庆府，溯江而上，石笋林立，地称险僻。民所恃以衣食者，亦惟耕织成法耳。然天下人民生死之数，生者每较死者为多。以重庆一府计之，每年当添生者数万。而一府之田地固不能加增。且自发逆以后，原气未复，故荒地甚多。正因脚价[5]昂贵，器物未备，迄今尚未全垦。以不能增加之田，当时有生添之人。苟不另筹新法养赡，势不至使民大困不止。

夫西瀛各国，陆则有火车，水则有轮船。凡于山陬海澨[6]未通之处，务求有以通之，使民获无穷之利益。故外洋金银流溢，物阜风醇。今英商立德[7]自制轮船至川江

---

[1]雉，古代计算城墙面积的单位。长三丈高一丈为一雉。百雉，指城墙的长度达三百丈。借指城墙。

[2]省垣，省行政机关所在地。

[3]阛阓，市场。

[4]通衢，四通八达的道路。

[5]脚价，搬运费。韩愈《昌黎集·论变盐法事宜状》：“（张）平叔请定盐价每斤三十文，又每二百里每斤加收二文，以充脚价。”

[6]山陬海澨，山隅和海边。泛指荒远的地方。

[7]立德，又译立德乐、立特尔，全名Archibald John Little（1838—1908）。1876年《中英烟台条约》签订，规定“四川重庆府可由英国派员旅居，查看川省英商事宜。轮船未抵重庆之前，英国商民不得在彼居住，开设行栈，俟轮船上驶再行议办”。1881年，立德在湖北组建了川江轮船公司。1883年，立德携妻子乘轮船至汉口，后转木船，历40天抵达重庆。立德将沿途见闻记录，写成*Through the Yangtse Gorges*，译者黄立思将其译为《扁舟过三峡》。

行，从此脚价可减，荒田可垦，百货流通，丰年可运粮至他省转粜[1]，荒年可由他省运粮拯饥，永绝迟误之患。此正川省民人由困入亨一大转机，固不独重庆一府已也。乃该处民人狃于成见，转生惶恐，仍请停止轮船上驶。虽有通商之名，而无通商之实，该地无从兴旺。是人欲生之，自欲死之，讵不大可痛惜耶？虽然或彼另有良法可以拯济吾民，而一切火车轮船之举可以不讲，岂不甚善？独奈何民生如此芸芸也，而田野不治，土地不辟，虽日督民以勤俭从事，抑思源不开而徒议节流可乎？吾知数十年后，风气渐开，重庆之民当必有悔今日之事者，岂不晚哉！岂不晚哉！

[1]粜，卖粮食。

# 推广满洲兴旺之由[1]

自来崛起之国，其君必雄才大略，卓识宏度，始能奋发有为，囊括宇宙。溯自汉高、光武以及南北朝诸君，大抵皆如此，而要之不外乎振兴文教者。近是迨唐宋之际，开创之君首重文教，文明复大启，其间大贤大儒迭出，国祚[2]亦因之振兴。虽外如契丹、女真、蒙古诸部崛起沙漠，果毅坚强，亦罔不重文字、广见闻，以资其开疆拓地、席卷中原之志，是文字之有关于开国也明甚。况满洲发祥长白，与商周略同，尤高出历代诸帝王之上。迹[3]其开创之由，尤足为后世法[4]。爰译俄人之《清俄字典》推广之，以当刍荛云。

按光绪元年，驻京之俄罗斯人著《清俄字典》，中述亚西亚东北文字。其略云：考唐代以上，亚西亚[5]东部多

---

[1]这一篇文章受关注颇多。其中包括，收入《万国公报》（见李天纲编《万国公报文选》，第570页）。卢戆章（1854—1928）《亚洲东北创切音新字振兴文教为强盛之原》一文，作于1896年2月，其从开头到“此非太祖圣算独操之益乎？”二者几乎雷同。该文还收入于宝轩辑《皇朝蓄艾文编》，见《皇朝蓄艾文编·卷五十三·边陲五》，上海：上海官书局1903年版，第33—34页。

[2]祚，国运气数，专指帝王的宝座。国祚，则引申为国家的福运，王朝维持的时间。

[3]迹，据实迹考知。

[4]法，效法。

[5]亚西亚，即亚细亚，即亚洲。

系中国文字。满洲、渤海两地皆重之。传至日本、高丽，亦兼习焉。后契丹出，别造文字，大小两种。女真灭契丹后，又造大小两种文字。至蒙古出，其字形又变，盖借用回回国字，非回回教之字也，本由亚西亚极西之国，东汉时，呼为大秦国[1]传来者。唐时，传景教[2]人即用此字，景教碑今尚存。蒙古大兴时，又用一种字，名为方字。由西藏而传，然用之不便，故皆用大秦国字焉。至有明之世，万历年间满洲人兴，亦用大秦字。自是大秦字体，由西海传至东海、黑龙江等处矣。

清初天聪年间，因大秦国字不便于用，略为更改，加点画为满洲文字。自明时，满洲更定文字以后，即将中国有用之书，及《律例》并《纲鉴》等，均翻成满文。中国所有之教，无不传于满洲矣。迨明末清初之际，又将中国紧要之书，均翻满文，使满人习诵之，于是满人得广见闻，增智慧焉。盖满文易学，汉文难学，而以汉文翻满文，则学之甚易。然则翻汉文为满文，非为有益于知识而然乎？虽开创之君聪明天亶[3]，而臣民之读此书者，罔不智慧增添，智珠在握[4]，用能运筹帷幄，决胜千里，以辅太祖入据中原，开拓疆土，几及万里，为亘古所未有，此非太祖圣算独操之益乎？

讵自定鼎中原以后，分布满人于各行省为驻防，生

[1]大秦国，古国名，又名犁靬、海西，是古代中国史书对罗马帝国的称呼。

[2]景教，基督教的支派。唐贞观九年（635年），波斯人阿罗本带其经典入长安，太宗诏准建寺传教。初称波斯经教，后称景教，其寺称波斯寺，天宝时改名大秦寺。唐武宗会昌五年（845年）禁。

[3]天亶，帝王的天性。《书·泰誓上》：“亶聪明，作元后。元后作民父母。”蔡沉《书经集传》：“亶，诚实无妄之谓。言聪明出于天性然也。”

[4]智珠在握，比喻具有高深的智慧并能应付任何事情。

齿日众。至道光廿八年，约有五百万人，而今工满语者，几无一人。其能通晓者，率皆延师授学始能工。殊不知太祖[1]立此文字之初心，原非欲人专工满语也。盖并欲他国文字兼习之，以广见闻，增智慧，以为兴邦之助。何至今日竟失太祖之本意也。纵使满学遍设而究之，满学虽工，亦不外中国文字所有，似属无用，何妨推广太祖之初心，以为增见闻之地乎？

今与中国为强邻者，俄、英、法三大国也。三大国之文字不能通，即不能晓其治国之实迹。将来遇事，难保无龃龉之虞，何以弭[2]衅于意外？所望当事者独断于心，奏请臣民习西国之文，以上承太祖译满汉文字之本意，延师授读，并翻译西国紧要之书，为中国文字，使人人习诵之。久之西国诸书不难一目了然，即西国诸学，亦将心领神会。则西人之学识韬钤[3]，早膺洞鉴。西国之富强胜算，久洽衷怀。以中土之地大物博，苟加以西学制造，又何难驾五洲而上之也？是所望本法祖之一念，以为中兴之机也可。

[1]清太祖努尔哈赤（1559—1626），明末与女真各部平定中国东北部。明神宗万历四十四年（1616年），建立后金，割据辽东，建元天命。萨尔浒之役后，迁都沈阳。次年卒于宁远城之役。清朝建立后，被尊为清太祖。

[2]弭，平息，停止，消除

[3]韬钤，借指用兵谋略。

# 论朝鲜宜求中国保护[1]

尝闻越之西子[2]，善毁者不能闭其美；齐之无盐[3]，善美者不能掩其恶。形之外著，确乎不易，此实众目所共见，抑亦私心所自明也。即小喻大，彼有国家者，何独不然？夫万里提封之地，与弹丸黑子之区，形势相侔，显然共睹。若以蕞尔小邦抗衡于大国，不独兵力单弱，战守两难。即珠槃玉敦，揖让[4]联欢，而悉索敝赋[5]以从事，亦徒见其民生日困矣。

知此可与论今日之朝鲜，夫朝鲜自宾服中国以来，世守东藩，恪共自矢[6]。中朝之列祖列宗覆之如一家，岁饥则海运漕粟以赈之，讨贼则颁有功将士万金以犒之。且两遭内乱，悉与戡平，厚泽深仁蔑以加矣。顾该国东逼于俄，南迫于日，而壤地褊小，财赋无多。所有水师、陆

[1]该文收入于宝轩辑《皇朝蓄艾文编》，见《皇朝蓄艾文编·卷五十七·交涉四》，上海：上海官书局1903年版，第35—36页。

[2]西子，越国美女，一般称其为西施，后人尊称其“西子”。

[3]无盐，即战国时齐宣王后钟离春，为人有德而貌丑，因是无盐人故名无盐，后常用为丑女的代称。

[4]揖让，作揖和谦让，是古代宾主相见的礼节。

[5]悉，全部；索，尽；敝，谦辞，谓不精良。悉索敝赋，指尽全国所有的兵力。也指拿出所有的一切来供应。

[6]恪共，恭谨；自矢，立志不移。

营，各军虽极力召募精练，若与俄日相较，诚如卵石之不敌，固不待智者而后知也。近年海禁大弛，开仁川、釜山、元山三口，与日本及泰西诸邦通商往来，而五洲各大国分遣大臣往驻高京，玉帛相通，礼宜报聘。但皇华载咏[1]，雨雪往来，一切驻扎酬酢经费，所需甚巨，区区小国，进款几何，断难由此举动。

识时务者为俊杰，不务虚名，方免实祸。为今日朝鲜计，自宜仿泰西之新法，乃策之上也。查泰西各国，其初地亦无多。迨至人材崛起，知国小势弱，不足以御外侮，因之会合推广，愈久愈大。迹其治大国之法，则旧与新两端。所谓旧法者，权势统归一人，各省不能自主，凡事皆须请命于国家，如俄罗斯、日耳曼是也。所谓新法者，外事则悉听国家定夺，内事则仍由各省自主，如近日之美国。前本十数小国相合而成，故又名曰合众国。其新法凡与五洲各国往来交涉之事，皆国家定夺，倘属内地风俗治化，仍系各管各省，虽国家亦不搀越[2]过问。此外英国在五洲亦有极小者数处，除本地治化，仍由自主外，所有外国各事，亦全由英国家定章办理。近来闻风景慕，愈附愈多。顾此法不独泰西为然，推之蒙古、西藏等处，虽为中国属土，亦仅齐其政，不易其俗，均与美英新法大略相同。

诚以国小力弱，不足与大国争衡。惟有合并大国，声势联络，一经有事不分畛域，协力拒守，非特强邻之觊觎从此永杜，而偏隅之政治亦足自安。钟虡[3]不惊，民人

---

[1]此处皇华或指《皇华集》。该著是明代文臣出使朝鲜时所作诗歌的总集。引申为国与国之间的文化往来。

[2]搀越，指越出本分。如越职、越权等。

[3]钟虡，饰以猛兽形象的悬乐钟的格架。这里借指社稷王朝。

无恙，彼亦何故不乐而与人相合耶？况今朝鲜久荷中朝覆帱[1]之仁，世受册封，实与西藏、蒙古无异，自应竭诚内附，求中朝保护。凡与泰西各大国互市和约一切交涉，悉由中国代办。如有外患，亦由中国派兵会同御防。若中国有事，亦可遣兵助援。似此办理，朝鲜既可省水师、陆营无限兵费，又不须派使臣分驻各国，虚糜款项，徒受亏累。惟该国如愿派人至五洲游历，或另有善法，亦可照办。

总之，朝鲜之于中国，非独情谊如一家也，其土宇毗连，亦如一家之相依倚。不破除畛域，不足以保朝鲜。现在中国既开铁路至东三省等处，似朝鲜亦应开铁路。俾声气相通，无事则便商裕课，有事则调兵御侮，唇齿相依，指臂相助。虽大敌当前，庸何惧乎？朝鲜自开海禁，而后豪杰之士揣摩风尚，无不竞谈海务以策自强。然能者所见略同，谨献刍荛，以俟采择。

[1]覆帱，指施恩，加惠。

# 朝鲜宜求中国保护再论

吾闻父之于少子也，虽教养恩慈倍至，而宫室园囿[1]，货材田土，不遽分析之，而听其主持者以毛羽未丰，志力未逮，豪家兼并，恐启觊觎之端，长窥伺之，渐爱之，适以害之也。

今日朝鲜之于中国，徒奉正朔[2]，仅属虚文。中朝务宽大之名，小邦有叵测之患，岌岌乎不可终日，濒于危亡，甚非计也。朝鲜之境，三面环海，惟其西北咸镜、安平二道，毗连我疆，更与俄罗斯之新界珲春接壤。其釜山浦际于海，与日本所属之对马岛遥遥相峙，约水程四百余里，风帆便利一日程耳。东逼于日，北迫于俄，必曰日萌侵夺之志，吾未敢必，而有可侵可夺之机；必曰俄怀并吞之心，吾未敢知，而有可并可吞之势，心与志非吾所敢知，机与势则吾所敢必。何也？机有可乘，势有可图，而后觊觎之心，生窥伺之志。切苟吾有以遏其机，沮其势，邻国虽强将相顾而嘻曰：彼有备矣，缓急足恃，仓卒未可图也。是以善遏敌者，以机不以力。善却敌者，以势不以

[1]园囿，园林，花园。

[2]正朔，即正统，象征着一个王朝统治、代表中国的合法性与唯一性，是古代中国重要的政治概念。

兵。古所谓胜占机先，形势威敌者，于是乎在。洎乎兵锋既交，侥幸万全已非上策。况兵凶战危，杀伤相当，为胜为负尚未可知乎。昔晋侯三驾[1]服郑，继文襄而霸，楚人不复与争，诸侯得以休息者，以郑密迩于晋，晋城虎牢据其上游，有以制其命也。于是郑服而晋强，而郑赖以安堵，楚亦莫之敢犯。说者谓，是役也，晋以郑为屏蔽，而边圉以固；郑亦冯藉大国，恃以长存。是晋大有造于郑，郑之辅晋，亦不为无功。大小相维，于斯益信。

矧我中朝抚字[2]朝鲜，有兴灭继绝[3]之义。二百五十年间，来享来王[4]，朝贡惟谨。迨咸同之世，海禁大开，俄人狡焉思启[5]其西比利亚东界，直瞰朝鲜。复以科立耳十八小岛，易日本虾夷岛[6]之全境，鲸吞虎视，何难席卷三韩？所以未即发者，恐我中国议其后耳。加以日人曾藉端发难，于时我中国有渡海之师，戡定内乱，韩境以宁。未几日本退师，而我军亦罢。

旁观者谓，宜互守局外之规。不知日本固属局外，我中国自处局中。应援要荒藩服[7]之义，参用西瀛保护之

---

[1]三驾，三次兴兵。

[2]抚字，抚育爱养子女。

[3]兴灭继绝，扶助被灭亡的国家，复兴被断绝的国脉，出自《论语·尧曰》：“兴灭国，继绝世，举逸民，天下之民归心焉。”

[4]来享，远方诸侯前来进献贡物；来王，指古代诸侯定期朝觐天子。《诗·商颂·殷武》：“莫不敢来享，莫不敢来王。”郑玄笺：“享，献也。”《晋书·文帝纪》：“九服之外，绝域之氓，旷世所希至者，咸浮海来享。”何启、胡礼垣《新政论议》：“修文德以服远人，来享来王着其效。”

[5]狡焉思启，指怀贪诈之心图谋侵人之国。语出《左传·成公八年》：“夫狡焉思启封疆以利社稷者，何国蔑有？”

[6]虾夷岛，为北海道的古称。

[7]要荒藩服，古代王畿以外按距离分为五服，一千五百里至二千里为要服，离京师二千到二千五百里为荒服，其封国区域离王畿最远的称藩服。

规。内而政令兵刑，外而邻邦交涉，以及置戍营屯，慎固封守，悉禀命于上国，报可始行。并遣重臣宿将以监助之，犹诸分居之子不能自立为之父者。复毅然自任为之，竭力图维，得是非曲直之公，合天理人心之正。外人或从旁沮挠之，有是情乎？有是理乎？

# 补授要缺贵得其人说

盖立非常之功，必待非常之人[1]。有非常之人，而后非常之骏业，奏之裕如也。中朝自咸丰年间发捻[2]猖炽，迹遍江淮。而后名公巨卿出，肤功克奏[3]，卓著勋名，嗣后名臣迭出，皆具经天纬地[4]之才，旋乾转坤之手，卒以扫欃枪[5]而安六合，功垂不朽焉。是朝廷欲治安中外，非得其人不为功明矣。然而中国以内之事虽明，中国以外之事未悉。是犹未能治安也。况今日海禁已开，泰西各国来华交涉事件尤繁。苟未能深达其政俗人情，其将何以为理？不第此也。中朝文人学士，学富五车者固不乏人。然皆拘守，故常动援古事以为鉴。不知中华自古未与泰西通，第就内地治安之法以治内地，原无扞格不通[6]之弊。

---

[1]语出汉武帝《求贤诏》，《汉书·武帝纪》。

[2]发捻，指太平军（1851—1864），主要活动范围在华南，华中和江南；捻，指捻军（1853—1868），主要活动范围在长江以北，皖、苏、鲁、豫四省部分地区。

[3]肤，伟大。功，功绩。克，战胜。奏，臣下向君王陈述事情。事情已经办成，功劳十分显赫。

[4]织物的竖线叫“经”，横线叫“纬”，经天纬地，即规划天地的意思。形容人的才能极大，能做非常伟大的事业。

[5]欃枪，喻邪恶势力。

[6]扞格，互相抵触，格格不入。扞格不通，固执成见，不能变通。清代李宝嘉《文明小史》第一回：“其余十八行省，那一处不是执迷不化，扞格不通呢？”

今以之校泰西诸国，则不第文治异，即武事亦异。言学校则格致诸事茫然；言器用则制造诸事茫然；言整军则快铳、快炮、铁舰等虽已设局制造，而未能独出心裁，其式又茫然；言商务，则博物院之讲求未立；言见闻，则五大洲之书籍未翻。

夫所谓士者宜求实学，以期有用于世，坐而言者即能起而行，不徒尚章句词华也。中朝诸巨公，如合肥李傅相[1]、南皮张制军、湘乡曾忠襄公、前台抚刘爵帅[2]，以及曾惠敏[3]诸贤臣，均能深悉此中原委，实事求是。果能人皆如此，则中朝之振兴不待异日矣！惜乎，老成凋谢。一时并赴骑箕者，如彭刚直[4]、曾惠敏、曾忠襄、潘文勤[5]，而醇贤亲王又相继薨逝，更为意料所不及。朝廷亟简贤才，调补要缺，一时甚难，其人蒙是以不得不深为浩叹也。

夫事必先豫，而后乃有备，人必先作，而后得通材。以中国目今之时势而论，譬如病者，势虽沉重，苟有和缓，良医势可立愈。故今日之要，首重在先知五洲各国兴

---

[1]李鸿章（1823—1901），字渐甫、子黻，号少荃，安徽合肥人，洋务运动的主要领导人之一。曾任光禄大夫、太子太傅，故称傅相。日本首相伊藤博文视之为“大清帝国中唯一有能耐可和世界列强一争长短之人”，德国海军大臣柯纳德称之为“东方俾斯麦”，与曾国藩、张之洞、左宗棠并称为“中兴四大名臣”。死后追赠太傅，晋封一等肃毅侯，谥号“文忠”。

[2]刘爵帅，即刘铭传（1836—1896），字省三，自号大潜山人，安徽合肥人。清朝名臣，系台湾省首任巡抚，洋务派骨干之一。

[3]曾慧敏，即曾纪泽（1839－1890），字劼刚，号梦瞻，晚清重臣曾国藩之子。清代著名外交家，中兴名臣。1890年去世，追赠太子少保，谥号“惠敏”。

[4]即彭玉麟，见第27页注。

[5]潘文勤，即潘祖荫（1830—1890），书法家、藏书家。字在钟，号伯寅，亦号少棠、郑盦。吴县（今江苏苏州）人。晚清重臣，在南书房近四十年。光绪年间官至工部尚书。逝世后获赐谥号“文勤”，赠太子太傅。

衰之故，以为下手之基。次则整军，次则格致，再次则制造，此三大政以之校泰西，瞠乎后矣。而同在亚洲之俄、日二国，何其兴之速且盛也？俄、日二国自幡然变计以来，事事求实，一闻泰西何法最妙，立即仿行。倘有未能深悉者，即遣人往欧洲访察之，比返而事已明晰。又命诸王大臣躬往欧洲察视，以备将来之用。俄则自先皇彼得励精图治，竭力整顿，事事皆亲往游历访询。故廿余年之间勃然兴焉，此其明效也。

中朝[1]倘不及时奋发，为豫造人才之计，因循坐误，已失事机，再事迟延，贻误匪浅。岂第求补要缺，难得其人而已哉。所望当轴诸公早决大计，以救国家之急。先奏请速遣聪俊子弟往外洋读书，再遣王公大臣躬往查阅。事事求实，如俄、日二国之所为，不十年而必得其奥[2]，则本根立而病根除矣[3]。夫然后按方医治，自能脉理皆舒，遵法施行，将见人民康乐，则国家整军经武，有资格致制造，有具人才济济，媲美泰西。彼狡焉思启者流，又何敢轻启衅端，长怀觊觎也哉？

---

[1]中朝，中国。

[2]奥，奥秘，秘密。

[3]李提摩太的这个比方已经把清廷当成了一个需要治疗的病夫。

# 论今日谁能助我[1]

从来人有亲疏，地有远近。疏不能间亲，远不能逾近，此情之自然也，而亦势之必然。乃至祸患遽兴，兵戎骤作，或骨肉也而天涯暌隔[2]，徒抱鞭长莫及之嗟，或乡里也而事势乖违，莫推被发相从之义。

所谓亲者、近者亦有时不若疏者、远者之缓急可恃矣。正不必以君处北海我处南海为风马牛之不相及也。知此可与论今日借助之势。昔吉甫著猃狁之功[3]，李牧树匈奴之望[4]，汉结单于之亲，唐借回纥之助，大丈夫乘长风，破万里浪，拥相如之传[5]，乘博望之槎[6]，联吴越为

---

[1]该文收入陈忠倚辑《皇朝经世文三编》，见《皇朝经世文三编·卷五十四·兵政十》，沈云龙主编：《近代中国史料丛刊》第76辑，台北：文海出版社1966年版，第813—815页。另见《万国公报》第24册，1891年1月；第18本，第11700页。

[2]暌隔，分离，乖隔。《北史·邵护传》："护与母暌隔多年，一朝聚集，凡所资奉，穷极华盛。"宋·洪迈《夷坚丁志·太原意娘》："自乱离暌隔，不复相闻。"

[3]尹吉甫（前852—前775），春秋时期卫国（今河南鹤壁）人，奉周宣王命与南仲出征猃狁，获大胜。

[4]李牧，嬴姓，李氏，名牧，赵国柏仁（今河北邢台）人，为战国时期的赵国名将，英勇善战，以抗击匈奴和抵御秦国入侵著称于世。后遭陷害惨死。

[5]司马相如（约前179－前117），大辞赋家，其代表作品为《子虚赋》《上林赋》。与卓文君轶事也流传后世。此处李提摩太用典，指的是汉武帝曾任命司马相如为中郎将，令持节出使，拢络西南夷。

[6]乘博望之槎，张骞曾封博望侯。后世以博望之槎指张骞乘槎至天宫事。张华《博物志》："汉武帝令张骞穷河源，乘槎经月而去，至一处，见城郭如官府，室内有一女织，又见一丈夫牵牛饮河，骞问云：'此是何处?'答曰：'可问严君平。'织女取楮机石与骞而还。"

一家，易干戈为玉帛，诚得志于时者之所为也。

然古所谓通好塞外者，不过如禹贡之荒服，职方之蕃国，与中国相距实不相远。即史传所称昆坚[1]、丁零[2]、黠戛斯[3]、大秦[4]、骨利干[5]诸国，亦属张皇[6]王会之盛，而偶通重译耳。惟大清国龙兴辽沈，抚有中夏，统辖廿一省，纵横数万里。北有内外蒙古以资拱卫，西有前后藏地可作屏藩。余则新疆、青海、葱岭、雪山，莫不际天稽颡[7]，括地成图[8]。东尽东海，南尽南海，西不尽西海，北不尽北海，幅员之广，亘古为昭昔之边徼，今皆郡县矣，昔之塞外，今皆域中矣。故凡有言语可通，声教所讫，莫不轮铁往来，履迹交错，相亲如一人，相近如一家。

然此特版图以内耳。若夫海上诸邦如朝鲜、琉球、越

---

[1]昆坚，中国古代北方少数民族名，唐代称“黠戛斯”，元代称“吉尔吉斯”，清代称为“布鲁特”。

[2]丁零，中国北方古代民族名，亦作丁令、丁灵、钉灵，又称高车、狄历、铁勒、丁零（丁灵）。三国时，丁零有一部分仍在今贝加尔湖以南游牧，称北丁零；一部分迁徙至阿尔泰山一带，南与乌孙、车师，西南与康居为邻，称西丁零。见段连勤著：《丁零、高车与铁勒》，上海：上海人民出版社1988年版，第10—23页。

[3]黠戛斯，即昆坚。

[4]大秦是古代中国对罗马帝国的称呼，亦可指近东地区，特别是叙利亚。

[5]骨利干，古部族名。在今贝加尔湖北，产良马和百合草。贞观二十一年（647年）遣使来献马，唐以其地为玄阙州。龙朔中（661—663）改名余吾州，隶瀚海都督府。唐·段成式《酉阳杂俎·忠志》：“骨利干国献马百匹，十匹尤骏，上为制名。”《新唐书·回鹘传上》：“回纥，其先匈奴也，俗多乘高轮车，元魏时亦号高车部，或曰敕勒，讹为铁勒。其部落曰 袁纥、薛延陀、契苾羽、都播、骨利干……凡十有五种，皆散处碛北。”

[6]张皇，夸张，炫耀。

[7]稽颡，古代一种跪拜礼，屈膝下拜，以额触地，表示极度的虔诚。《管子·轻重丁》：“称贷之家皆齐首而稽颡曰：‘君之忧萌至于此，请再拜以献堂下。’”

[8]括地成图，丈量土地，绘成地图。

南、缅甸、暹罗等国，不过称臣朝贡而已。在当年倘欲极地球九万里，穷宇宙五大洲，非第朝贡不通，即或有服贾牵车[1]，谈瀛估客[2]，间关前往，跋涉遄征[3]，深造其境者，无不动需岁月，然亦有至有不至焉。

乃自道咸以来，海禁大开，西瀛各国联袂来华。陆则有火车，水则有轮船。山川失其险阻，风云逊其迅速，开四千年未有之奇局。如由中国上海展轮[4]，不过二日即可达日本之长崎。此外至新嘉坡[5]不过十日，至美利坚、澳大利耶[6]、波斯、印度、土耳其、俄罗斯等国不过二十日，如至英国、法国不过三十日。向之经年累月而莫达者，今则片帆稳渡，屈指可届矣。

此犹轮船之利也，若火车之行，其利则尤有进。今西瀛各国，铁路之制，星罗棋布。五六年后，可以直达中国。铁路之设，其最关紧要者有二：一可救岁荒。如遇旱干水溢，野无青草，室如悬磬，地方收成歉薄。若有铁路之制，外省粮米分道并运，数日之间即可毕集，民间自无饥馑之患，流离之苦。若万一水旱之灾，在边境各处，彼国有铁路者，随时可运粮救饥。我国无铁路者，讵不束手

---

[1]服贾牵车，努力牵牛赶车，到外地去从事贸易。出自《尚书·周书》：“肇牵车牛，远服贾用，孝养厥父母。”

[2]估客，本意物价，常指商人，见《玉台新咏·梁元帝·别诗》：“莫复临时不寄人，漫道江中无估客。”

[3]遄征，急行，迅速赶路。汉代蔡琰《悲愤诗》：“去去割情恋，遄征日遐迈。”南朝梁沈约《齐故安陆昭王碑文》：“于是驱马原隰，卷甲遄征。”清代王韬《瓮牖馀谈·李文通探地记》：“回国之后，果白于王，偕李遄征，同行者二十人。”

[4]展轮，启程出行。

[5]新嘉坡，即今日新加坡。

[6]澳大利耶，即今日澳大利亚。

坐视耶？此铁路之关于救灾者大矣；一可救兵端。两国相争，惟有铁路者独操胜算，不独征兵筹饷，朝发夕至。若敌人压境，而无铁路，非但兵不易集，粮不易征，即使部署有方，而防不胜防，终觉仓皇莫济。

况现在俄罗斯铁路骎骎[1]乎值达中国边界，东至吉林等处，西至伊犁等处。若一旦有觊觎之心，分道并进，倏忽可至。诚有猝不及防之事，虽中国沿边各处均有重兵镇守，不难从容肆应，然彼则东、西、南三面随处皆可进兵。且彼有铁路，我无铁路，若彼以全力乘我之虚，虽咫尺，中原一时调集不及，必至贻误匪浅。若果翻然改计，速造铁路，不仅本国之兵随时可聚，即求助于他国，虽极远之国，由铁路运兵，亦不过十五日可到中国京都矣。

且中国西域边境，其地距欧洲近，而去中原远。若一旦有事，欧洲之兵数日可至，中原之兵即数月亦难猝集。试问此时能相助者，果何人耶？总之，有铁路，则兵粮转运，克期立至，可以救灾，可以御敌，相隔万里如在户庭。无铁路，则兵粮来往动需岁月，不独军事迟误，即民食亦难接济，虽在本国如隔瀛寰。呜呼，向之指为疏远者，今则不难亲近矣。向之恃为独亲者，今则不啻疏远矣。铁路之修与不修，所关如此之巨，吾知中华为天下大国，向为诸国先，岂今日独甘居人后耶？

---

[1]骎骎，疾速驶过的样子。

# 论今日勿忧无财[1]

今天下竞言贫矣，上以府库空虚为虑，下以衣食艰难为忧，此诚贾生痛哭流涕长太息之时也[2]。夫国家度支浩繁，不能不取给于民。民者，财之本也，乃自理财。不务其本而需用日亟，滋弊日深。或失于损下益上，而财益萃则民益困矣。或失于上下交损，而民益困，则财益旋涣矣。有子曰："百姓足，君孰与不足？百姓不足，君孰与足？"唐刘晏[3]曰："理财以养民为先。"是古未有养民而不得其财者，亦未有困民而不失其财者[4]。知此可与论救贫之道。

考天下五大洲以亚细亚为最大。中国地土奄有亚细亚三分之一。若欧罗巴洲疆域之广，不逮中国远甚。然其

[1]该文收入陈忠倚辑《皇朝经世文三编》，见《皇朝经世文三编·卷二十五·户政二》，沈云龙主编《近代中国史料丛刊》第76辑，台北：文海出版社1966年版，第396—397页。

[2]贾生，名贾谊（前200—前168），世称贾长沙、贾太傅西汉初年著名政论家。汉文帝时，贾谊曾上《治安策》以陈政事，中有"臣窃惟事势，可为痛哭者一，可为流涕者二，可为长太息者三"之句。后世遂以"贾生涕"表达忧国伤时的心情。

[3]刘晏（716—780），字士安，曹州南华（今山东东明）人，唐代宗时主管全国财政，后于德宗朝被赐死。

[4]自"夫国家度支浩繁"至此处，几与皮锡瑞《鉴古斋日记评·卷二》里的一段话雷同。见清皮锡瑞撰，吴仰湘校点：《皮锡瑞集一》，长沙：岳麓书社 2012年版，第516页。

讲求富强之道，不遗余力。近日，各国财货充盈，金银流溢，闾阎[1]丰足，商贾辐凑，上无匮乏之嗟，下无流离之苦。是岂别操异术哉？亦尽心于养民之道而已。观其通商、垦田、开矿、安电、立信局、造机器等事，凡有便民之举莫不殚心竭虑，次第兴办，集思广益，惟日孜孜，无苟且之心，无畏难之意。此其所以雄峙海宇，富冠五洲也。

兹姑勿论他事，即以铁路言之。欧洲全境铁路共有八十余万里，每一年每一里可得装货、载人各项利银二千两，以全洲统计，可得银一千六百兆。若以骡马转运人货，较火车脚价足加三倍，每年应百四千八百兆。以前数计之。是民间每年虚费银三千二百兆之多。或以火车转运较之骡马，转运数目多寡不同，故其费用亦有加减。然即格外从少计算，每年亦虚费银一千兆。倘百姓每年多余银一千兆，不独各人衣食宽舒，即国家亦可多得税项。

此犹铁路一端。若以他项统计，每年虚费之款诚不知凡几。故欧洲各国心思精细，可省则省，稍有不便，即随时改易。凡有大兴工作之举，皆其一劳永逸之计。今中国疆域之广，过于欧洲，人民之数日渐增多，若不另筹养民之法，是使百姓坐受其困也。夫国家经费有常，莫非取之民间。苟令民坐窒其生机，即减税而已[2]。若为民多开一生计，即倍取而非苛。况西瀛各国固已先我而为，成效昭著。我但稍为变通，即可上下充裕。在中国，电报、制造等事业已先后举行，参用西法。然学西人之制器，而不学

[1]闾阎，里巷内外的门。后多借指平民。
[2]已，平息。

西国之理财。非富无以保邦，非强无以保富。相需为用，乃能相济有成焉。

方今中国内外莫不以无财为忧。譬如世族之家，子孙蕃衍，食指众多。为之长者，不能为之别谋生业，使其自给，而但仰屋兴嗟，愁城坐困也，则亦何益之有哉？吾故曰：今日勿忧无财。惟当轴者其加之意也可。

# 论中国易于富强[1]

盖闻善斗者必扼其吭[2]，善兵者必审其势，善谋国者必参观互考，权其势之难易、事之重轻，如奕者[3]之棋无虚著，医者之痛下针砭，然后可转贫为富，转弱为强，不至每况而愈下。抗怀时事者，每以欧洲英、美、德、法等国版图日扩，货殖[4]日兴，其民之富厚，较前不止倍蓰[5]，而环顾中国，地不加辟，民不加富，鳃鳃焉以生齿愈重，谋食愈难为虑。不知治兵者知彼知己，百战百胜，而治国者将毋同。

查亚洲之国，华为大，合二十一行省，计占地球十中之一，民籍复与欧罗巴全洲相颉颃。夫蚡冒[6]蓝缕[7]以启

[1]该文收入陈忠倚辑《皇朝经世文三编》，见《皇朝经世文三编·卷二十五·户政二》，沈云龙主编《近代中国史料丛刊》第76辑，台北：文海出版社1966年版，第390—391页。

[2]吭，喉咙。

[3]奕者，下棋的人。

[4]货殖，商业。《南史·徐勉传》：“又欲轴轳远致，亦令货殖聚敛。”

[5]倍，一倍；蓰，五倍。倍蓰，泛指数倍。

[6]蚡冒，即楚厉王（？－前741年），亦称楚蚡冒，春秋时期楚国国君。其间乘柴车、穿破衣，开疆拓土，使楚国实力增强。

[7]蓝缕，破衣服。常与筚路连用，意为驾着简陋的车，穿着破烂的衣服去开辟山林，形容创业的艰苦。语出《左传·宣公十二年》：“训之以若敖、蚡冒筚路蓝缕，以启山林。”

山林，地之不大不足以取威也，而中国则保世滋大矣；卫文革车以兴都邑，民之不庶不足以定霸也，而中国则人物繁庶矣。

不特此也。欧洲各国如棋之布，如星之罗，如犬牙之相错，其练兵也，必工力悉敌，而旗鼓相当，否则强邻觊觎，边境驿骚，而国因之不靖。其饷糈[1]每人每月由十余元至三十元不等。中国军制，绿营兵饷除米之外一月不过一金。即使练勇，月亦三两五钱至四两二钱而止。人情[2]俭啬，不同西国之浮奢。饷项无多，绝异西兵之糜费。中国地大于欧洲各国，而练兵不必多于各国，筹饷又复省于各国。但练一兵能获一兵之益，其额仅与欧西一国埒[3]，则邻人不得窥伺疆宇，亦复乂安[4]。至于兴工作则价值从廉，设学校则文字一致。凡此数事，均属欧西各国之所自叹弗如者也。

所惜官宪因循于上，学塾玩泄[5]于下，狃于积习，埋没人材于帖括[6]之中，不能发奋为雄耳。如果振作有为，洵[7]有事半而功倍者。噫！自海禁既开，时局互异，欧洲诸国日以开疆辟土为事。从前既占美、澳两洲，嗣又分据非洲以为外府。亚洲之缅甸、安南以及琉球皆我藩服，寸

[1]糈，粮食。

[2]人情，人的性格品质。

[3]埒，等同。《史记·平准书》：“故吴诸侯也，以即山铸钱，富埒天子。”

[4]乂安，太平无事。

[5]玩泄，不认真对待，玩忽职守。

[6]帖括，唐制，明经科以帖经试士。把经文贴去若干字，令应试者对答。后考生因帖经难记，乃总括经文编成歌诀，便于记诵应时，称“帖括”，泛指科举应试文章。

[7]洵，实在。

疆尺土不容轻易以与人者也。而今则安南已鲸吞于法矣；缅甸又蚕食于英矣；琉球且宗社坵墟[1]，兼并于日本矣。今之时势，岂犹可安常蹈故，而不知变计也耶？

诚能精以练兵，富以养民，课农桑以为根本之外，开铁路以通商惠工，立邮政以便民利国，年中运费之出，所省不知凡几；邮资之入，所溢又不知凡几。由此开各矿以尽地利，设西塾以育人材，将见物产丰盈，民俗富有，而国势亦蒸蒸日上，当驾五洲而上之。岂第并驾齐驱已哉？穷则变，变则通。是所望于事权在手者。

[1]坵墟，成为废墟。

# 论中国新兴三大事[1]

尝思易之为理，否极泰来，困极亨至，承平日久，泄沓[2]相安，必至事变之乘，实逼处此，然后人心渐动，天心乃转。法不穷不变，弊不极不更。前史所载往往然也。中国自道咸以来寰海既同，重译四至，缔搆交错，日引月长[3]，不得不因变达权，亟思控制。说者谓兵力宜厚也，不厚则彼众而我寡，疆域何以资保护？财源宜阜也，不阜则彼盈而我绌，闾阎何以资养赡？国计宜裕也，不裕则彼亨而我困，经费何以资富足？如是而铁路、矿务、制造三大政为目前当务之急，所关实非浅鲜。今中国乃竟翻然改计，慨然兴办，诚民生之大利矣。请申论之。

曷言乎能资保护也？夫水有火轮船，陆有火车路，以便来往，以利转输，诚亘古未有之奇制也。中国版图广大，苟非仿造火车、铁路，则相距千里万里，安能信息遽

[1]该文收入陈忠倚辑《皇朝经世文三编》，见《皇朝经世文三编·卷六十四·工政四》，沈云龙主编《近代中国史料丛刊》第76辑，台北：文海出版社1966年版，第973—975页。

[2]泄沓，怠惰涣散的样子。见《明史·卷二七七·陈子龙传》：“中兴之主，莫不身先士卒，故能光复旧物。今入国门再旬矣，人情泄沓，无异升平。”

[3]日引月长，事物随时光流逝而日渐增长。语出《国语·齐语》：“昔吾先君襄公筑台以为高位，田、狩、罼、弋，不听国政，卑圣侮士，而唯女是崇……是以国家不日引，不月长。”

通，不违咫尺？况中国东三省沿边、沿海袤延数千里，地极窎[1]远，设或仓卒报警，征兵调饷，实非易易。若开通铁路，则路之所至，即兵之所至。不啻逼处设有炮台，随敌所向，指顾皆有精兵屯聚。守备之严，莫过于此。

查欧洲各国犬牙相错，强邻逼处，不得不各严戒备，彼此争胜，日日如临大敌。练兵筹饷往往借国债而为之，亦累甚矣。若美国，自一洲与他国情形不同，故养兵之费较轻。中国远在亚洲，虽与各国通商而重洋隔阻，势与美国相等，但须设有铁路。平时各省冗兵概可裁减，惟练精兵以备调遣，即能独操胜算。再中国矿产极多，其岩穴深藏，未经透露者，不知凡几。且煤铁之矿虽较他矿稍逊，而不得不开者，实以非煤火不能化汽，而动机非精铁不能制器而利用。故泰西自煤、铁矿开，而后以之制造枪炮则日益新奇，以之制造舟车则日益利便，以之制造机器则一人可兼十人之艺。外如织洋布、洋呢等货，无不恃煤铁以制造者。故各邦渐称强盛。

中国如能广为开采，大兴制造，其煤即为鼓铸机器之用，其铁即为铁路船炮之需，一切取之本国，自可不假外求。近来中国津、沽、台、粤各处皆已先后举办铁路，成效昭然。现又闻每年拨银数百万两，为办铁路之费。诚极大善政。此外开平、湖北煤铁各矿，机器制造等局，南北洋各省皆有。将来由渐扩充，兵备足而保护之道自得矣。

曷言乎能资养赡也？中国养民之道，首重农事，只为山险路遥，转运不便，脚价昂贵，故农民树艺[2]五谷，丰

[1]窎，远。
[2]树艺，种植。《孟子·滕文公上》：“后稷教民稼穑，树艺五谷。”

年坐致红朽[1]，歉年动受饥馑，不能以此之有余，济彼之不足。且商贾阻滞，贸易难通，地方因之彫敝[2]，户口因之转徙，种种困苦情形，皆铁路未兴之害。今中国不拘旧制，奋然兴办，使火车盛行，则载物之器既便，运物之价又廉，一切货物自能有无相济。数年之后，获利倍蓰，蓄积饶裕。即偶有水旱偏灾，不独如古所云，耕三余九[3]，民有所赖，亦转运粮米，往来便捷。从此定可大苏[4]民困。

至五金矿产，实为利国益民之本。考英国版图不及中国数省之地，顾能雄视六合，富甲天下者，盖格致之士能知矿苗所产，随处留心，按法开采，不畏艰难。即如煤矿一项，每年每人匀计有煤四两。按中国各省人数合计约有四百兆。即以四分之一核算，每年每人匀计一两，合计尚有四百兆银之谱。推之铁矿，大约每年亦可得银一百兆两。今中国大吏莫不实力讲求，仿照开采。向藏土中者，今皆供诸世上，化无用为有用，实为民生利赖。他如洋布、羽呢，每年进口值银二三千万，向系中国漏卮[5]。试观西人在沪采办棉花、羊毛，越数万里重洋，运回本国，迨成布匹、羽呢，又历数万里售于中华，其价犹减于土布者，谓非机器省工之明验乎？今中国广东、上海等处均已开设织布局，招商集款，购办机器，自行制造，从此精思

[1]红朽，米粟陈腐变红色。清 昭梿《啸亭杂录·朱清张瑄》：“及夫末际，岁运至四百万之多，使太仓陈陈相因，红朽不可食。”

[2]彫敝，也作“凋敝”，衰败困苦。《史记·卷二三·礼书》：“所以防其淫侈，救其彫敝。”

[3]耕三余九，典出《礼记·王制》：“三年耕，必有一年之食。”

[4]苏，缓解、解除的意思。

[5]漏卮，古时指有漏洞的盛酒器。此处比喻利权外溢。

专力，又何难媲美于泰西，收回他人之利权，仍为我所独擅哉？

呜呼！以中国之大，向特苦于不知耳。今何幸知此三大事之裨益，奋然兴办，则保民养民之道，即可措之裕如。然犹不仅此也。更可因此使民益加富足也。查中国津沽铁路开办已有数年，日新月盛，所获之利甚丰。如再推广通行，其增添之利奚止百倍？至矿产，目前虽未过多，但显然可知者如齐、鲁、荆、襄、台湾各省，无不富有煤、铁。倘全行用心采办，无荒无怠，自必利薮[1]宏开。日后各省各处，五金、煤、铁等矿随时开采，因地之利，取无尽而用不竭。非独供本国之用，并可以有余者，分运各国以销售。若所织洋布羽呢，彼既能来，我更可往。

论者每谓中国金银流至外洋，皆因外洋来货较多之故。今中国出产既盛，亦使出洋贸易，数年间百货流通，安见流出之银不可复行流入耶？此又富足之机可为预决者矣。总之，铁路、矿务、制造三端，上为国家致富强，下为民生资利赖。诚救时之先策，治世之良图。

方今皇上睿哲天生，励精图治，宫府内外一体同心。凡属自强之事，无不实力讲求权衡。悉当李傅相老成卓识，毅然倡办。张香涛制军近在鄂省开矿务织布局等项，又办大铁厂，专为考究化铁等事，即预备兴办铁道，开矿制造之用。他如刘省三爵帅在台湾举办以上三事，可谓不遗余力。张朗斋[2]中丞于开河工程现用机器。诸公诚识时

[1]利薮，财利的聚集处。

[2]张朗斋，即张曜（1832－1891），字亮臣，号朗斋，直隶大兴人，嵩武军统领，曾随左宗棠收复新疆。

务之俊杰哉！从此皇猷[1]克赞，骏烈[2]获成，国家乂安。中外禔福[3]熙熙，喁喁然，直与唐虞三代[4]同隆。岂不懿[5]欤？岂不懿欤！

[1]皇猷，帝王的谋略或教化。
[2]烈，功业。骏烈，盛大的功业。
[3]中外禔福，国内外和气安康的意思。
[4]唐虞，唐尧、虞舜二帝。尧舜时代，被誉为“太平盛世”。三代，是对夏、商、周三个朝代的合称。见《论语·卫灵公》：“斯民也，三代之所以直道而行也。”
[5]懿，美好。

# 论中国兴电报之益[1]

夫世之至神至速，倏[2]去倏来者，盖莫如电。藉电以传信，则其捷也可知。昔有美国好学之士，积思专精，深明格致，得引电之法，以利世用，此电线所由昉[3]焉。今泰西各邦皆设电报，无论隔山阻海，顷刻通音，诚启古今未有之奇，泄造化莫名之祕，富强之功实基于此。

若中国从前闭关自守，不知西学之益，无从仿制。自咸同以来，海禁大开，中外之情益洽，西瀛人士梯航毕集[4]。凡有利国益民新政，无不挟策[5]相干。而中国政府诸公亦倾心采纳，如铁路、矿物、制造各事，近亦陆续举办。顾能首先通行，早著成效者，则莫如安设电线一事。详查中国境内电线所设，现已四通八达，无远弗届[6]。北至黑龙江，南至琼州，东至高丽、台湾，西至甘肃、川、滇等处。计时不过十年，纵横道路约在四万里上下，成功之速，良可庆幸。

---

[1]该篇另刊登于《万国公报》第39册，1892年4月，第20本，第12715页。郑观应也有一篇《论电报》，开篇几句基本和本文一样。

[2]倏，极快的样子。

[3]昉，起始。

[4]梯航，“梯山航海”的省语，谓长途跋涉；毕集，全部聚集。

[5]挟策，胸怀计谋、建议。

[6]无远弗届，不管多远之处，没有不到的。

夫电报一事，关系匪轻，上既可保护国家，下亦可利益兆庶。今中国毅然举行，推广其用，是诚非初料所及也。夫中国建都北方，至极南之地相距万里，其他多距数千里。设一旦边境患起，燃烽置戍，仅能告警，而弗克通言。遣卒传号，间关辗转，向仅恃六百里驿递[1]由边达都，至速亦须十日。而此十日中，敌兵已乘虚深入，调兵赴援，每多不及，虽云加紧，迟误已多。即今沿海要害，有炮台而无战舶，则炮台亦孤立无[2]，徒有战舶而无电线，则战舶亦应援莫及。若敌人侦知我战舶之所在，合兵围击，无电线以通传各军，何能倍道来援？一船有失，费故不赀，而各军又为之夺气。自有此电报，不独军机密事瞬息可达，而有一处电报，即不啻添一处屯兵。若本有防营，更通电报，则一营兵卒可抵数营之用，一处兵卒可作数处之用。故两国构衅，均藉电报以征调，有者多胜，无者多败。此诚保护国家之要图也。

然欧洲各国安设电报？有益于国，尚不如有益于民之多。从前富商大贾由远方购货，市价不可预知，皆须派人前往。仆仆长途，一年只可数次。自有电报，早晚行市随时皆可通知。操奇计赢，万里无殊咫尺。至贸易资本，向由汇票庄汇兑[3]，并须专人走送，山遥路险，不便良多。若目前既设有电报，只须电致彼处，片刻之间，银

[1]古时候的文件传输借助驿站，一般每隔20里一个驿站。一旦需要传递的公文上注明“马上飞递”的字样，就必须按规定以每天300里的速度传递。如果遇到紧急情况，传送的速度可达到每天 400 里、600里，最快达到 800 里。

[2]此处疑缺字。

[3]汇票庄，即票号。旧时商人举办的金融流通机构，相当于后来的私营银行，一般办理汇兑、存款、放款三种业务。汇兑，两地通过信件或电报交换款项。

信俱达，而交易价值因此可平矣。且犹不仅此也，推之农人亦然。土产所出，无分远近，立即可知何处价廉，何物需用，立即可购。故闾阎市价，均藉电报以通达，有者常赢，无者常绌，此诚利益兆庶之要务也。

夫轮船、枪炮等物，中国用之有年，损益犹为参半，至电报则有益无损矣。观于五洲各国，电线皆设于公家，原不藉此为生财之道。然商民通电所缴工费，每年所入除各电局开销费用外，亦稍有余利。而本国有军机密事仍分文不费，其获益良多。今中国各大臣深知五洲要事，是以遇有利便各端无不一律兴造，务求实效。现查光绪十六年，电报清帐计共收洋五十三万九百九十余元，除用去洋四十八万九百四十余元，仍存洋六万五百余元。足见商民亦同沾利益，与泰西各国情形相同。从此各事推广，均能如电报认真办理，实事求是，将见我国家升平永庆，运会日隆，不几媲美于泰西，超轶乎前代也哉！

# 中国各报馆始末[1]

泰西各国竞立报馆者何也？缘百年之内，各国所出新法，有益于教养者多，故先登报章，俾人周知，择善而从之也。考西国日报，德国有五百六十种，英国一百六十九种，法国一百廿八种，意大利一百五种，比利时、荷兰二国共九十四种，其余各国共有二百五十种。合欧洲各国日报，共计一千三百零六种，每一种匀计每次可售七千张。美国日报九百六十二种，南美洲共一百十五种。其出报之多也如此，然尚未及中国京报之早。既而渐入中华各省，亦有立此报馆者，而犹以西人教会报为多。故前有耶稣教会派人查考中国各报始末，去年已经布列。除京报外，自始至今共有七十六种，计：新加坡一带报有六种，香港报亦六种，粤东报六种，台湾、厦门、汕头共报五种，福州报三种，宁波报两种，上海报卅二种，汉口报五种，九江报一种，天津报一种，北京报一种，外有英画报一种，日本画报二种，美国报两种。此等报名及主笔人名，某年开设，每次共出若干，系教会报或教外报，其或每日或隔日或隔三日、十日，或无一定时日出报暨报价，一一记载甚清。

[1]周振鹤认为，李提摩太这篇文章的源头为范约翰1890年5月在上海在华基督教传教士第五次大会上的报告《论报刊》以及其所编制的《中文报刊目录》。见周振鹤《范约翰和他的〈中文报刊目录〉》一文，收入周振鹤：《随无涯之旅》，北京：生活·读书·新知三联书店 2017年版，第119—123页。

查其所报之册，知第一次报由嘉庆二十年创始至咸丰十一年，计四十六年之久，共有八处报馆，皆教会报也，其第一报名《察世俗每月统纪》[1]，开设在马喇加[2]，去新加坡不远。教外第一次报，自咸丰十一年出，名《中外新报》，开设香港，中国人为主笔。嗣后开设愈多，有月报、日报诸名，不必以次序出。总之，月报三十六种，七日报八种，日报廿一种，其余或隔一日、二日、十日等报，每报只出一种，不如月报、日报、七日报之多也。再七十六报中，十之六系教会报，有数月停止者，有数年停止者。惟现存每日所出之报则《循环日报》《华字日报》《中外新报》《维新日报》各出香港，《广报》出广东，《申报》《沪报》出上海，《时报》出天津。除此以外，现在每月出者即《万国公报》《中西教会报》《闽省会报》。按四季出者，《格致汇编》等共有廿八种，内有十五种系教会报。其日报，十篇中有二三篇论中外交涉之事，惜职此报之人出洋者少，未曾周历外洋，故虽论说精微，终不免有未中肯处。《万国公报》《中西教会报》每报必有数篇皆西国博学之士所著，凡五洲教务之事无不通达，故欲考察此教者，阅此二报可知。

以上诸报，皆非纸上空谈，均有据之言也。此报不但论教务，亦且论古今各国兴衰之故，并西国学校之事及格物杂学。至于天主教所出之报，惟《益闻录》最好，《格致汇编》惟论格致最详。凡欲博考世务者，此等报慎勿轻忽也。

---

[1]据邓绍根考察，《察世俗每月统记传》出版于1815年8月5日，是近代来华新教传教士创办的第一份以中国人为对象的报刊，也是世界第一份中文近代报刊，它揭开了近代中国新闻事业发展序幕。见邓绍根：《〈察世俗每月统记传〉出版时间考》，《中国社会科学报》，2017年5月，第4版。

[2]马喇加，现译马六甲。

# 论报馆[1]

粤[2]考古昔盛时，有诽谤之木[3]，有蒙瞍之箴[4]，所以通达民隐，宣导政事，藉佐一代承平之治。欧洲各国有君主、民主之分，深虑下情壅蔽[5]，因有报馆之设，其意与古相仿。夫欧洲报馆创始，正当中国明时，迄今未及五百年。其初只登新闻，无关紧要，继遂并紧要各事，亦与新闻同登。久之，分门别类，新闻益广，上而君相政绩，下而士庶学业，无不采访周备，借管城子[6]为木铎[7]，因又为教化之一助。然不第此也。邻国往来，则有交涉之事；货物交易，则有通商之事；民人争讼，则有案牍之事；学校开设，则有教育之事。自报馆兴，凡电线可通之处，即此一日中，各国新闻未有不尽知者矣。此报馆所以与电线相辅而行也。且不独众人之事由此可知，即各国兴衰之机，尚在隐微未露，一经报馆将其军政国事揭而论之，则

---

[1]此篇收入中国人民大学新闻系新闻理论教研室编：《新闻理论简明教程参考资料》，北京：中央广播电视大学出版社1986年版，第157—158页。

[2]粤，指作者本人，李提摩太号菩岳。

[3]相传尧时立木牌于桥边，供人书写谏言。后世因于宫外立木，任人书写政治得失，称为“诽谤之木”。语出《淮南子·主术》：“尧置敢谏之鼓，舜立诽谤之木。”

[4]蒙瞍，盲人。蒙，有眼珠而看不见。瞍，没眼珠。箴，规谏的文辞。

[5]壅蔽，隔绝蒙蔽。多指用不正当手段有意隔绝别人的视听，使人不明真相。《汉书·刘向传》：“赵高专权自恣，壅蔽大臣。”

[6]管城子，毛笔的别名。

[7]木铎，以木为舌的大铃，铜质。古代宣布政教法令时，巡行振鸣以引起众人注意。

人心之从违，即可由此而定。

近来新学日出，军械、轮船均随时花样翻新，各国购办，半皆由报章而增见识。此外各国之商货价值起落，虽数万里外，亦可于一日之内坐而致之。是以泰西人士，足迹不出户庭，而天下利弊损益，皆可自操其权也。查近日欧洲报馆林立，每日报章可售行一千四百万张，足征阅报人多，然非实有益于人又岂能不胫而走若此之盛耶？

中国都门向有塘报，即所谓邸抄是也，惟所载只上谕奏折，阅者亦只宦场中人。间有巨商硕贾藉此以通声气，然所知究止一国之时事而已。岂若泰西报馆能尽知各国之事乎？中国自通商以来，香港、上海次第开设报馆，天津《时报》因亦接踵而出，向有华、洋报两种。洋报系宓克[1]君主笔，宓君高见卓识，久为泰西人士所推重，每出一报，必与时事有益，阅者无不同深钦佩。余初膺办理华报之责，敢弗兢勤？自矢谨慎持躬，然以一人之耳目，终虑弗周。深愿当代之通儒名士，不吝珠玉，时惠佳章，以匡不逮，或者将来渐有效益，是则余之厚望也夫。

《时事新论·卷一》终

---

[1]宓克，或译宓吉（1833—1902），英国人，商人、记者，1853年来华，著有《从北京到彼得堡的西伯利亚路》（*The Siberian Overland Route from Peking to Petersburg*，1864年）、《维多利亚时代在中国的英国人》（*The Englishman in China in the Victorian Era*，1900年），《在华传教士》（*Missionaries in China*，1891年）、《中国与基督教》（*China and Christianity*，1900年）等书。1883年，宓吉定居天津，同时成为泰晤士报（*The Times*）的通讯记者，后成为《中国时报》（*The Chinese Times*，1886—1891年）的编辑兼主笔。《中国时报》，又名英文版《时报》，中国人称《益闻西报》，创办于1886年天津英租界，分中英文两版，为在中国天津发行的第一份外文报纸，也是清末民初在中国比较有影响的一份报纸。相关信息参考 Oxford Dictionary of National Biography，https://doi.org/10.1093/ref:odnb/35013, 2006年9月28日版本。参考日期为2019年5月23日。

# 卷二　外国

# 毛奇将军事略[1]

一千八百九十一年四月廿四号，德国总统各省军务大将军毛奇[2]卒。德皇闻之，即发电信至该衙门，略曰：将军去世，我军似全没矣。我心极恸，当即往视。在德皇之意，谓德国数十年来，整军经武，威服强邻，微将军之力不至此。今将军既没，军事无人整顿，兵卒虽多，几与无兵同。其悼惜之深，诚情见乎词矣。于是德皇偕皇后、太子亲往奠醊[3]。至廿八号，为出殡之期，德皇步行亲送，本国无论大小官员，皆济济相送。即各国钦使，亦莫不亲往执绋[4]。经过之街，皆有兵丁排列，男妇百姓，皆罢市巷哭。灵輀[5]所至，观者塞途，其哀荣之极，几与德国前皇威良[6]梓宫[7]奉安山陵时同一情形。并奉德皇谕旨，本

---

[1]该文收入于宝轩辑《皇朝蓄艾文编》，见《皇朝蓄艾文编·卷六十二·外史三》，上海：上海官书局1903年版，第7—8页。

[2]毛奇全名赫尔穆特·卡尔·贝恩哈特·冯·毛奇（德语：Helmuth Karl Bernhard von Moltke，1800－1891年），军事家，普鲁士和德意志总参谋长，德国陆军元帅。

[3]奠醊，奠酒。

[4]执绋，送葬时帮助牵引灵车，后来泛指送葬。

[5]輀，古代运棺材的车。

[6]现译威廉一世（德语：Wilhelm I，1797－1888），全名威廉·腓特烈·路德维希（Wilhelm Friedrich Ludwig），普鲁士国王（1861—1888），1871年1月18日就任德意志帝国第一任皇帝。

[7]梓宫，皇帝的棺木，以梓木做成。

国武官，无论大小，一体穿孝八日；向在本营各人，穿孝十二日；帮办该衙门总管官，穿孝半月。凡欧美各国报章中，述其功勋事迹，皆推为当代一人，无不赞扬盛烈，甚谓自古及今，如将军者，不可多觏[1]，德国一旦失此良将，实堪哀悼。

溯此五十年中，德国并世而生名人者三。一为德皇威良第一[2]，于一千八百八十八年崩，年九十一岁；一为宰相毕士麻[3]，在位多年，一千八百九十一年，年七十六岁。所有本国兴利除弊，及内外政事，皆由君若臣商办；一即毛奇将军，专管军务，今九十一岁而卒。一国同时有如此三大名人，诚非易事。故举国谓为天恩所降，大启邦家[4]，信不诬也。

按毛奇将军本普人，生于西历一千八百年。家贫，幼时因本国被拿破仑第一[5]兵乱，随父避难至丹国[6]。及十八岁，入营投効[7]，考第一。旋见丹国无甚大志，遂回本国，年二十有二。入营管绘图事，由此进身。至三十二岁，充国家总管军务衙门帮办。三十五岁，又至土耳其

---

[1]觏，遇见。

[2]即前注的威廉一世。

[3]毕士麻，现译俾斯麦，全名奥托·爱德华·利奥波德·冯·俾斯麦（德语：Otto Eduard Leopold von Bismarck，1815—1898），劳恩堡公爵，普鲁士王国首相（1862—1873、1873—1890），德意志帝国首任宰相（1871—1890），人称“铁血宰相”。

[4]邦家，国家。

[5]拿破仑第一，现译拿破仑一世（Napoléon Bonaparte，1769—1821），法国军事家、政治家与法学家。他推动司法改革，颁布《拿破仑法典》，对世界范围内的民法制定产生重要的影响。他在欧洲大陆建立霸权，传播法国大革命的理念，同时创立法兰西第一帝国，在一定程度上恢复过去旧制度中的一些体制。

[6]丹国，丹麦。

[7]投効，亦作“投效”，自请效力。

国，居四年。土国因埃及省[1]反，请将军相助用兵，迨进营阅操后，即云兵皆新集，势不相敌，不可交绥[2]，因即辞退。乃土国统兵大臣不信其言，果战而败，幸他国出为解纷，埃事方定。至四十二岁，始娶英女为妇。将军生而聪颖，能操七国方言，然不轻言笑。四十五岁，奉普国钦派，至意大利罗马府充当参赞。是年又至法国，嗣又至俄罗斯及英国。迨五十九岁，仍回普国总管军务。其时威良第一尚为王，太弟及先王长逝，无子承继，众立威良为普王，藉绍统绪[3]，此西历一千八百六十一年事也。

彼时普国尚称弱小，各事棘手，通国合计，仅有二千七百万人，屡为邻邦所侵凌，法国尤甚。威良初嗣位时，默计大兴普国，必须将日耳曼各小国联合为一，方可与他国相敌，因与毕相商议，令毛奇将军迅速整兵。从前二十日兵可调齐，自将军整练后，不过十日，征调各兵，即可全集。其整军之法有三：兵精而多，一也。调时迅速齐集，二也。军中所用枪炮比他国皆高，三也。一千八百六十四年，与丹国鏖兵[4]得其沿海地方二处。一千八百六十六年，又率兵至奥国，半月间即平奥国。斯时将军能战之名，已大著于欧洲，惟法国尚未深信，旋于一千八百七十年，又与法人从事于干戈，遂破法京，虏法皇，得法地。恢恢乎功盖寰宇，名重当时已。俄皇闻之喜，亦赠以俄国第一等官衔。

维时日耳曼各小国，始群相归附，推普王为君，改

[1]当时，埃及尚是土耳其的一块殖民地。

[2]交绥，交战。

[3]统绪，传承。

[4]鏖兵，大规模的激烈战争。

名为德意志。屈指不过九年中，即将前此弱小之普国，成为欧洲头等有权势之国，至今户籍共有五千万人，无论何国，皆不敢轻视。虽有明君贤相，同时敷治于内，而战功独出于将军，则将军之绩伟矣。然将军虽以善战名，而性极好道，蔼然可亲，从无疾言遽色，令人难受，即平日战事，亦皆为强邻所迫，不得已而用之，非真乐于兵刃也。呜呼！如将军者，诚德国之大功臣矣，亦千古之大豪杰矣。高山仰止，景行行止，各国人士为之执鞭，所忻慕焉，因泚[1]笔而纪其大略如此。

[1]泚，用笔蘸墨。

# 论亚细亚人不服俄罗斯[1]

今夫天下五大洲诸邦，一春秋之大战国也。顾欧罗巴各国，如英吉利、法兰西、普鲁士，虽皆强盛，而要不若俄罗斯之大且强。考俄之土地，东有西伯利八部，界中国之北面，西连高加索五部，南邻印度，远包中国之西面，迤北则波罗的海三十七部，再西则波兰十四部，又跨海逾墨领峡，据北亚墨利加[2]之一隅，曰监加札[3]，隶西伯利部。康熙中，扰我索伦，立碑定界，遂通商于车臣汗部之恰克图，其后日益南向。道光中，胁降西域回部布哈尔诸族，通波斯以噬印度，渐与后藏相邻。咸丰中，两次请地，自黑龙江以东，雅克萨、尼布楚诸城，乌鲁木齐以

[1]该文收入于宝轩辑《皇朝蓄艾文编》，见《皇朝蓄艾文编·卷六十四·外史五》，上海：上海官书局1903年版，第1—2页。

[2]亚墨利加，即America。

[3]监加札，现译堪察加半岛。

西，伊犁、库车、阿克苏诸城，皆割而据之[1]。凡有附近小国，鳞次栉比，错杂其间者，莫不蚕食鲸吞，浸有汉阳诸姬，楚实尽之[2]之势。然观其于亚西亚等洲，开垦荒地，营造火车铁路，建埠通商，使瘠土不毛、平沙无垠之地，尽变而为膏腴沃壤。长林峻阪、川阻山深之区，尽变而为水陆通都。而且转运迅速，财力饶阜，在在[3]皆便民益物之举。

当斯时也，吾意近者悦，远者来，人心鼓舞，舆情翕服，有不待刑驱势迫者矣，而抑知有大不然者。如俄国近日新占阿美利耶[4]等处地方，其地有多年旧国，名亚蒙耶。所从之教向与俄不同，自俄占地后，一概改令遵从俄教，不准再奉旧教。凡有旧日书房规模，均须更变，平日诵习书籍，无论今文古文，但有訾议国家及君上不是之处，一律禁止，毋许随意妄用。又波斯国王往谒俄皇，所有见面时谈论各事，均不准该处人登诸报章。此外又将数

[1]第二次鸦片战争后，清政府与俄国于1860年11月14日签订《中俄北京条约》。条约规定：黑龙江以北、外兴安岭以南即外东北60多万平方公里领土划归俄国，瑷珲对岸精奇里江（今俄国结雅河）上游东南一小块地区（后称江东六十四屯）保留中国方面的永久居住权和管辖权；乌苏里江以东领土划为中俄共管；黑龙江和乌苏里江只允许中、俄两国船只航行。从此，中国失去了东北地区对日本海的出海口，并开放张家口、库伦、喀什噶尔为商埠。1864年俄国与清政府签订《中俄勘分西北界约记》，规定中国西北部巴尔喀什湖以东、以南和斋桑淖尔（今斋桑泊）南北44万平方公里的领土归俄所有。条约签署后，除了中国和外蒙古的边界外，现代中国北部边疆已经大致成形。

[2]指春秋时期楚国吞并周天子属国的故事。《左传·僖公二十八年》："汉阳诸姬，楚实尽之。"杜预注："姬姓之国在汉北者，楚尽灭之。"

[3]在在，处处。《红楼梦》第58回："或呈告无据，或举荐无因，种种不善，在在生事，也难备述。"

[4]疑为亚美尼亚，即Armenia。亚美尼亚是内陆国家，在4世纪早期就将基督教视为官方宗教。16世纪中期，亚美尼亚被伊朗和奥斯曼帝国瓜分。1805—1828年，东亚美尼亚地区并入俄国。

万农民所耕之田产，尽行夺去，转给俄人为业，十年内颗粒米粮，亦不准收取。故该处受其苛虐，人心蓄愤已极，敢怒而不敢言，道路以目，皆有揭竿而起之意。虽其本处力量不充，然现拟另求他国保护，与俄为难，将来仍欲自立一国。至亚西亚里海东西一带，虽俄人在该处开垦已数十年，而人心不服者甚多，现已有回教人三万二千余名，携家远逃。以上各节，俄罗斯苛待情形如此，此人心不服之由来也。

夫王道本乎人情，治法去其太甚。故周家以忠厚开基，而率迩者踵武[1]，逖听者[2]风声，醉饱形为歌舞，颂祷发为讴思，笼络不尚，要结不事，仁义所周，众心悦服，所以启八百年灵长之祚也。迨至秦，隳锋镝，烧诗书，坑诸儒，禁偶语，天下大乱，未再传而亡。汉兴约法三章，网漏吞舟，专务与民休息，故五年而成帝业。今俄罗斯恃其强大，惟以力服人，其行事之苛，待民之虐，往往踵暴秦之辙，即以亚西亚里海一带，与阿美利耶数端，可概其余。论者以今日地球诸邦，不啻昔之战国，而方俄为强秦也。岂无故哉？岂无故哉？

[1]踵武，跟着前人的足迹走。比喻继承前人的事业。《楚辞·屈原·离骚》："忽奔走以先后兮，及前王之踵武。"
[2]逖，表示恭敬。典出汉代司马相如《封禅文》："率迩者踵武，逖听者风声。"

# 纪俄罗斯近事[1]

俄罗斯之隶兵籍者，约有二三百万人，其地较中国约大两倍，惟民数较中国不过三四分之一。其国大兴希腊教[2]，从希腊教者，有八十兆人。从天主教者，八兆人。从耶稣教[3]者，约三兆人。从犹太教者，亦三兆人。从回回教[4]者，约两兆六十二万人。光绪十六年，

[1]该文收入于宝轩辑《皇朝蓄艾文编》，见《皇朝蓄艾文编·卷六十二·外史三》，上海：上海官书局1903年版，第8—9页。

[2]希腊教，此处所指为现在的东正教。1054年，基督教正式分裂为罗马公教（即天主教）和希腊正教（即东正教）。东正教相信耶稣为上帝圣父的圣子、全人类的救世主、“弥赛亚”、“基督”，降生成人，救赎万民，免其受苦。俄罗斯至今仍是最大的东正教国家。

[3]耶稣教，现译为新教。新教，又称基督新教，辞源为拉丁文“protestatio”，意为“抗议”，源于1529年神圣罗马帝国宣布马丁·路德为异端之后所引起的强烈抗议。16世纪宗教改革运动之后，新教与天主教、东正教并列为基督宗教三大分支。新教强调“因信称义”，认为人要得到上帝拯救，唯独凭借信心，而不是靠善行。新教以《圣经》为信仰之唯一依据，反对天主教教宗制，更相信所有信徒都具有祭司的职分。

[4]回回教即伊斯兰教，又称回教、清真教、天方教，是以《古兰经》和圣训为教导的一神教宗教，也是世界三大宗教之一。《古兰经》被其信徒（穆斯林）视为造物主安拉命天使给其使者逐字逐句的启示，而圣训为造物主所差遣的最后一位先知穆罕默德的言行录。伊斯兰这一名称即来自《古兰经》，意为“顺从（造物主）”；穆斯林一词与之同源，意为“顺从者”“实现和平者”。穆斯林信仰独一且无与伦比的真主安拉，并认为人生的唯一目的是崇拜或顺从安拉，通过“念、礼、斋、课、朝”五种功修实现。

俄国进项约三百七十六兆之谱。一千八百八十八年，出口货值三百十六兆余两，进口货值一百三十六兆两。一千八百八十九年，计欠外债二千二百五十二兆两，其核算系按罗卜[1]十枚为英金一镑，每镑即华银四两也。

俄国境内计分十一部，每部皆有大臣统辖。此外，复有军机处，为朝廷办事之所。总理事权者，为俄皇之季父。教会之事，别有教部管理。国中省会，计分六十三处，外有十四路，每省皆有巡抚统辖，惟地名品兰者，不设巡抚，由本地绅耆及世家管理。此俄以前之大概情形也。

光绪十六年国债利息减轻，每百两止有年息五两，每年计节省银一百六十万两。又是年五月间，英国《泰晤士报》载云，俄罗斯现改章程，前与法和，而德介于俄法之间，心滋不悦。俄国现议与法和好，不如和德之为便也，乃遂改与德和。十月间，俄将伯尔旦来复羊枪，卖与邻近极小之塞尔维阿国，共八万杆。俄亲王米彻司奇劝谕国中，务与中国修睦，万勿别生枝节，语皆载在报中。

次日，报端又载，俄于中国之北西比利亚地方，凡事皆宜整顿。惟犹太教人，尤宜逐之境外。盖因日前谋害俄皇，皆尼希利人[2]。大臣误会为犹太人，故下逐客之令。有犹太富人西耳氏愿捐银二千万两，设立大小书院，教育在俄乔寓之犹太人。俄皇不准。俄国招徕流寓新疆之华人，至彼开垦，现在去者甚多。里海之西，前有东西铁路一条，今又拟开南北铁路一条，此俄光绪十六年之大概情形也。又是年所存钱票，人情欣跃行使，故进口之货，生

[1]罗卜，现译卢布，为俄国通行货币的名称。
[2]尼希利人，现译虚无主义者（Nihilists）。

意甚多，惟出口之货，尚未畅行，滞销如故，俄人又立新章于波斯地方贸易。此又俄国商务之大概也。

是年正月，俄于西比利亚充军各犯，罚款甚巨，酷虐之政，人皆不平，于是欧洲各国报纸，尽情议论。俄之白海附近，有阿内加湖，去海四五百里，俄人意欲开渠通海，约须费银四百万两。俄之遍国书塾，共三万八千处，其能识字者，计每百人止有十二人，俄国官员整顿各事，以为各书塾课士，不如欧洲各国之认真办理。又有博学女子上书陈论，皆被拿办充军，以戒将来之横议。八月间德皇游历至俄，俄皇甚敬礼之，一切如礼。十月底俄太子游历至德奥、希腊、埃及、印度等处，今又拟来中国。此又光绪十六年俄国杂务之大概情形也，略录之以为睦邻者告。

# 俄朝述略　上[1]

从来国家之兴衰，论者动谓关天命，不知人定可以胜天，亦在人之自强而已。昔汤与文王，以七十里、百里王天下[2]。少康以一成一旅[3]中兴。勾践有甲盾五千，卒以覆吴。伊尹曰：皇天无亲，克敬惟亲，民罔常怀，怀于有仁[4]。与治同道，罔不兴，与乱同事，罔不亡。历观经传，班班可考。方今西瀛各国，莫不奋发有为，开疆展土，骎骎乎有虎视六合之势。而跨有欧亚两洲，地广兵强，与中国接壤，犬牙相错者，莫如俄国。然迹其开国之初，立规模、制礼律，何尝无非常之人，集思广益，以期长治而久安哉。考其时数，察其盛衰，知富强有由，洵非

---

[1]该文收入于宝轩辑《皇朝蓄艾文编》，见《皇朝蓄艾文编·卷六十二·外史三》，上海：上海官书局1903年版，第9—10页。

[2]典出《孟子·公孙丑上》：“孟子曰：‘以力假仁者霸，霸必有大国；以德行仁者王，王不待大，汤以七十里，文王以百里。’”

[3]少康，姒姓，中国夏朝第六任君主。少康幼年逃亡期间，至有虞氏，有虞氏的君主虞思把两个女儿嫁给了少康，少康获得封地一成，士兵一旅。见《左传·哀公元年》：“有田一成，有众一旅，能布其德而兆其谋，以收夏众，抚其官职。使女艾谍浇，使季杼诱豷。”成，古时以方圆十里为一成；旅，古时以兵士五百人为一旅。

[4]语出《尚书·商书·太甲下第七》：“伊尹申诰于王曰：‘呜呼！惟天无亲，克敬惟亲。民罔常怀，怀于有仁。鬼神无常享，享于克诚。天位艰哉！德惟治，否德乱。与治同道，罔不兴；与乱同事，罔不亡。’”

一朝一夕之故也，请略陈之。

夫俄本起于唐时，后蒙古强盛，曾并其地。迨至元成宗元贞年间，始又收回本土。及明嘉靖中，俄王长逝，嗣王以蕃的士[1]年甫十三龄，一切政事均出左右之手，主少臣骄，事事均不恭敬。一日，有侍臣显干法度。王赫然震怒，立置重辟，并召谕宫中各人，此后不得干预国事。一切庶务，悉由亲裁。众方以冲幼[2]忽之，讵意英明果决，励精为治。从此整饬纪纲，群臣畏服。并扩其版图，东收西伯利诸部。其皇后亦极贤明，相助为理，国乃大治。及以蕃的士薨，奸臣僭位。俄之宗支，诛夷殆尽。惟一德高望重者，碍于人言，不能杀害，特令移住于礼拜堂中，分其妇于他处，男女隔别，意在绝其种类。

统计逆臣乱国二十九年之久。始经众民起而平之，公举罗吗挪米加[3]践位，时年方十五，其父即前住礼拜堂之德高望重者也，国家当仳离[4]之后，一切发政行仁，与民休息，皆由其父尽心辅助。从容布置，元气渐复，境内举安。此中国万历十二年间事也。厥后外与英国、荷兰联

[1]以蕃的士，现译伊凡第四。伊凡四世·瓦西里耶维奇（Ivan IV Vasilyevich，1530—1584），又被称为伊凡雷帝，俄罗斯沙皇国的开创者。留里克王朝君主，俄国历史上的第一位沙皇。1533年至1547年为莫斯科大公，1547年至1584年为沙皇。

[2]年幼。苏曼殊《断鸿零雁记》第二七章：“余诚冲幼，竟敢将阿姨、阿母残年期望，付诸沧渤。”

[3]罗吗挪米加，现译米哈伊尔·费奥多罗维奇·罗曼诺夫（1596—1645，1613—1645年在位），是俄国沙皇，罗曼诺夫王朝的开创者。李提摩太此处描述的是俄国历史上的空位时期，即1598—1613年期间，沙皇伊凡四世驾崩后，其数子亦相继亡故，这一系列的继承危机以及其后因内部政局动荡，及波兰-立陶宛外部势力觊觎皇位干预而导致的无政府状态。

[4]仳离，背离。《广州军务记》：“较前之仳离，岂倍蓰之可比。”

和，借兵借饷，复招西人至俄，教以本国所擅各法，兼与邻邦通商，交易有无。王父向喜搜罗各国书籍，至是因延希腊腊顶[1]名儒，至本国建立书院，翻译各国书史。俾本国各人，广知五洲政事，内安外睦，教养兼施，百姓共享承平之福者。

三十二年，一时有罗吗挪米加朝[2]之称，其子耶力西[3]继承大统，益加奋励，夙夜维勤，求贤若渴，所生子女皆请名人教诲。有臣四人，极称得力：一专办教会之事，查明以前舛错各节，皆改易更正，务使分者为合，斟酌至当；一素称博学之人，平日著书立说，劝人扩充见识，旁通各国要事，并以古昔有名之君，未有不好学者，开卷有益，允为至论，故多延儒士，翻译各国书籍；一系因罪避至外国之人，深明各国情形，每以本国不如他国为憾，因著书立说，使本国之人，群知感悟，破除积习，喁喁向学；一系天主教中人，从前俄国皆用希腊文字，为著作之本。自有此人，始一律改用俄文，凡有他国人来，皆须察其真有学问，方可收用，俾免滥竽之诮。

耶力西在位三十一年，内而英材济济，外而疆宇日启，洵一代令主也。嗣后其子彼得精益求精，大兴俄土，皆由前王贻留贤辅之故。统计俄国前后有名三帝，共有九十年太平之局，治化蒸蒸日上，可谓盛矣。过此以往七十一年，又有皇后四人整顿俄邦，四境益辟。呜呼！前事者，后事之师也。前车者，后车之鉴也。勿以善小而不

[1]腊顶，现译拉丁。

[2]罗吗挪米加朝，即罗曼诺夫王朝（1613—1917）。罗曼诺夫王朝是俄国历史上最强盛的王朝，使俄国由东欧一个闭塞的小国扩展为世界范围的强国。

[3]耶力西，现译阿列克谢·米哈伊洛维奇（1629－1676），1645－1676年间在位。

为，勿以恶小而为之。因循乃贻祸之阶，奋发即自强之策。《书》曰：钦崇天道，永保天命。亦在人之自为而已。吾愿有国家者，三复思之。

# 俄朝述略　下[1]

《书》曰：民为邦本，本固邦宁。古未有知养民之道而国不兴者，亦未有昧养民之道而国不亡者。禹兴夏业，一馈十起[2]，一沐三握发[3]，以劳天下之民。文王怀保小民，惠鲜鳏寡，自朝至于日中昃[4]，不遑暇食。汉文帝与民休息，为守成令主。唐太宗询民疾苦，为开代贤君，史册昭垂，班班可考。今海禁大开，横览西瀛各国，其保世而滋大者，盖亦非偶然也。

俄之罗吗挪米加朝后，既有四后，又有四帝，请再略陈之。考俄于唐时有名罗立克[5]者，一脉相承，直至明

[1]该文收入于宝轩辑《皇朝蓄艾文编》，见《皇朝蓄艾文编·卷六十二·外史三》，上海：上海官书局1903年版，第10—12页。

[2]馈，以食物送人，这里指吃饭。一馈十起，吃一顿饭要起来十次。形容事务繁忙。语出《淮南子·氾论训》："当此之时，一馈而十起，一沐而三捉发，以劳天下之民。"

[3]沐，洗头；握，用手攥住。一沐三握发，洗一次头发中间要多次停下来。比喻求贤心切。语出汉代韩婴《韩诗外传》卷三："吾文王之子，武王之弟，成王之叔父也，又相天下，吾于天下亦不轻矣，然一沐三握发，一饭三吐哺，犹恐失天下之士。"

[4]日中昃，过了正午。典出《易·丰》："日中则昃，月盈则食，天地盈虚，与时消息，而况于人乎！"

[5]罗立克，现译留里克王朝（Rurik Dynasty），由伊戈尔·留里科维奇于862年左右建立，是统治东斯拉夫人的古罗斯国家（大致相当于今日俄罗斯东欧部分地区，乌克兰、白俄罗斯部分地区）的第一个王朝。

代，如以蕃第四[1]诸君，皆其苗裔也，以蕃第四之后，原籍普国，因事迁俄，故俄人因其子孙继位，往往有一半人不服。乾隆末年，欧罗巴洲众人皆谓新法宜行，不可拘守旧章，各国君主，未即骤准，忽闻法国民变，另立新君，首行新法，各国之君，因亦互相观感，逐渐更改，整顿新法以养民。斯时俄帝名保罗第四，不愿改章，全以势力压众。

六年后，耶立山第一[2]嗣位，始翻然变计，与民更始，励精图治，设立兵部、海部、刑部、商部、户部、教部、外国部、本国部。并分设大臣专管皇家地、桥、路，及宗人、内务等府事。全国分为六道，每道判民为二，一在教之人，一寻常之人，分别教养。其教有初学、中学、上学三等。此外仍有大书院六所，武备学堂十五处，又有商务学堂，各国言语学堂。凡经办各专之人，皆曾游历外国，方膺是任。

正在整顿间，法乱既定，其国君拿破仑崛起自立，百战无前，威并西土。惟英俄两国为硕果之存。拿破仑欲英俄自相离异，以遂其狠吞之志，三次加兵于英：一在地中海，为欧洲南面；一在波罗的海，为欧洲北面；一在英法居中之海。皆为英水师所破，乃拿破仑不得志于英，复欲逞于俄，共带水陆兵六十七万八千之多，其意方谓投鞭足

[1]即上文以蕃的士。

[2]耶立山第一，现译亚历山大一世（1777－1825），罗曼诺夫王朝第十四任沙皇、第十任俄罗斯帝国皇帝（1801—1825年在位），保罗一世之子。由于亚历山大一世于拿破仑战争中击败法兰西第一帝国的拿破仑一世，复兴欧洲各国王室，因此被欧洲各国和俄国人民尊为“神圣王、欧洲的救世主”。其在位期间，俄国在政治、经济、军事和文化等多方面进入极盛期，成为当时欧洲的一大军事强权。

守断流[1]。俄京破灭，直指顾间事耳，不料既入俄境，气候极冷，而俄兵因其势盛，退守都城。此外仓储，先自焚毁，法兵无可得食，加以严寒饥饿，死者不计其数，拿破仑不得已而退兵，然其欲并英俄之心，固未尝一日忘也，于是英俄订立和约，并力拒法。英国既管全海，复助他国饷糈，俄国遂与北边诸部，联合进兵，虏拿破仑，而还各国侵地，欧洲全境乃安。

耶立山在位二十四年，于道光五年薨逝。尼哥刺第一[2]绍承大统，当是时俄在欧洲，已骎骎乎成大有权势之国，讵意肆其贪念，欲灭土耳其为属地。顾能保获土者惟英，因请与英立约，倘英首肯，他国亦无能为力。乃英国慨然有扶弱之心，与法立约，助土拒俄，故俄兵挫衄[3]，尼哥刺之志，终不得逞，于咸丰五年逝世，计在位三十年。

嗣其后者，为耶立山第二[4]。深慨前王未为百姓筹教养之法，因此人心不服，故以为他国有何善举，我国亦当

---

[1]即投鞭断流，意指把所有的马鞭投到江里，就能截断水流。形容兵士多，军力强大。典出《晋书·苻坚载记》：“以吾之众旅，投鞭于江，足断其流。”

[2]尼哥刺第一，现译尼古拉一世（1796－1855），俄罗斯帝国皇帝，1825至1855年在位。在尼古拉一世统治时期，农奴获得了从事商业和迁徙的自由。1825年军官发动十二月党人起义，尼古拉对其采取严厉镇压措施，此后加强对自由思想和革命运动的镇压。1853年俄罗斯帝国的舰队与土耳其作战取得胜利，保护巴尔干地区的东正教人口不受奥斯曼土耳其的入侵。然而，在随后的克里米亚战争中，俄国战败，尼古拉一世于战争结束前夕过世。

[3]挫衄，损伤，挫败。

[4]耶立山第二，现译亚历山大二世（1818－1881），是俄罗斯帝国皇帝，尼古拉一世的长子。亚历山大二世在克里米亚战争失败后着手国内改革，解放农奴，设立地方自治议会，修订司法制度，充实初等教育，改革军制，以谋求俄国的近代化革命。1867年4月9日，以720万美元将阿拉斯加卖给美国。1881年在圣彼得堡被革命党成员炸死。亚历山大二世是割占最多中国领土的俄国沙皇，其在位期间，俄罗斯帝国从清廷手中割取了外东北和外西北近一百四十四万多平方公里土地。

照行，不可落人之后。而又居心仁厚，爱民如子，凡有养民教民各法，皆极力兴办。从前俄民为佃户者，终身受困，自经此帝改章，准佃户或他适[1]或买地另种，始能来去自由。

俄国从前铁路止有七百余里，自此帝接位二十二年中，已造成三万四千里，令百姓远近货物皆通，其余轮船、电报，更无论矣。又举办邮政，一信之费不过如中国制钱二十文，即可遍国送到。制造机器，各处皆立局所，并迭出新法，以为制胜之计。境内遍设新学，当同治十年时，初学已有二万四千座，中学有四百二十四座。至光绪二年，更有大书院八座，内有博学之士五千九百二十三名。皇后又相助为理，设立女书院二十六处，兼习医道与格物之学。凡信局、电局，读书女子皆可经管。更设报馆四百七十二所，讲求五洲要事，以通声气而广见闻，从此俄国新学大兴，能者日多。光绪七年，耶立山第二已故，其太子嗣立，即俄国今皇也，现年四十六岁，其考究养民之法，较前尤甚。

查俄在明时，尚不甚大，此数百年中，开地益广，宇内人民，计有一百十兆之多，可谓盛矣。然非有罗吗挪朝以后，历代贤能之君，曷克至此？是以各国无不钦佩。噫！王者上承天心，下立民命，位愈尊而愈危，任最重而最艰。自古愿治之主，无不以爱民为心。民命所系，莫如财用，诚能立新学，以求教养，阜财源以植富强，有能者任自为。吾固为俄幸矣，吾更为类于俄者勉矣。

[1]他适，改嫁。

# 俄事转祸为福论[1]

今夫燎原之火势，起于一星，奔堤之水穴，成于一蚁。故平淡无奇之事，酿之即为意外之虞。纤细可举之端，忽之即为非常之祸。古君子出门如见大宾，使民如承大祭，无众寡，无小大，无敢慢，诚谨之至也。况今者强邻逼处，而顾可不交以道，接以礼乎？若俄皇子游历各国，取道中华一举，其关系诚非浅鲜矣。夫俄国皇子奉命游历，所经各国之帝王，无不郊迎廷见，优礼有加，盖敌体之国，礼固宜然也。乃侧闻中国接待情形，竟与各国有大不同者。

吾知中国祸患之兴，当有不旋踵者矣，虽然祸患之兴，有轻有重，有大有小，若此之事，恐自通商以来，第一重大可危之机，其故维何，厥有三端，请先陈之：查中国从前与泰西各国启衅之端，如广东及天津各案，大半由开罪于西国之官民而已。夫开罪于官民，尚因之召祸，况俨然储二[2]之尊乎？且俄为天下强国，带甲之士二三百万，地球各国罕与比伦。今中国若竟与失和，强弱

[1]该文收入于宝轩辑《皇朝蓄艾文编》，见《皇朝蓄艾文编·卷五十七·交涉四》，上海：上海官书局1903年版，第33—35页。

[2]储二，太子。

之势显有不敌，其极可危者一。中国从前凡与外洋各国开衅，当其初皆胶执不化，必欲从事于干戈，及至接战以后，而中国无一次不失地。甚至蒙羞含垢，数十年来无不皆然。倘再与俄有变端，恐干戈之祸不能较轻于既往，其极可危者二。中国办理各事向来迟缓，往往事机已过，挽回不及。今俄皇子指日莅临，如本馆知而不言，恐再过数日，即中国欲翻然改辙，而九州大错，铸铁已成，虽悔何追，其极可危者三。凡此极可危之情形，皆由于俄皇子来华，中国不能仿照各国大例，接待如礼耳。是以接待果不如礼，则此番兵端之起，断非昔年可比。倘竟能一旦破除积习，接待周至，既伸东道之情，复尽友邦之谊，非独兵患可免，财物不耗，国体不失。且安知坛坫[1]周旋，樽酒款洽，不从此交谊日深，遂成莫逆耶？

况中国皇上及俄皇子，均春秋鼎盛，果能由此订好，将来中俄接壤，玉帛永敦，相依唇齿，谓非一大助哉。再查西人自到华以来，所求者不过三事：一系通商开埠，为交易有无之计；一系会晤华官，为办理交涉之事；一系使臣驻京，为互通君命之举。此数者，中西皆有利益，并非有所偏私也。乃中国以有益之事，必欲出以干戈。故自道光年间，中英失好之始，直至破京都，失越南，皆缘此一人之见所误耳。现俄国皇子来华，其接待未克如礼者，上既非皇太后、皇上之本心。盖皇太后垂帘听政，三十年中，均以修好睦邻国为事。迨光绪十七年正月，皇上亲政未久，即特旨令各国驻京大臣觐见，其亟欲和辑之怀，天下臣民固莫不共仰。下亦非多年经办交涉各事大臣之意。

[1]坛坫，谈判的场所。

诸公老成谋国，阅历已深，断不出此。其所以然者，仍误于此一人之见耳。此一人者无他，乃无知之人也。

中国人于本国古今要事，未尝不博览旁通，但目前海禁大开，苟不悉五洲之事，则仍与无知等，夫人至无知，则既往之害，本可不咎。目前之患，惟望早除。况皇上独具卓识，召见各国使臣，岂独于俄之皇子，吝此一面耶？转移之机，惟在皇上之延之耳，所望中国及早图之也。

总之，近来自天子以至庶民若不通五洲之事，譬如瞽者独居暗室，事事听人主张，焉能独宏远识，令人钦服？故欧洲各国帝王，未有不兼通邻邦语言文字者。往往不远千万里，至他国延请名人，入为师傅。平日博览他国书籍、报章，并不需人翻译，故不出户庭，而五洲要事，洞若观火。此外各部各省大员，即或不通他国语言文字，亦有翻译者为之笔述，所以办理各事，毫无捍格之虞。近数百年来，泰西各国蒸蒸日上，职是故也。

今中国果能及早变通，勤求西学，上下一心，勿拘成例，自此以往，当不致再困于无知之手。遇事自有定见，将来情款互通，邻境之兵氛永息，灾祲久免，民生之日用自舒，则富国强兵之道，当在指顾间矣。蒙一介草茅，妄谈大事，言之仿佛有罪，积之实歉于心，况目击时艰，所关匪细，倘犹默尔[1]而息，殊乖践土食毛之义。用特聊竭愚诚，以待辅轩[2]之采，转祸为福，不禁拭目俟之。

[1]默尔，默然。聂绀弩《探春论》：“平居无事，尚且要兴风作浪，惹是生非，香囊经她传递，这是何等机会，安能默尔而息？”

[2]辅轩，古代使臣乘坐的一种轻车。此处代指使臣。

# 德国杂事纪略　一千八百九十年[1]

德皇之权，向凡练兵保护本国境土之事，皆自主之。至于与他国龃龉，有交兵之事，则必与两议院商酌，不自主。而或与他国立和约，派钦差等事，皆自主焉。德国大议院中，凡三百九十七人，又有各省派五十八人在院，专商各省之事者。德国境土幅员，不过中国三省之大。每年进项，约有银一百八十八兆两，进口货约值银六百三十七兆两，出口货约值银六百三十八兆两。

正月，德国大议院议准出银帮助商家，设立轮船，由德国至非洲东岸一带地方。现在工价太落，缘各处争以贱买贱卖为事，所用工匠，俱各赋闲，而且工价亦极贱，于是德皇降旨，谕："工部、商部，工匠俱系贫民，岂堪诸商任意贱值买卖，致使工匠俱各受累？朕欲各国工匠会中人商订聚议，务使物价皆平，工价适中，不得任意低值买卖，致贫民之受累。爰定于三月十六日，由英、法、奥、意、比、丹、瑙威、瑞典、瑞士、荷兰、葡萄牙各国，俱遣大员至德国商议此事。"惟西班牙、俄罗斯、土耳其三国之官未到。

[1]该文收入于宝轩辑《皇朝蓄艾文编》，见《皇朝蓄艾文编·卷六十二·外史三》，上海：上海官书局1903年版，第12—13页。

是年三月十八日，德相俾思麦退位，别立宰相名哈爬里非[1]。

至三月三十日，工匠会散，未能定准章程，惟定准多保护妇女、童孩一事。德国陆路兵饷，每年费银七千六百万两，是年又增三百六十万两。

五月初五日，大议院聚会时，德皇亲至议院降谕，以三件要事当办：一，设法多教养贫民；二，为练兵不可惜费；三，非洲之东，须增款项整顿之。

六月，英德立约，一面分非洲之地，一面换海岛口岸。缘此岛名海利戈兰[2]，系英统辖，而与德国口岸切近，德人欲之而未能。后因非洲东岸有一地，名山溪巴儿[3]，向属回王管辖，后多半归德，少半归英。今德以银八十万两买归，而德仍以属英者归英，英乃以此海利戈兰岛易之。此议既定，德议院又议整顿非洲东岸地方，拟动款银九十万两。

十月间，改旧章。缘前此十二年之内，不准工匠立会。今改此章，工匠大喜，共颂皇恩于不置。于是自立大会，约请各国工匠，俱来德国大会议事。德皇又命马队兵

---

[1]哈爬里非，现译列奥·冯·卡普里维（德语：Leo von Caprivi，1831—1899），在1890到1894年之间担任德意志帝国第二任首相。当政期间，致力于社会和谐，消除俾斯麦当政时期一系列高压政策所导致的社会紧张状况。

[2]海利戈兰，现译赫尔戈兰岛、黑尔戈兰岛，或海姑兰岛，位于德国海岸线外约70公里处。拿破仑战争期间，黑尔戈兰岛被英国皇家海军占领，成为向欧洲大陆进行走私和间谍渗透的基地。在此期间，黑尔戈兰岛逐渐成为一个度假胜地，许多来自德国和奥地利的文人作者前往岛上居住，以逃避两国严厉的文字审查制度。1830年和1848年，黑尔戈兰岛还成为德国革命者的避难所。1890年，英国将黑尔戈兰岛转让给德国，以换取东非的桑给巴尔岛。

[3]山溪巴儿，现译桑给巴尔岛或温古贾岛，是印度洋上桑给巴尔群岛的主岛。1890年，德国将桑给巴尔岛转让给英国，以换取黑尔戈兰岛。

卒自此以后皆拿长杆临敌。德奥两君相会，修和睦之谊礼也。德国医学属柯黑为最，现在新得治痨奇方。德皇祖母薨逝，各国遣员来吊礼[1]也。

三月，英太子至德。

六月，意大利太子至德。

八月，德皇至英，馆于英皇宫苑。

十月十四日，德大将军毛奇九十寿辰。德皇重之，降旨令遍国如过大节，均放学一日。是日毛奇之寅僚戚友，送寿礼银共四万两。

此德国一千八百九十年之大概情形也，爰译录之。

[1]吊礼，吊丧的礼制。

# 法国琐纪　一千八百九十年[1]

法系民主之国，亦有上、下议院，上议院计三百人，下议院计五百五十七人，每当商举国主之时，由两院公同定议。其国之教，无论天主耶稣，不分轻重，入教者过十万人，国家拨款以津贴之。其幅员除属地外，只有中国两省半之大，人数计三千八百余万。是年进项四百八十四兆两，国债计有二百四兆两。是年进口货值八百廿八兆两，出口货值六百八十四兆两。此本国境内之数也。

法国以德皇邀请各国商议工匠会事，其议院中意见不同，迨折衷一是，始派人至德京与会。五月间，议院有人问法大臣曰：埃及借法国之债，如何措置？大臣以章程告众。七月间，法与英德二国分非洲之地，定章以马达加斯加岛并地数段归法国。十月，法人商议以后与各国通商章程，以明年例应换约故也，拟将海关税则，令各国自定。此法国政府之大略也。

至商务亦有可纪者，先是法商于红海之侧，开西歪士

[1]该文收入于宝轩辑《皇朝蓄艾文编》，见《皇朝蓄艾文编·卷六十二·外史三》，上海：上海官书局1903年版，第13—14页。

河[1]，以通东西海，最称捷径。近又拟于南北亚美利加之间，开一河道通东西海，名爬拿麻河[2]，将来各国无论自东自西，由此河行，可近二万里。惜数年未竣。议者谓若欲竣工，尚须费银一百四十四兆两。又拟工成后，管理此河各处之费，每年须银一百六十万两。惜商于各国商人，此款未能接济，不免半途而废。现闻由美国人接办矣。惟西歪士河，在一千八百八十九年，进项计有一千零八十万两之谱，核计一年费用，才五百一十二万两，获利殊多。爬拿麻河虽未竣工，幸有此河进项，尚可相补。

五洲通商以后，每有奸商为垄断计，将应用之货，尽买无余。迨人购用，他家已罄，而彼独居奇，赚利无算。此等人各国皆有。前法国某大银行，尽买五洲之铜牟利，被控于官，罚其为首者一万法郎克。每法郎克计银一钱六分，仍囚于狱六阅月。其副者则罚三千法郎克，监三阅月。又其副者亦罚三千法郎克示儆。去年有人献议挖岁恩河[3]，由海达法京，大船可到都城外。计须费银二千余万两，未准。此法国商务之大略也。

至其杂事，闻有法国著名画士绘一画图出售，购者偿银十三万六千两。夫古画值此巨金，容或有之。不意若人尚在，而绘事之贵重至于如此，洵一时无两。法京有扫墓日，届期计有五万八千三百五十五人。法国有一公爵，昔曾为乱而逃，现投军营，意图进取，执之以入囹圄，罚禁二年。工匠中有作细工者，因工价不敷暂停，英国工匠会

[1]西歪士河，现译苏伊士运河。

[2]爬拿麻河，现译巴拿马运河。

[3]岁恩河，现译莱茵河。莱茵河发源于阿尔卑斯山区，流经列支敦士登、奥地利、德国和法国，最终于荷兰流入北海。

每月助以三万四千法郎克。五月间，俄罗斯之尼希利人，如中土会匪之类，在法地造炸包若干，拟欲潜入俄京作乱。法人获之，罚禁囹圄三年。此法国杂事之大略也。拉杂书之，以为关心外务者告焉。

# 银国借款记[1]

亚美利加洲分南北，其南之第一大国为银国[2]，北之第一大国为美国。银国虽大，而地旷人稀，其民数不过四百万之谱。其地有中土十八省三分之一，向来人民多半由欧洲南半诸国移去者。彼见美国已成一大都会，自以为既有此最大最美之土地，亦思比隆[3]美国，因由欧洲各处招人开垦，核定每人给地若干，于是迁去者众。后嫌此法太迟，又于欧洲借英金二十五兆磅，立一大银行。凡欧洲人移来者买地，无银则借之，利从轻减，欧洲人来者愈众。因此欧洲人在彼处买地，多有至于一县者，有至于一府者，用此地以为畜牧之所，将来发售其肉与皮于欧洲以获利焉。

银国之境分十三省，各省人见国家出此妙法，招人垦种，亦于欧洲借一百廿九兆磅，借人买地开垦。未几将十三省之膏田，俱售于人开辟矣。但有地垦种，而无铁路以通之，则货不能运，仍形壅滞。国家又借欧款四十兆至六十兆磅之多，遍国通开铁路，置火车，以运诸货，遂攸

[1]该文收入于宝轩辑《皇朝蓄艾文编》，见《皇朝蓄艾文编·卷六十二·外史三》，上海：上海官书局1903年版，第14—15页。

[2]银国，指巴西。

[3]比隆，同等兴盛。

往咸宜，无远弗届[1]。

彼诸商及各大城之人，又起而欣羡之，以为国家既得如此妙法，以开利源，我亦何妨是则是效[2]？于是亦从欧洲借款四十兆磅，修街道，建房屋，以便移民居住。又立制造厂以便国用，亦未始非利之源也。讵日久核计，由国家以及各省各大城暨诸商借款，共合华银二千兆两，核其利息，每人每年均扯三十两。借款既如此之巨，有识者恐将来生乱，又恐债台之不暇筑也。因禀国家设一大局，以便地主之售卖。如先年有人所买之地，后此不欲垦种，则售卖于此局中。然皆赔本售卖者，则其所赔之数，即局中所赚之数。

后有人见此项利多，又设一局。己虽无本，而先出银票钱票以支持之招买各股份。缘先年各省各大城之借款，皆集股以买者。故此时各大城及诸商，股份不及周转，愿行出售。伊并买去。即将此现买之股份票，转售于人。一转移间，利遂入手矣。由是欧洲各国人亦来银国买其股份，何以故？因其价贱也。由此卖者愈多而价愈贱，人亦愈思购买。甚至有银百两，可买百万之股份。犹不止此，核计一年卖与欧洲人之股份，约有五千万两之谱。事至如此，前二年人知该银行之可虑，皆有慎重之心。欧洲各国，亦不敢借给重款矣。

按银本为民主之国，民间见事势纷如乱丝，因之遂叛，又别举一君为主。将来之结局，不知伊于胡底。溯其

[1]无远弗届，不管多远之处，没有到不了的。

[2]是则是效，效法的意思。语出《诗·小雅·鹿鸣》：“君子是则是效。”毛传：“是则是效，言可法效也。”

修铁路之借款，多半是英国者。其余各款，亦英国者不少。亘古以来，四百万人数之国，未有借二千兆银之巨款者。借款之巨，洵推为首屈一指者也。不知善后者将何以处之。

# 论缅甸[1]

光绪十一年，法人既据安南，英人深恐日久碍于印度，即整顿缅甸事。溯查，缅甸立国最古。西晋时佛教传至其地，缅人至今信佛。雍正四年，缅有数省归英管辖。咸丰三年，缅之南半八万七千英方里，全归英辖。北半十万英方里，并暹罗[2]北、中国南之十万英方里，皆生番，属北缅甸辖治。英既据南缅。其北缅之王最和易，多年不生事端。光绪四年，旧王卒，其子提保[3]袭位。临袭之际，欲杀其宗族若干人，恐其争也。虽其旧俗，然属英南半之人，闻之莫不惨伤，即驻缅之英使臣，睹之亦不洽，因劝阻王，王不听，英使臣乃助未遇害者，加以保护，使之出京。时缅王及大臣悉不悦使之所为，英廷为之撤其使。乃缅王不但不思与印度合，而且朝法国求法人保护。

光绪十三年，英人有驻缅贸易者。缅王欲重困之，索银九十二万两，以为罚款。印度总督闻之，派员到缅，命缅王且勿定案，俟偕英使臣协办。缅王不允。于是印度总督怒，欲逼缅王评理，发文书与缅王约订三事：一欲缅

[1]该文收入于宝轩辑《皇朝蓄艾文编》，见《皇朝蓄艾文编·卷六十二·外史三》，上海：上海官书局1903年版，第15—16页。该文也收入于李提摩太的《列国变通兴盛记》一书中。两篇文章除个别字词的差别之外，基本相同。

[2]暹罗，即今泰国。

[3]提保，又译锡袍，为知亩王（1878—1885年在位）。参见王巨新：《清代中缅关系》，北京：社会科学文献出版社2015版，第183—89页。

王善待英使；二以英使臣常驻缅京，需以礼待；三缅王与他国无论商订何事，必先与印度督臣商妥，然后施行。光绪十一年十月二十二日[1]文到缅京，又另函致缅王，务于十一月初一日覆夺。倘王不允，印度督臣即自主办理，不复与缅王议矣。初四日缅王覆信，示印度以不允意。初七日颁谕使民练兵，意欲夺南缅而逐英人。英大臣在缅甸之冷海口，于初九日接缅王信，知其心怀叵测，又恐其勾通法人，即于十四日率兵一万，向北缅进发，一路无敢阻者，惟至珉拉微有阻，当为英所据。缅王惧，遣臣议和求生，英大臣许之。二十八日，英大臣至缅京，将王并其妻孥[2]送至印度，后至他非地[3]方安置。如是缅之全地，俱归英辖矣。

英初至之一二年，常有山内生番作乱，后亦逐渐削平，四境安谧。法在安南，英在缅甸，皆极力开筑铁路，与中国西南省通商。又安南、缅甸之间皆有生番，铁路一设，即皆荡平。土产亦互相转运，缅有五金及玉石之类。英所据之地与法相等，共合二十万英方里，人数不过四百万。缅甸南半、北半共有二十八万七千英里，约合中土四省之大。版图虽大，而生齿大约不过八百万，俟各路皆开，民必日聚，生齿即多矣。按缅甸、安南二处，共合中国七省之广，十年之间，不觉皆归于人。呜呼，可不慎哉！

---

[1]在《列国变通兴盛记》里，该文书于光绪十一年十二月二十一日达缅京，显系排印错误。笔者彼时虽有诧异，但因没有更多证据指明正确日期，故只好原样保存。此处光绪十一年十月二十二日应为正确之数。见李提摩太著，王雨校注：《列国变通兴盛记》，广州：南方日报出版社2018年版，第98页。

[2]妻孥，妻子和儿女。《诗·小雅·常棣》："宜尔室家，乐尔妻孥。"

[3]他非地，现译特纳吉里，位于印度西海岸。

# 论安南[1]

越南即安南，古属中国，然叛服不常。其南有地曰交趾[2]，本安南一省之区。西历一千四百一十八年，当中国明代，有李姓者为安南王[3]。其俗，王强即合众为一；王弱，其本国疆臣有时自立为主，皆视强弱为叛服。一千六百一十年，即中国明季，有法国天主教人在彼传教。至一千七百七十三年，安南内叛，别立新王，逐旧王。其旧王一窜中国北京而殂。一入暹罗，遇法国主教名皮挪者[4]，携其子归法国，时一千七百八十七年也。其子说法国助平安南，且与立约：功成之后，赂以西贡江口外之海岛并海湾。法人许之。未几，乱平，立其子为安南王。后渐昌炽，开疆辟土，遂僭称为皇。由是法与西班牙之天主教人至安南者日众，讵意后嗣忘天主教之恩，虐待教中人，并有杀害者，法人怒，伐之数次。但法有内乱，

[1]该文收入于宝轩辑《皇朝蓄艾文编》，见《皇朝蓄艾文编·卷六十二·外史三》，上海：上海官书局1903年版，第16—17页。该文也收入于李提摩太的《列国变通兴盛记》一书中。两篇文章除个别字词的差别之外，基本相同。

[2]交趾，中国古代对今越南北部的称呼。

[3]此处译名不统一。在李提摩太《列国变通兴盛记》一书中，安南王姓黎。

[4]王子名为阮福景（1780—1801），皮挪现译百多禄（法文名为Pierre Joseph Georges Pigneau，常用名为Pierre Pigneaux，1741—1799）。百多禄为法国天主教传教士，属外方教会，在东南亚地区传教并积极参与当地政治。

举兵不多，未大惩创。至一千八百五十八年，即咸丰八年，法人复赴安南，拟践前约收地。先与英来中国立约，后即率兵据安南之西贡，又据暹罗一省，名堪伯藉[1]者，为法之属地。

同治七年，法与安南立约，称该国水陆地方，萑苻不靖[2]，不能自讨，请代讨之。且订安南与他国立约，不得干预法事。迨同治九年，法与德战，不暇计及安南。同治十一年，示意安南出令止与法国通商，不准他国交涉商务。同治十三年，法于安南各大埠遍设领事官，统辖事务。安南人惧法之吞并也，因其西山有黑旗人[3]甚勇悍，暗使驱逐法人，又求中国保护。黑旗长刘永福者，亦求中国保护安南。安南因有臂助，又以法兵不多，愈虐奉教人，杀害甚众，法官亦被侵凌。

先是法人视英据印度而羡之，亦欲于亚洲据地为汤沐邑[4]。光绪八年，以安南无礼实甚，遂乘机伐安南。中国以安南为藩属，不甘退让，而法遂分兵为二，一捣安南，一犯台湾。中法迭次交绥，知军将器械，不敌法人，恐安南失，台湾亦失，于是互议。法人保护安南，中国保全台湾。法人又要中国将来兴动大工，兼用法人，以

[1]堪伯籍省，今译柬埔寨。柬埔寨先是泰国属邦，后成为法国殖民地。

[2]萑苻，位于河南省中牟县西北的沼泽，因苇密容易藏身，故盗匪常藏匿其中以杀人越货。后比喻盗匪藏聚的地方，典出《左传·昭公二十年》：“以攻萑苻之盗，尽杀之。”萑苻不靖，意指盗贼很多，不安宁。

[3]黑旗人，即黑旗军。黑旗军，是19世纪末以钦州人刘永福为首的一支民间地方武装，其人数大约为三千。该军队以北斗七星黑旗为战旗，因而得名。

[4]汤沐邑，古代天子赐给诸侯的封地，以其地的收入供斋戒沐浴之用。《礼记·王制》：“方伯为朝天子，皆有汤沐之邑于天子之县内。”后泛指皇帝王侯可以征收赋税的私邑。按照现在的理解，就是殖民地。

修和好，而台湾之兵退，时光绪十一年也[1]。所据安南之地，计分四省，兹将幅帻人数大概列左：一交阯，六万英方里，人数千二百万口；二安南中省，十万六千英方里，人数六百万口；三安南南省，二万二千余英方里，人数一百六十万口；四安南西省名堪伯藉，三万二千英方里，人数一百五十万口。共计二十二万余英方里，合中国三省之大，惟人数止有二千一百万口。法国既得是地，于是极力开通北路，以扩广西、云南商务；开通西路，以平山内生番；西北开路，通缅甸；又开西路，以通暹罗。暹罗若不振作，整顿国中事务，窃恐将来亦为法人侵灭也。

[1]此处指1885年清政府与法国签订的《越南条款》。其主要内容有：第一，清政府承认法国与越南所订立的一切条约。第二，中国同意在中越边界开埠通商。第三，中国将来在广西、云南修筑铁路，应与法国“商办”。详细讨论请参考黄琦：《如何看待中法战争的结局？》，《广西师范大学学报》（哲学社会科学版），1994年第1期，第89页。

# 纪游历西藏[1]

五大洲各国，先年路远不通，彼此皆不相知。自轮舟、火车、电报兴，而后声气联络矣。惟西藏至今风气未开。盖其地居亚细亚洲之中，南界缅甸与印度，西界印度，北界新疆与甘肃，东界四川。去海甚远，水路不通，周围皆山，陆路亦不易行。且山高而雪又终年不释，奇冷非凡，人不能耐，故鲜有履其境者。

所有亚洲大江，无论中国、暹罗、缅甸、印度及俄属之西比利亚[2]，江源皆发自西藏周围之高山。其地势较亚细亚各处皆高，尝较量之，盖比海面高千丈云。最长之处有五千里，宽处数百里至数千里不等，形势如鸡卵长员之式。其风俗与众不同，盖中国、印度，娶妻或二三人，而西藏女子嫁丈夫则二三人焉。

明初，尝有西国教师至其地。至明末，又有西国教师至焉，皆由西藏穿过而至中华。其时亦有教师，由中国京城回西国而过西藏者。八十余年前，有英人至西藏。

[1]该文收入于宝轩辑《皇朝蓄艾文编》，见《皇朝蓄艾文编·卷五十三·边陲五》，上海：上海官书局1903年版，第11—12页。

[2]西比利亚，今译西伯利亚，是乌拉山脉以东的广大地区的总称，占北亚的大部分，面积1276万平方公里，东至太平洋、北至北冰洋、南至中亚北部。现属俄罗斯，相当于该国领土总面积的75%。

四十五年前，又有二教师至其地。厥后西藏人改例，不准外国人入境。时英、俄、奥、法诸国人，屡次欲往西藏而不能，盖因喇嘛阻止故也。其地皆属喇嘛统辖，其喇嘛王皆称活佛。三五年前，有印度人禅得拉达司[1]，先将西藏语言习熟，随同喇嘛由印度北界之希齐府过高山而通西藏界，即由此路入。其山高一千七百廿丈，蜿蜒而上，在雪中挖一窟歇一宿。距山既高，其气甚淡，不宜于人，人行至此，多气促耳鸣。过山以后，坐冰床下行，须用长篙在前揞拄[2]，不然势于球滚，危险不可问矣。如是者行一日，见一关，有官兵查禁。是时天已昏暮，官兵歇宿，幸未被阻。宿一夜，次日复行，见前途皆系绳枢瓮牖[3]之家，即知皆为苦人。

溯自腊月启行，二十日至丈生省，入其城，其地虽属西藏，半皆自主，其衙署皆系大寺。盖中国仕者皆儒，而西藏仕者皆喇嘛也。此省之官，为西藏之最尊者。印度人禅得拉达司住此。适大官不在寺，而已预嘱其家人，善待印度客。印度客甫卸行装，适中国驻藏大臣亦道经是地。是时禅得拉达司性好学，日阅梵经及藏经。比大官返

[1]禅得拉达司，现译萨拉特·钱德拉·达斯（Sarat Chandra Das，1849—1917），印度吉大港人，1879年6月，达斯和伍金嘉措自大吉岭启程赴西藏。他们在西藏逗留了六个月，并带着许多藏文和梵文文献回到大吉岭。这些文献成为达斯日后从事藏学研究的资料。1880年，达斯一直在大吉岭研究这些资料。1881年11月，达斯和伍金嘉措再次赴西藏。他们考察了雅砻河谷，并于1883年回到印度。达斯曾经一度作为英国间谍赴西藏，从藏族人、俄国人、汉人那里获得情报。

[2]揞拄，支撑，支持。《明史·李贤吕原等传赞》：“李贤以一身揞拄其间，沛然若有余。”

[3]瓮，一种陶制的坛子。牖，窗子。枢，门的转轴。瓮牖绳枢，破瓮做窗，绳作门轴，比喻贫穷人家。出自西汉·贾谊《过秦论》：“然而陈涉瓮牖绳枢之子，氓隶之人，而迁徙之徒也。”

寺，接谈甚相契合。复问拉达司以五大洲事，拉达司亦具道之。二人遂成莫逆，于是拉达司淹留不去。至明年五月间尝出游，见城外田畴甚辟，四野青葱，胸襟为之一爽。其地产麦及荍麦[1]、大麦、菽豆等类。住此数月之中，又至一总兵官家，与总兵夫人语，亦相投契。盖西藏女子博学者多，故彼此倾谈，不觉忘形，随将各国风俗人情，历历告知。嗣后欲往西藏京城名拉萨，其居停某大员赆仪[2]甚厚。大员谓之曰：此去京城，径路生疏，君须识之。其总兵官现已升任拉萨，夫人及儿女时正首途，何不同行，以免寂寞。启行未几，有人告之曰相去不远，有一最奇之事。盖前面一大喇嘛寺，僧皆男子，而总管则一女子也。且西藏女子概不乘舆，惟此处总管喇嘛之女子，则肩舆出入，人皆以为活佛焉。总兵夫人致书于寺，曰：拉达司欲往寺中随喜，盖总管喇嘛之女子，即总兵夫人之亲姊妹行也。

此寺在大湖之滨，湖名烟多。长三百里，湖内有山高五十丈，山上复有湖。初至之时，拉达司病作，喇嘛为作刍灵[3]，焚之代死，又于山下买鱼数百尾，放生于山上湖中。病愈，勾留十日，复向北行。过一山，登峰造极，俯视前面一片平阳，约数百里。中有大河，水势由西而东，河北即拉萨京城。去河一百五十里，地处河滨，而较海面高一千一百丈。行未几，路旁睹一黄寺，寺在树林之内，又有大坟，系印度人于中国宋时在西藏复兴佛教者，名爱

[1]荍，古同“荞”，荞麦。

[2]赆仪，临别时赠送给远行人的路费、礼物。

[3]刍灵，又称刍人，是以秸秆扎成的人偶，在古代用作陪葬品。

提萨[1]坟。前进至拉萨，平砥无阻，即觅旅邸[2]投止[3]。当将红黄二教书籍，极力考察，遍游有名宫观。时六月初一日，逢喇嘛大会，四方喇嘛，竞至京城释迦三拔佛寺讲经说法，寺中供像四百尊，燃灯万盏。

拉萨有一地，名布达拉[4]，又名普陀，系西藏活佛所居之处。西藏全地，并中国蒙古喇嘛，皆此活佛统辖。拉达司欲见活佛，恐不得当。适总兵升为该处大臣，其夫人告之曰：某日有若干大喇嘛参拜活佛，君乘此机会往谒，当如愿以偿。于是往修相见礼，讵活佛乃一八龄小儿，其所语不过吉祥止止，为人祝祷而已。语罢，拉达斯随其风俗，致送活佛金元宝一枚，遂返。此时拉萨城内外，痘疹流行，友朋皆劝拉达斯避去，拉达斯遂即辞行，言旋印度云。

---

[1]爱提萨，现译阿底峡（Atisha，982—1054），古印度僧人、佛学家。

[2]旅邸，旅馆。《初刻拍案惊奇》卷二一：“两个投宿于旅邸，小二哥接引，拣了一间宽大房子。”

[3]投止，投宿。《后汉书·党锢传·张俭》：“俭得亡命，困迫遁走，望门投止，莫不重其名行，破家相容。”

[4]布达拉宫，位于拉萨西北的玛布日山（红山）上，最初由吐蕃王朝赞普松赞干布兴建。于17世纪重建后，成为历代达赖喇嘛的冬宫居所，为西藏政教合一的统治中心。

# 天下四大宗论[1]

从来政治不能有利而无弊，惟能除其弊，斯利者益利矣。风俗不能有醇而无浇[2]，惟能革其浇，斯醇者愈醇矣。帝王之道，允执厥中。惟中，故诘奸锄暴而不厌[3]兵威，导义育仁而必恃文教。因时酌剂，随事变迁，此中国唐、虞、三代之治所以独隆千古也。苟不审其中，而徒徇于一偏，则天下多事，而吏弗能戢，民生受困，而上不能舒，安在其能饬政治而振风俗乎？吾因之有感于今日之四大宗矣。

考九十年前，环地球之人最大者可分四宗：若中国、若印度、若欧洲、若非洲是也。中国人面色带黄，印度人面色黄黑相半，欧洲人面色多白，非洲人面色多黑。以九十年前人数计之，中国约有三万万人，印度约有二万万人，欧洲约有一万八千万人，非洲约有一万万人。之四宗者，地土广狭，产业多寡，所有之人数当时仅可相容，而于养生之道固不必过费踌躇也。然天下事数十年一小变，数百年一大变。《易》曰：穷则变，变则通。观于前后之

[1]见夏东元编《郑观应集·上册》，上海：上海人民出版社1982年版，第494—496页。本篇的标点也参考了该版本，特以致谢。

[2]浇，刻薄。

[3]厌，憎恶，嫌弃。

四大宗情形，则尤难拘守旧规，一成不变矣。

夫中国亘古以来，政治风俗最称醇厚，其极善之事，约有二端。一为三代而降，历皆一统相承，宇宙混合，一人敷治于上，众人承流于下，无分裂之土，无争竞之祸。只须如欧洲一国之兵，即可保护十八省，共享太平之福。与欧洲强国林立，各养重兵，时备战斗者不同。一为学校惟取真材，权势不能压，财帛不能动。但有学问之人，无论如何贫贱，即可掇青紫[1]而跻显要。谚云："白屋出公卿"[2]，此之谓也。所惜者人数日增，又无养民新法以济之，致此百年中闾阎贫困，平日毫无余积，一经旱涝，难以自存，老弱转于沟壑，壮者流为贼盗，甚至酿成叛逆，皆饥寒有以迫之也。

若印度者在中国之西南，与西藏为界，其可称之善事亦有二端：一为人素好道。当中国汉、唐时，叠次派人至该处取经，载在史册，班班可考，其足令远人钦慕也如此。一系俗重德行。平日各人心中祗知道高德重者为尊。如人果有德行，其尊敬之诚，较之君上尤重。所惜者印度人心只知好道尚德，全不以国家大事为念，无论政治得失，漠不相关，即各人养生之事亦绝不设法筹办。是以近来亦因丁口过繁，渐至贫困，饥馑日迫，死亡日多。且境内所分小国甚众，往往有争战之端，则民生亦因之不安矣。

若欧洲近最强盛，与中国、印度迥不相侔，其极善之

[1]掇青紫，也作拾青紫，指获取高官显位。典出《汉书》卷七十五："士病不明经术，经术苟明，其取青紫如俯拾地芥耳。"

[2]白屋，用白茅草做屋顶盖成的茅屋，泛指普通平民住的房屋。白屋出公卿，指公卿等高官往往出身于平民家庭。语出《醒世恒言》卷二〇："繇来白屋出公卿，到底穷通未可凭。凡事但存天理在，安心在有福来临。"

事亦约有二端：一为通五洲之地。盖欧洲虽无一统之国，而能与五洲地土相通者十居其八。如美、澳、非三洲全归欧人管辖，至亚洲则南有印度，北有俄罗斯，亦为欧人属地。且自通五洲后，欧人富足可甲天下，从无灾祲冻馁之患。一为通五洲之学，中国经史久经翻为欧文，此外印度及各洲经、史、子一切古书亦皆翻为欧文。盖以人生苟不通五洲文字，仅知一国之事，终非真有学问之人。而好道者因设会欲救五洲之苦，诚善举也。所惜者，欧洲论势力者太多，故各国养兵过盛，不独虚糜帑项，设一旦有事，亦徒多杀戮，有害生灵。兵凶战危，古人先我而言矣。

至非洲各人无一伎[1]之长，其可取者不过善讴[2]，甲于他处，而受人役使，性颇谨慎而已。盖非洲人性不一，然愚蠢犷悍者多，素不通文字，难以自立。是以外洲各国竞至该处，反客为主，先掳人为奴，继又全分其地，遍处派兵看守，代为整顿一洲之事。

以上各节，即四大宗之大略也。呜呼！治天下者中而已矣。中之所主，形诸道法，不偏不倚。道一而法不一，则百变不离其宗。法一而道不一，则与世推移，而要归于无弊。《书》曰："建中于民，以义制事，以礼制心。"彼四大宗者，曷亦知所补救哉！

[1]伎，技艺。夏东元本为"技"。
[2]讴，歌唱。

# 欧洲各国开辟非洲考[1]

按三百年前，欧洲船只，初不甚大，故出游外地者亦不甚远。然讲舆地家常言，地是一球，若向西行，将来必东至印度。于是常思至印度，限于路远，殊觉怅惘。嗣又得一捷径，欲至印度方住，乃直向西行。久之，忽至一地方，以为印度也。乃不意竟为亚美利加洲，较欧洲地大五倍，土膏而腴，地广而人亦无多。欧洲人乃渐有迁于是者。后为各国开辟几尽，而在洲之野人亦渐皆向化。

二百年前欧洲人总欲探尽地球，乃又至一地名奥大利亚洲[2]，较欧洲地有三分之二，其地亦有野人，而不甚多。欧洲人又有迁于此者。据地开垦后，欧洲以此为发遣罪人之区。其地出金矿。开此矿时，欧洲人来此作工者亦不少，其地尽为英人所有。

外又有亚非利加一洲。数千年前虽为欧人所共知，然因其地近赤道，瘴疠甚虐，非壮实之人不敢往。是以未能深入。此地较欧洲有三四倍之大，人数大约有欧洲三分之二。近数十年始深入尽探其地。中多黑人，向未受化，以杀人放火，掳人为奴为业。良善者常受其虐，残暴不可

[1]该篇收入《小方壶斋舆地丛杪再补编》第十二帙。

[2]奥大利亚洲，即今日澳大利亚。

言状。百年前，有荷兰及英人命将出师，先往亚非利加南隅辟地，渐成小国，野人亦渐受教化。近十余年来比国悯非洲内地之受残暴掳掠也，乃于非洲中地辟而立国，名曰孔戈[1]，设塾以化导之。又近七年内有英、法、德、葡、意、西诸国，几将非洲膏腴辟之殆尽。所余者多半沙漠、火山，不生草木之地耳。然诸国各据地于此，苟无和约以为限制，亦乱阶[2]也。

今按英法以前据地界为限，至今有更改之处，乃各派官员前往勘界。又立一约，凡教师至此宣化，彼此不相禁止，而且宜保护焉。英德又立和约，两国所据之界，东、西、南、北勘定甚细。中有一河道，系两国公用。前比国立孔戈国时，有不纳税之地若干。今英德所定合约仍照此章定为制，凡两国埠口，商人以前在此为商者，照常为商，毋得禁止。又传教人在其地传教亦不可妄禁。又有一地本回王所辖，后其地多半归德，少半归英。至是回王献地于德。德则估其值而偿以银。属英者仍归英。缘早年英有一海岛，名海利戈兰[3]，近德之口岸。德人欲之而未能。至是德以非洲之回地属英者，业偿回人以银而仍送还英。英人遂以此岛赠之，他国立和约亦仿此。

由是亚非利加一洲尽为诸国所据，其地所产之粗货如牛羊毛之类，尽发欧洲制成精细之物，又发回非洲售与

[1]孔戈，现译刚果。

[2]乱阶，祸端，祸根。《诗经·小雅·巧言》：“无拳无勇，职为乱阶。”

[3]海利戈兰，英语中现译为赫里戈兰（Heligoland），德语名为“赫尔戈兰”（Helgoland）。关于该岛的归属争端问题，参见杨义成、刘金源《领土争端中的利益互换——英德赫尔戈兰岛问题的由来及解决》，《经济社会史评论》，2017年第1期，第68—84页。

其人。所谓两有益者非与？又其人向受犷悍残暴之酷，自诸国据地宣教，渐化其凶悍之气。由是人沾教泽，无复有残害之风。是诸国之大有益于非洲也。今将各国所据之地数、人数列于左。

按英所辖非洲之地大小十九处，共二百四十四万余英方里，每英方里合华里十方里。人数大约有三十九兆之谱，每兆即一百万。法人所辖大小九处，共二百七十八万英方里，人数大约廿二兆之谱。德人所辖大小四处，共一百万英方里，人数大约五兆。葡萄牙所辖大小六处，共九十万英方里，人数大约五兆余。比国所辖止孔戈国一处，共八十二万英方里，人数约有十五兆之谱。意大利所辖止红海南口以西一带之地，共三十一万英方里，人数约有五兆余。西班牙所辖大小四处，共二十四万余英方里，人数约有四十四万之谱。共计非洲地为诸国所辟，即此数十年内已有十之七八矣。

然以上地数、人数但即西国册籍所载，不过言其大概，俟各国遣官勘定界限实数，方为的确。至去年各国立约，不许越境相侵，各守各境，相安而已。由是观之，伊古以来，辟地如此之多而且速，实属得未曾有。苟非非洲内地之人愚鲁粗悍、无大知识，何至如此一大洲尽为他人所辟哉？虽然其地之犷悍凶暴、向未沾化，自诸国据地以后，设塾宣教，使之渐知礼义，又复教之制造，使之共有衣食之益，将来能养十人者，皆可以养百人而无难焉。是诸国教民、养民之新法，不但有益于己，而且有造于非洲者，亦匪浅鲜矣。

# 非洲不能养民致失广地说[1]

古之善治国者，亦惟求其养民而已。《书》曰：“民为邦本。”《传》曰：“有人此有土，有土此有财。”[2]历观中国三代以降，大都开国之君以得人而昌，失国之君以不得人而亡。史册昭然，班班可考。况强邻渐逼，害已滋深，利源不开，地将安保？有心人缅怀时势，目有所触，耳有所闻，诚有万难安于缄默者，请即非洲失地之事约略言之。

考亚非利加洲为地球五大洲之一，共有一千一百九十万英方里，方诸中国十八省，大可六倍。而埃及与洲北岸数处之外，皆黑人所居。天下五大洲惟此一洲政教未开，人皆蛮蠢。统计全洲人数实难确切查考，约计有一百八十八兆之多。其人暴戾恣睢，率皆不遵教化，以斗杀争夺为能事。又有土耳其、亚那北等国，时买其黑人为奴。当掳掠之际，屠戮生灵，焚毁庐舍，极为可惨可悯。

[1]该文收入陈忠倚辑《皇朝经世文三编》，见《皇朝经世文三编·卷七十一·洋务三》，沈云龙主编《近代中国史料丛刊》第76辑，台北：文海出版社1966年版，第1064—1065页。

[2]此处完整引文为《大学》：“道得众则得国，失众则失国。是故君子先慎乎德。有德此有人，有人此有土，有土此有财，有财此有用。”

惟以僻在遐陬[1]，前数十年道路不通，声教未达，尚无人知。嗣有欧洲人游历至彼，始悉底蕴，回报各国，君若臣各惄[2]焉伤之。会议各国，申明约章，禁止掳掠黑人为奴，讵意屡禁不遵。因于十四年前复设新章，分兵驻守非洲各口岸严加查察。从此葡萄牙、西班牙、法、德、意、英等国皆相约不准带人出境，而掳掠之风始绝。虽然堵于外，终未靖于内。其内地各酋长仍彼此争夺掳掠，无复人理。欧洲各国亟欲拯民于水火之中，不得不率兵至境，为救人救澈之计。

所有十四年内欧洲各国新得非洲地土，虽未能得闻其详，然考究之余亦可略见大概。统计法国得地二百余万英方里，英国得地一百六十二万英方里，德国得地一百余万英方里，意大利国得地三十六万英方里，西班牙得地二十余万英方里，葡萄牙得地十六万英方里，共合六百余万英方里。较之中国十八省之地约多三倍。此乃欧洲各国十四年内所得非洲地土数目也。但非洲前已有地为他人所管。现除他人所管之地，非洲本管地土仅存二百五十万英方里。以上各节皆英国《太晤士报》[3]所录。

噫！由大而小，由强而弱，皆由非洲人之不知利害，自促覆灭而已。故俄国前以铁路侵地，本馆因其能以铁路

---

[1]遐陬，边远一隅。

[2]惄，忧郁，伤痛。

[3]《太晤士报》，即《泰晤士报》，诞生于1785年，创始人为约翰·沃尔特。诞生之初这份报纸的名称为《世鉴日报》（*The Daily Universal Register*）。1788年正式改为现名。作为一份综合型日报，《泰晤士报》关注的领域包括政治、科学、文学、艺术等等，对全球政治、经济、文化发挥巨大影响力。

养民故推广得地，曾著为论说，以当遒人[1]之木铎。俾举世闻声警觉，顾或者曰：泰西各大国互相嫉忌，彼时俄国得人之地，何以不虑他国蹑其后耶？而他国亦何以甘心相让耶？抑知俄国得亚洲之地与各国得非洲之地，皆彼此议明，各行各事耳。或又曰：亚非各国之地何以不能自守，为人所得？是无他，盖因不善养民之故耳。试观水旱之灾，民以饿死；掳掠之患，民以杀死。而泰西则能尽除其害，兼有养民保民之功。是虽欲不令各国之民心悦诚服，势必有所不能。所以泰西大国得地之事关系匪浅。

即此十四年中已可概见，故不得不缕述[2]登报。俾今之官、商、士、庶留心时事，不致终身于睡梦之中。庶几中国及早讲求新学，收保国养民之益，筹强兵足食之谋，勿狃旧章，勿拘古制，变通尽利，成效自征。夫如是则自强有基，即兵害亦可少纾[3]矣。余眷怀[4]大局，目击时艰，既有一得之愚，敢畏再三之渎，用竭献曝微忱[5]，所愿身膺重寄者，不以鄙野而忽之，是则蒙之厚幸也夫。

《时事新论·卷二》终

[1]遒人，古代帝王派出去了解民情的使臣。《书·胤征》：“每岁孟春，遒人以木铎徇于路。”

[2]缕述，详细陈述，逐条仔细叙述。

[3]纾，缓和。

[4]眷怀，关心。

[5]曝，晒太阳。比喻以物品或意见献之于人，表达自谦之意。典出《列子·杨朱篇》：“负日之暄，人莫知者，以献吾君，将有重赏。”

# 卷三　格学

# 论中国宜求格致之学[1]

三代以来，风俗敦庞，学校之士无不讲求实学。故《大学》之首章言治国平天下之道，即以致知格物为本。降而唐、宋，渐尚词章，而实学不讲，至今更专尚制艺。上以此求，下以此应。将毕身有用之精力，尽销磨于时文试帖之中，舍是不遑涉猎。髫龄[2]就学，皓首[3]无成者，比比然也。近自各国通商之后，见夫西国测量制造等事无不藉资算学，故于算学一端，中国学者渐多。而近日科场之中又专分额数[4]，以为取士之门，诚盛举也。夫算学者，格致之用具也；格致者，算学之进功也。如琢玉然必资刀锉，如建屋然必架栋梁，苟具刀锉而不琢玉，获栋梁而不建屋，鲜有不笑其愚且拙者。今算学之于格致[5]，何

---

[1]该文收入陈忠倚辑《皇朝经世文三编》，见《皇朝经世文三编·卷十·格致十》，沈云龙主编：《近代中国史料丛刊》第76辑，台北：文海出版社1966年版，第148—149页；收入郑观应《盛世危言》，见郑观应著，辛俊玲评注：《盛世危言》，北京：华夏出版社2002年版，第113页。也收入王扬宗编校：《近代科学在中国的传播上文献与史料选编》，济南：山东教育出版社2009年版，第365—366页。

[2]髫龄，指幼年。唐王勃《序》：“筠抱显于髫龄，兰芳凝于丱齿。”

[3]皓首，白发。年老而头发变白。《文选·李陵·答苏武书》：“丁年奉使，皓首而归。”

[4]额数，规定的数目。《元史·卷四七·顺帝本纪十》：“命燕南、河南、山东、陕西、河东等处举人会试者，增其额数。”

[5]格致，此处可理解为自然科学。

以异是？是以西国儒士无不讲求格致之学，而格致之学无不先以算学为本。吾试以各国之讲求格致因而盛衰者，大略言之。

查西方各国，以希腊国向为文治之邦，于格致之学讲求最先。各国之从学者甚众，是以各国之讲学家，莫不称而重之曰希腊之学。迨唐、宋间，回回国最为强盛，其所以强盛之由，亦因讲求格致之学所致。当时埃及、土耳其等国皆往从学，亦可谓一时之盛。及至日久，专尚虚文，不能实事求是，学业骎衰，国势因亦不振。此由强而弱，由大而小者，皆学与不学之明证也。

至欧罗巴洲之普、法、英等国，以今日视之，可谓既富且强，为海上大邦，而讲求格致之学，尤推独步。然迹其弱小之初，正有大谬不然者。盖当日之德王常言：以天下之聪明一两，即可抵书院之聪明一吨。又法都常有儒士因事下囹圄[1]，佥以其精通格致之学，请贷[2]其罪。而法王谓其无用，终不允行。其轻视格致之学如此。此二国者，其前如彼，其后如此。一旦憬然[3]自悟，翻然改计，广设书院，使人人皆以格致为事，其故不重可思耶！英国前亦不以格致为意，近百年来改弦易辙，精益求精。诚以天地五行之产，俱从格致中得来。

是以美国格致之学，尤以讲求地质为重。盖地质之生财又有三等：一为地中之产。五金各矿，原以供国家之用，若无格致以穷其原，则精华不显。故美国于矿务最

[1]囹圄，监狱。
[2]贷，饶恕、宽恕。
[3]憬然，觉悟的样子。

为考究，必使地中之产不致秘而不发。一为地上之产。五谷树木，皆为养生之道，若无格致以穷其理，则地力亦有时而不宜。故或为热道，或为冷道，或为温道，或为凉道，必使物性与土性相宜，而树尽茂密，岁皆丰稔[1]，不致有偏枯之憾。一为水中之产。川泽之利，王政所重，与其临渊而羡，不如退而结网。故美国由格致之理，以深究养鱼之法，陂湖江海，各因其地，不必竭水而求，自可山人皆足。且水师弁卒，原为防边而设，当此各国修好，海上承平，除习练战阵而外，无所事事，特令为养鱼之业。古者募习水师多用渔人，今以水师而兼渔人之事，既考究各处水性，尤能独擅利权。查美国京都每年养鱼之费约银十六万两，其余各处养鱼之费约银八万两，所费之巨如此，而所获之利当更倍蓰矣。

今夫保民之道，莫先于强兵；强兵之道，莫先于富国。然富国而不思理财，理财而不求格致，犹之琢玉无刀凿之利器，建屋无栋梁之美财也。今皇上勤求典学，惟日孜孜，上下一心，励精图治，将见格物致知，穷理尽性，帑项不虞其支绌，庶几泄千古未尽之藏，宇宙永庆乎升平，不且巩万祀[2]无疆之业哉！

[1]丰稔，丰收。
[2]万祀，万年。

# 再论中国宜求格致之学[1]

从来天地之理无穷期也，学问之道无止境也。昧古者固不足为儒士，背今者更不得为通人。诚以制作之变易，关乎气运之转移。如古者以弓矢威天下，今则变为火器矣。苟处今之世，仍欲舍火器，而用弓矢以与人争利钝、角[2]胜负，固不待智者而决其不可。此军械之制，且欲因时创造，精益求精也。而于学校何独不然？常观泰西各国学校之士无不以格致为本，国家专延学问最优之人，以主讲于学校之中。凡有新学均穷极其理，以致研求。其专心之至，各国情形大略相同。

即以英国而论，讲求格致之学者约十万人。所学之事，每十分钟以二分半钟专力于各国语言、文字及各国史记之学，以一分半钟专力于化学、光学等学，再以半分钟致力于地舆之学。此外推之于动植物诸学，无不按时研究。凡动植物中飞者、行者、树者、艺者各类，或能益人，或能损人，或为古人已言，或为古人未言，皆当详细

[1]该文收入陈忠倚辑《皇朝经世文三编》，见《皇朝经世文三编·卷十·格致十》，沈云龙主编：《近代中国史料丛刊》第76辑，台北：文海出版社1966年版，第149—150页；收入王扬宗编校《近代科学在中国的传播（上）：文献与史料选编》，济南：山东教育出版社2009年版，第366—367页。

[2]角，争斗、较量。《促织》：“日与其子弟角，无不胜。”

求之，以阐发其义蕴。故古学之已著者，不妨因其理而徐为深造。古学之未著者，更不妨创所解而独辟新机。是以英廷因向之求于山者，未求于海。复于近二十年中，集格致之士数十人，卫以兵轮，周行海上。考地球极高之山，由底至巅，直算不过十五里。而海之至深处，亦复相等。迨入海逐里求之，每下一里即有一里之物。水中鳞介之族，以鱼为大宗，其间种类万殊，悉罗而致之，以资考证。此诚极[1]瀛海之奇观，发[2]古今之祕旨[3]矣。且不独此也，水性寒者主降，热者主升，而地气赤道属热，黑道属寒，水在地中行[4]，自具不息之体。《易》曰：变动不居，周流六虚。观于此可以知天道实通乎地道矣。此英国学校之士悉心于格致之明验也。其余泰西各国亦莫不互相奋发，广求新学，以益闻见。近来欧洲国势蒸蒸日上者，职是故也。

窃考中国学校之兴自五帝始，其名曰“成均”[5]，说者曰以成性也。递至三代有国学、乡学之分。自其国学言之，王世子[6]、王子、群后之世子[7]、卿大夫、元士之适子[8]，凡国之俊秀皆与焉。自其乡学言之，则二十五家

---

[1]极，穷尽、完全占有。《游褒禅山记》：“而余亦悔其随之而不得极夫游之乐也。”

[2]发，阐发。

[3]秘旨，深奥的含义、隐秘的意旨。

[4]此处似是指地下的水层。

[5]成均，相传为尧舜时的教育机构。《周礼·春官·大司乐》：“掌成均之法，以治建国之学政，而合国之子弟焉。”

[6]王世子，亲王的继承人。

[7]世子，贵族的儿子。

[8]适子，正妻所生的儿子。

为闾，闾有塾。五百家为党，党有庠[1]。万二千五百家为州，州有序[2]。各萃其子第而教焉，盖无人而不学，无地而不设学以教也。呜呼盛矣！

然气运[3]有推移，即制作有变易，苟胶守古制而不求新义，其何以鼓舞群材，富强日辟，收长驾远驭之效耶？当是时也，惟愿国家振兴教化，首重格致。不惜经费，广立书院，多延精于格致之士以为之师，俾肄业各生有所遵循。以中国人材之盛，天资之敏，吾知温故知新，不及十年，即可驾欧洲而上之矣。是则区区之意，所深望于中国者。因不惮再论之，以当刍荛之献。世之博雅君子，幸勿河汉斯言也可。

[1]庠，古代的乡学。
[2]序，州立的学校。
[3]气运，气数、命运。《三国演义·第一四回》："汉末气运之衰，无甚于此。"

# 论格物学缘起[1]

欧洲古今著名之人甚多。千年之内著名者，莫大于拜肯[2]，其父为英国相。溯其所以出名，缘教人之法不同。盖古今之教相反，古以率由旧章为贵，拜肯以现在实效为贵，又贵搜寻古今各国事迹。凡有益于人者必考究之，又欲创新法以教人。千六百六十年英人某又推广其意，欲集各国博学人每年聚会[3]，讲求其新知格致之治。初立时国王亦喜，因许其立会，所立章程有一总办外，有二十人赞襄之。凡遇事皆此二十人共商，其余凡有名望者亦均请之入会。初立只有五十五人。此皆英伦敦聚会者也。后法、俄及他国等亦照此法立格致之会。

此会既兴，百五十年欧洲各国名人皆知格致之学大有系于国之兴衰焉。千八百二十二年，即道光二年也，日耳曼人以各国名人聚会不能皆至，乃定章程：每年聚会各定一处，预知照会期，至日俱往。在大众前，各言其所得

[1]该文收入陈忠倚辑《皇朝经世文三编》，见《皇朝经世文三编·卷十·格致十》，沈云龙主编：《近代中国史料丛刊》第76辑，台北：文海出版社1966年版，第148页。
[2]拜肯，现译弗兰西斯·培根（Francis Bacon，1561－1626），著名英国哲学家、政治家、科学家。培根认为观察和实验是分析和确定科学的一般方法，对后世影响深远。
[3]此即英国皇家学会。宗旨是促进自然科学的发展，在英国起着国家科学院的作用。英国君主是学会的保护人。

格致新法，以比校焉。旁设钞胥[1]，议竣会勘以知某某为最。

千八百三十一年，即道光二十一年，英国亦立格致之会[2]。不第英京一处，并散立各处。如某处有名人约请，大家必均赴约，因聚议焉。立此会者为英宰相博罗罕[3]，其意欲遍国名宦、名绅、名牧师及著名读书人，同心办理此格致之事。朝廷准其多设此会，欲使人知此会之益大也。凡大码头之处亦皆知此益，每年捐助银若干，以此助博学人创立格致之新学。自此以后，至今各处轮流聚会。初会时来者不过三十人，今已逾三千人矣。此但英一国，盖因国家得此格致之益甚大，故皆踊跃争先云。

---

[1]钞胥，专事誊写的胥吏、书手。

[2]格致之会，现译英国科学促进协会，宗旨是进行科学普及。由苏格兰科学家大卫·布鲁斯等人在1831年成立于约克，是一个比英国皇家学会更开放、更大众化的机构。其成员人数不限。自成立之年起，每年在英国的中心城镇举办科学年会，内容是宣讲每年科技发展的最新动态。该会还与英国科研机构、大学和新闻媒体合作开展多种多样的科普活动，并就某些全国或地方感兴趣的问题进行辩论，并对这些问题进行专题研究。每年出版各个学科的研究会议记录，上刊有重要讲演外，还有一些令广大听众感兴趣的内容。见姜璐主编，赵定柏、张彼得、张婉郁副主编：《中国少年儿童百科全书 科学·技术》，杭州：浙江教育出版社1991年版，第84页。

[3]一般认为，英国科学促进协会成立的主要推动者为大卫·布鲁斯。见该协会网站公告：https：//www.britishscienceassociation.org/history。

# 续论格学[1]

英国格致会至今三十二年矣，格致家有天文、地理、化学、电学等类。凡著名之人，每年聚会讲论一番。今年总办所讲者五条：一电学，二火药，三煤油，四自来煤气，五新立大书院。

电学者何？在昔一百六十三年前，有英人借铁丝发电气，远七十丈。又过二十年，有英人借铁丝发电，可数百丈。初得电报法时，每一分钟用五铜丝，止发四个字。今只用一铜丝，一时发六报，每一分钟可发六百字。前三十余年，人初得一法，在海中发电报。今海中电报，有十一余万英里，有船四十只，常备以修电报水线者。初安电线时，由英到美万余里，电力尚传不到。因此有数名人，创立电学数机器，然后始得法焉。自得此机器后，有英人名马可斯伟[2]，得熟铁[3]、电和光之法，皆与此一理所寓后所出电光之法。止即美国言之，电气炭灯有二十三万五千盏，电气玻璃灯有三百余万盏。各国皆有，多寡不同。现

[1]该文收入于宝轩辑《皇朝蓄艾文编》，见《皇朝蓄艾文编·卷七十·学术二》，上海：上海官书局1903年版，第15—16页。

[2]马可斯伟，即詹姆斯·克拉克·麦克斯韦（James Clerk Maxwell，1831—1879年），其最大功绩是提出了将电、磁、光统归为电磁场中现象的麦克斯韦方程组。

[3]熟铁，即磁铁。

在凡新造上等轮船者，全用电气灯照之。兵船更用此电灯照，夜如白昼。又在海岛所安之灯，电灯居多。

德律风[1]在前十三年方有，相隔数十里，或数百里，两地传语，一如面谈。今英国有德律风九万九千处。美国用之尤多，共有德律风二十二万二千余处。除电报、德律风传信传声之外，最奇者是传力，如京城有万匹之马力，于方近或百里，或数百里安线，欲达某处，则立刻万马之力俱到，或起重、或运货、或制造不等。此外又有电车，殊非火轮之比。美国有二百电路，共合一千六百四十一英里，尚有电船亦如是。又有在矿窑内用电力拉车，不用牲畜，更奇也。又如欲铁之折裂、并合，前皆明火煅而锤之，方能结固。今则电力一到，转眼即镕结矣。在昔制造各物，皆用火力，其力按寒暑表[2]不过千八百余度。今则借电气，其热较此为逾大。故从前难制之物，现在亦不费事。

如有一物名亚路明[3]，看之甚似金而实非金，现在制此物者甚多，亦极有大用。如化铁及钢，前则铸就，往往有泡及渣滓，其物必不坚。今则少置亚路明于其中，则一同化水，即将铁及钢之渣滓俱清出，其铁及钢分外清而固，此即与从前杂锰于钢铁中之一理也。

---

[1]德律风，即电话。虽然电话的专利拥有权属于亚历山大·格拉汉姆·贝尔，但其并不是电话的发明人。美国国会2002年6月15日269号决议确认安东尼奥·穆齐为电话的发明人。穆齐于1860年首次向公众展示他的发明，并在纽约的意大利语报纸上发表关于这项发明的介绍，但因其家中贫困，未能延长专利期限。贝尔于1876年3月申请了电话的专利权。

[2]寒暑表，即温度表。

[3]亚路明，即铝（aluminum），一种化学元素，也是一种较软的易延展的银白色金属。炼钢时，需要往铁水里喷氧气以去除其中过剩的碳，但去碳后氧又会过剩。铝和氧亲和力很强，是很好的脱氧剂。在铁水中加铝，就会形成氧化夹杂物，便于过滤排出。

# 格致数目说略[1]

每慨中华儒者止于圣经贤传、伦常大道中殚精研思，以求上合乎性命之微[2]，而河洛图书[3]尤其微之。微者其中悉由术数推测，而所谓格物之功鲜有明文。岂遭秦火而失其传欤？何以《大学》格物致知一章独缺有间也？迨宋儒新安朱氏[4]出，始取程子[5]之意以补之。然但补其义而未申明其用也。物既云格，果何以格？工夫由何处下手？

---

[1]该文收入陈忠倚辑《皇朝经世文三编》，见《皇朝经世文三编·卷十·格致十》，沈云龙主编：《近代中国史料丛刊》第76辑，台北：文海出版社1966年版，第150—152页。

[2]微，微妙。

[3]河洛图书，即河图洛书。《易·系辞上》：“河出图，洛出书，圣人则之。”

[4]朱子，即朱熹（1130－1200），字元晦，又字仲晦，号晦庵，晚称晦翁，谥文，世称朱文公。宋朝著名的理学家、思想家、儒学集大成者，世尊称为朱子。朱熹是唯一非孔子亲传弟子而享祀孔庙。朱熹是“二程”（程颢、程颐）的三传弟子李侗的学生，与二程合称“程朱学派”。朱熹的理学思想对元、明、清三朝影响很大，成为三朝的官方哲学。朱熹著述甚多，有《四书章句集注》《太极图说解》《通书解说》《周易读本》《楚辞集注》等，其中《四书章句集注》成为钦定的教科书和科举考试的标准。

[5]程颐（1033—1107），字正叔，世称伊川先生，北宋理学家、教育家。程颐与其兄程颢同学于周敦颐，共创“洛学”，为理学奠定了基础，世称“二程”。他的学说以“穷理”为主，认为“天下之物皆能穷，只是一理”，“一物之理即万物之理”，主张“涵养须用敬，进学在致知”的修养方法，目的在于“去人欲，存天理”，认为“饿死事极小，失节事极大”，宣扬“气禀”说。其著作有《周易程氏传》《遗书》《易传》《经说》，被后人辑录为《程颐文集》。

知既云致，果何以致？心思由何处得间？晦庵未言也。明代王阳明先生欲格竹之理，而格之七日，未能得间，至于头晕，始舍此而专讲良知之学。

噫！格物一事，何可易言？乃今泰西几于无国不讲，无人不精，何此事失于中华而传于海国乎？论者犹谓，即属工此亦为末艺。何如明经致用，乡国胥[1]设学校，以讲伦常日用之道，使学明于上俗美于下，讵不足以致太平？吁，此非通论也。方今海禁大开，与外洋交涉，而专执中华古典以议论其间，必至枘凿[2]不入。何以与西洋大国并驾齐驱哉！本馆曾论设新学部，以强中国，援日本以为例。今又译格致学中数目之略于左，以便快览焉。

按西学格致家谓万物皆若干阿屯[3]所成。阿屯者，其小无内之称也。如造屋系积累若干砖所砌，为文系积若干字联络而成，化学则积六十余原质所作。然原质又系何物？格致家则谓若干阿屯也，若用极好之显微镜窥之，能将一分之质视为三百丈之长。此则虽至小之物可加三十万倍。然犹未能见质中之阿屯也。格物家谓将阿屯一分寸分为五千万分，可得阿屯之大小焉。又阿屯之最相近者为实质，光不能透入其间。不相近者为流质，光略能透入。阿屯之内，若相隔远者为气质，日光透入，内外玲珑。故格致家常言，万物中阿屯常动，但迟速不同，若使傍火热，

[1]胥，全，都。

[2]枘凿，榫头和卯眼。器物上的榫头为方、卯眼为圆，或榫头为圆、卯眼为方则无法接合。故以枘凿比喻互相抵触而不相容。《楚辞·九辩》："圜凿而方枘兮，吾固知其钼铻而难入。"

[3]阿屯，即原子（atom），是元素能保持其化学性质的最小单位。一个正原子包含有一个致密的原子核及若干围绕在原子核周围带负电的电子。

则近处阿屯之动速可成流质，如冰化水然。倘再加以火热，则动更速而化成气，如水变气然。

因查声音之理何以成声？皆气浪动宕多少次而成者也。如人击物，自远视之，相隔一千一百尺。当其下击时，由一秒钟至二秒钟始闻击声，可知其声之行也，每一秒钟行一千一百尺，其声之清浊全在气中之浪动宕迟速焉。如入耳之音浊似牛鸣，则每秒钟动四十次。若音清细如鼠鸣，则每秒钟可动四万次。其数均有表可量，分毫不爽。凡气浪动之次数每秒钟不足十次者，人概不闻。以是知并非无音，实人之耳不及听也。倘气动或六万次，或十万次者，人亦无闻。盖亦非无音，缘人之耳只听至四万次耳，多则无闻也。

又查光学，光较声音，其行更不止万倍之速。每秒钟可行六十万里，即如绕地球行八九次者。然此丹国天文家自康熙十四年窥看木星之月食，始得此理而传者也。夫人闻声既凭耳，见光既凭目，然非气则每秒钟动至四万次不能闻，非气则每秒钟动四百兆兆亦可云。四百万垓[1]至八百兆兆之多亦不能见也。其行之最缓者为红光，哆哒[2]之气每秒钟动四百五十八兆兆次。

何谓哆哒？盖寻常之气为空气，在海面则浓，在高山则淡。若去地球一二百里外即为哆哒气，惟哆哒之气更淡而通内外五星诸世界焉。黄光则哆哒气每秒钟动五百三十五兆兆次。青光哆哒气动六百三十二兆兆次。紫光哆哒气动七百廿七兆兆次。盖按天上虹霓而言，红一边

[1]垓，古代数名，指一万万。

[2]哆哒，现译离子。

最慢，渐渐快至紫光一边，可见五色胥关哆哒气动宕迟速次数。然欲量其快慢，其法用凸面镜置于平面玻璃上，其镜当中与玻璃紧相依处是黑光，周外一层层即有五色相间。算学家推算哆哒气浪动宕之数多寡，可由此而知。且哆哒之气尤淡，玻璃虽系实质，其阿屯不能隔哆哒之气使之不透光也。

又查电气，电与光行同是一快，中间若无转换交递之处，每秒钟可有绕地球行八次工夫。今电学家言电气无他，即哆哒气浪动宕迟速也。惟光浪短，电气浪较光浪长六万倍。实质阿屯虽相近，而不能阻电之穿过焉。又用黑膏作如眼镜，形有三百斤之重。此黑膏本应阻光，惟电气能透之，亦能透石透木，如光透玻璃者然。近五年之内，德国一人新造电气镜。何为电气镜？如耳是缘气动每秒钟四十次至四万次，而始闻其音。目是缘气动，每秒钟四百余兆兆而始见其色。今电气镜是缘音与色之间，亘古未曾有所见。今竟缘气动一百兆兆至三百兆兆次而忽有所见也。

化学家又得一新器名西伦雍[1]。此物能发电气，皆按光之大小。寻常发电，皆借铜铁丝，无论昼夜均可发。惟西伦雍则随光大小以为发电之多寡焉。

又动植学家常论眼，谓人之眼睛系完整一个，惟苍蝇之眼系四千六角小镜合成一个；蜣蛣[2]之眼，系二万五千小眼睛合为一个，此皆以显微镜窥测而知。现有人遵此拟于细电线头上或数十头数百头各安一西伦雍，再合一处如

[1]西伦雍，疑即“selenium”（化学元素硒）的音译，是1883年美国发明家Charles Fritts（1850—1903）发明的第一块太阳能电池（selenium cell）的名字。感谢中国社会科学院文学所李小石博士的指点。

[2]蜣蛣，屎壳郎。

蝇之眼，彼一头电线亦如此安设，虽隔数百里数千里数万里，不但能传音而且能觌[1]面焉。

其格致目略如此。或有谓学此，算阿屯，算气浪、光浪、电气浪，并蝇眼、蛣蜣眼等事，虽极精工，究属末艺，果有何益？不知西人之学，皆实学也。坐而言，即起而行，岂空谈乎？且此诸学亦格致之始基。试观轮船、火车、电报诸事，大有关于世道之实，而当其始末，有不由此悦心研虑而得以施其大用大效之能，则格致中微细之功用，所益岂浅鲜哉！

[1]觌，见面。

# 格致宜创新机器说[1]

格致学会早设于欧西，各国已设，而法国则专设已十九年，会者十九次，兹特谕其造新机器之益于左。凡论物之原质，皆有阿屯之称。阿屯者，小之无可小之名也。无论何物，皆极小之阿屯凑合而成，如细沙成石者然。然沙能见，而阿屯不能见。要能离机器以为格致焉，故总司其事者尝曰：格致无新机器，不能独奏其功。如人无耳目，不能辨声与色之何似。故必先创新器，然后能揣摩新理以附之。

是以造化学天平，以为格致之新器。前所常用之天平，姑毋具论，今造此新天平，较常用者极灵极准。虽添一发之轻，此平即偏重矣，名曰化学天平。既得此器，则化学中之六十里原质，分量已能尽悉，毫发不爽。未有此器之先，人之造物配合材质，皆约略计之，无定准之数，徒增耗费。既有此器以后，则多寡之分量恰合，绝无耗费之虞，诚妙器也。

又创造热表之新器。既创以后，始知每原质之阿屯，见一样度数热气，则一样变化。或硬质变流质，或流质变

[1]该文收入于宝轩辑《皇朝蓄艾文编》，见《皇朝蓄艾文编·卷七十·学术二》，上海：上海官书局1903年版，第16—17页。

气质。造风雨表，既有此表，始能量出各气之浓淡，因又知各气之热浓压力，俱相连有准数，并知各阿屯之大小焉。创寒暑表，始能辨动植之各类。又热表、寒暑表共用时，然后知各阿屯之轻重，且知各阿屯相吸之力。俱按其大小，与空中诸星大小相吸之力同。

创分光镜以后，始得二新原质。造千里镜，凡两种，有反照者，有直照者。既得此镜，始知今时之天文，较古时之天文，所论多详。又于千里镜上加以分光镜，则即知天上诸星之原质，与地球同，均可辨焉。且不但知天星之原质，并能知天上诸星行走之迟速，不更奇乎？此创新机器之有关于天文者也。

又有人论电学，宜先造电机器，然后明晓电学者始速，故有造干电机器者，有造湿电机器者，又有造熟铁电者。此三机器以外，则有量电机器，得此机器以后，而后电信、电灯、德律风诸法皆从此出矣。今又有初得光与电之学，多有相同之事，将来用处必将更大。此皆言格致因创新器，始得大益之效也。由此观之，新机器之有关于格致诸学，岂浅鲜哉？

法国格致会中总办所论之大略如此。中国今立学堂，讲新学，而不思购新机器，则学堂之诸生，纵有慧悟，而不能徒手以造极精之物，不几空縻饷项乎？泰西知其故也，凡有所设，如博物书院等处，先不惜重赀，购求新机器，以供学徒之用，然后再责以制造之精，故终能有成也。

# 论学格致必先求富国[1]

尝闻学者以治生为急，诚以古未有饔飧[2]不继，而能弦歌不辍[3]者。孔子适[4]卫由庶而富，由富而教。车中商榷，次序井然。是人欲为学，非有资生之具不可也。国欲广教，非有富庶之基不能也。故讲格致之学者，必先以富国为本。今试举古今中外各国而详论之。

粤考中国古时九州[5]之地，北临大河，南尽长江，佃、渔、畜、牧，因利而利。沃壤千里，年谷丰稔。说者谓，伏羲、神农之世，民结绳而用之，甘其食，美其服，乐其俗，安其居。故当时君相士庶莫不从事于格致之学。所以建宫室，制衣裳，作器用，立货币，造文字，设武备，巍巍乎功成万祀[6]者，良有以也。

递至成周。西方有国，曰巴比伦，与中国同在亚西亚洲，滨临两大河之间，田高土肥，物产饶富。故其民多闲

---

[1]该文收入陈忠倚辑《皇朝经世文三编》，见《皇朝经世文三编·卷十·格致十》，沈云龙主编：《近代中国史料丛刊》第76辑，台北：文海出版社1966年版，第153页。

[2]饔，早饭；飧，晚饭。饔飧不继，指吃了上顿没有下顿。

[3]弦歌，以琴瑟伴奏而歌诵；辍，停止、中止。

[4]适，到。

[5]九州一词最早出现在《尚书·禹贡》中，即所谓的冀州、兖州、青州、徐州、扬州、荆州、豫州、梁州和雍州。自战国以来九州即成为古代中国的代称。

[6]万祀，万年。

暇，于天文、地理、测算、格致、制造等学，无不考究。详明其藏书之法，则用瓦片镌刻字迹埋于土中。虽数千年不坏，迄今犹有存者。

此外亚非利加洲有埃及国，当中国周时无不讲求格致之学，最为强盛。迹其强盛之故。因该处濒临泥勒江，即又名泥耳河。每年当春夏之际，必有两月江水涨漫，不啻水田万顷。居民即乘时播种，及至水退而已。一望平畴，青苗秀发矣。此真天生美利，不假人力，无旱潦[1]之忧，无耕耨之苦，千仓万箱，自然充实。故能大兴学校为各国之冠。今国中尚存石坟高数十丈，宽亦数亩，与他处之坟不同。过其地者慨慕流风，犹低徊不置焉。

至欧罗巴洲希腊国，当中国周末汉初时，最为富强一时。骎骎文学称极盛焉。然希腊无江河之利，与中国、巴比伦等处不同，只因与各国通商，能操利权于一己，并能普利益于万家。故可培植人材，使藏修游息之士无衣食之累，得以尽心考究。至今所著格致等书，西瀛各国学校中无不传诵，并郑而重之曰希腊之学。呜呼，尚已。然此犹指古时各国而言也。

中国元明间，欧洲意大利国东北有国曰非尼士[2]，壤地褊[3]小，较之意大利不如远甚，然其君相励精图治。当其时，与亚细亚、欧罗巴、亚非利加三洲之国，立约通

---

[1]旱潦，水涝与干旱。

[2]即威尼斯共和国（9世纪至18世纪），意大利北部威尼斯人的城邦，以威尼斯为中心。中世纪时期，威尼斯由于控制了贸易路线而变得非常富裕，并开始往亚得里亚海方向扩张，曾统治爱琴海内的很多岛屿。莎士比亚著有戏剧《威尼斯商人》。

[3]褊，狭小、狭隘。

商，能挽弱小为富强，于各国盛衰之理最为详悉，闻见既广，而格致之学亦兴。故其国势虽极小，而其权势则极大。论者谓其大有造于欧洲，信不诬也。

又如中国明时，英国在欧洲虽不如今日之盛，然已规模渐扩，讲求制造，专务通商。所制之物，如钟表、刀叉、铜丝、铁丝、千里镜、织袜针、马掌、玻璃等件，皆各国日用所需之件。故运销极畅，利益日广。久之，制造更精，通商之国愈多。又设报馆以广见识。遂能日益富强，而格致之士因得乘时奋发，风气大开。至雍正乾隆年间，学校中遂少讲古文，多讲新事。近来，国事蒸蒸日上，竟为海上第一大邦。夫岂无故而致哉？

此古今各国未有不先富强而能讲格致之学者也。方今中国二十一行省，襟江带河[1]，控蛮引越。方物所贡，载在舆图，膏沃之区，倍于他国。诚能因地之利，广开财源，便民之举，力除陈见，将见帑藏充裕国家，既可致富强。日月宽闲[2]，士林亦以资弦诵。岂不懿欤？岂不懿欤？

《时事新论·卷三》终

[1]襟，衣襟；带，衣带。襟江带河，形容江河之间相互萦绕交错，如同衣襟和衣带一样。

[2]宽闲，从容、闲暇。清唐孙华《寿郭雉先七十》诗：“谋生麄就一菟裘，寝食宽闲得自由。”

# 卷四　矿务

# 山西开矿议[1]

煤铁之用，几与菽粟[2]同功，故地不爱宝，俾供制造之需，民生之利。所以欧洲各国计开五金之矿，尤以煤铁为先，贩贵鬻贱，取多用宏。其百年内国人之富均经数十倍暨三五倍不等。虽致富未必悉由煤铁，而煤铁要为致富之一大宗。夫富强系两字相因，而富庶贵并行不悖。我国生齿日繁，生计日蹙，因循坐误，以致野多饿殍，邑有流亡。使但节财之流而不开财之源，仍非扼要以图当务之急也。

山西地土饶沃，矿产棋布星罗。二十年前曾经著名熟悉地脉之德人游历至此，声称该省煤铁之矿不特为上上之品，甲于地球五大洲，且多至十三万余英方里。如果开采，即合五洲之大用至二千余年，亦复有余而无不足。且矿苗平衍，不必钩深索隐，凿险锤幽。倘开铁路火车以转运，更无层递之虞，转折之累。铁既得煤锻炼，煤复得铁成材。而中国工价又廉，将来设厂制造，除成钢铁以供铁路之需外，并创织布等局，当令十八省用之不穷。所有布匹不必购自外洋，而蒸蒸日上，山右将成一小英吉利矣。

---

[1]该文收入陈忠倚辑《皇朝经世文三编》，见《皇朝经世文三编·卷六十八·工政八》，沈云龙主编：《近代中国史料丛刊》第76辑，台北：文海出版社1966年版，第1008—1009页。

[2]菽粟，豆和小米。泛指粮食。

所惜者弃置而不开采耳。

今试举美国一地而借鉴之。查该国于五年内新辟海口一区名曰士加拿巴[1]。向系树林蓊翳[2]，人迹不到之区。美廷以其当国之中，且近大湖，遂立城市，俾通贸易。讵五年间而成都成邑，居民多至八万人，且华贵异常。民房铺户悉用电光灯并自来水，灯光之数姑从阙略，而水则日溢三千万斤。货物云屯，市肆栉比。并有书院一所，书塾三所，报馆三家，礼拜堂六座。其书塾之肄业生多者至二三百人。每日经由火车二百一十六辆，仍以不敷运用。拟开电车路以利遄行。只就铁、炭、木三项而计，每年运售约值二千五百万元。杂货又值三百万元。西历一千八百九十年出口铁重三百七十万吨，木料一百二十兆尺。船运各货共计八百万吨。

查欧洲海口首推英国伦敦，每年运货一千九百万吨。其次利物浦，每年一千四百万吨。又其次美之钮约[3]，每年一千一百万吨。余即数及士加拿巴创兴之速，洵有令人不可思议者。考其炭值，每斤不过制大钱一文。而煤值每斤不过二文。现以铁矿既开，炭煤值贱，又拟设厂制造钢铁以广利源，是皆足取而效法者也。

[1]士加拿巴，疑为今日埃斯卡拿巴（Escanaba），位于美国中部密歇根州Little Bay de Noc边上。李提摩太此处多有不实之词。根据相关美国《人口与居住年鉴》（*Census of Population and Housing*），埃斯卡拿巴在1890年人口实为6808，虽然在接下来的10年内增长至9549人（1900年），并在1910年达到13 194人，但其人口增长速度在接下来的100年也基本稳定在1.3万—1.5万人。相关信息除参考美国普查局官网以外，也可参考维基百科上列出的人口数据表格：https：//en.wikipedia.org/wiki/Escanaba_Michigan。2019年6月6日参考。

[2]草木茂密貌。元·耶律楚材《过济源和香山居士》：“龙孙十万竿，蓊翳浓阴厚。”《明史·戚继光传》：“山谷仄隘，林薄蓊翳，边外之形也。”

[3]钮约，即纽约。

山右绅富繁多，何不仿行，既可利国、利民而并以自利也耶？按山西商贾向在恰克图[1]贩茶贸易，现在红海既开，俄人茶运多不遵陆，无利可图。是亦当思变计者也。愚者千虑，必有一得。愿与西贾借箸筹之。

[1]恰克图，原属中国。1728年6月，中俄签订《恰克图条约》，恰克图城归俄。19世纪后半叶以前曾为俄国同中国贸易的中心。山西商人是蒙古地区的主要商家。他们将丝绸、茶叶、瓷器及生活日用品经恰克图贩往蒙古地区，而后进入俄国。1860年，清、俄贸易全面开放后逐渐衰落。

# 论开煤矿之益[1]

《传》曰：天不爱道，地不爱宝[2]。不爱之者，不吝惜以与人也。夫天既不吝道以传人，地即不吝宝以养人，此固自然之理，亦即自然之利。然伊古以来，所谓地中之产宝者，惟稼穑耳，材木耳。惟周礼有丱[3]人一职，似于山内各产略有所出，然亦未见大行。秦汉而后更鲜有言及者。夫国家宝稼穑，农人重菽粟。则农人终岁勤苦者，大抵皆地面之所生耳。而地之所以不爱宝以与人，人竟舍而弃置之，终千百年而不用，良可惜也。

本馆尝著论说，言商务诸事必须轮船、火车以济之。自有此制而往来运脚省费不啻倍蓰，而中土人士竟漠置焉，甘于运脚之耗费而不悔，良用诧异。今地中有宝以供人用，又甘弃置而不出。岂果不知此利耶？亦以出之无良法，而且又未曾核计其数，姑舍是耳。今试为始终核计，必当恍然思，幡然悟，而知所变计矣。

---

[1]该文收入陈忠倚辑《皇朝经世文三编》，见《皇朝经世文三编·卷六十八·工政八》，沈云龙主编：《近代中国史料丛刊》第76辑，台北：文海出版社1966年版，第1003—1004页。又收入《直报》以及《万国公报》，署名为金竺山农，即李提摩太的号。

[2]该典实出自《礼记·礼运》：“故天不爱其道，地不爱其宝，人不爱其情。”

[3]丱，“矿”字的古体。

按英国之民，亦未尝不力田。一自矿务改兴而合一国所出之煤，匀计每年每人可得工银四两。况考五洲各国煤矿，惟中国最多，以此推之，中国每省民人匀计可增银八千万两。煤矿之开，所关不綦[1]大哉？按地学家考煤之原质，系开辟之初，有无数树林覆于地中，地中有火烧之，一如窑状，迨将湿气逼出，惟余黑炭在土而已。然煤又有三类：一有不十分黑之煤；二其煤有甚软而有油者，故入炉时有烟，又名曰烟煤；三有煤甚坚硬而光亮无烟者。按化学家言，不十分黑之煤，每百分中只有七十分之炭。炭即煤也，下余惟轻养二气[2]，俗名即曰湿气。烟煤有八十余分炭，余亦湿气。惟坚硬无烟之煤，每百分中有九十余分之炭，几若无湿气者。然此但论煤块而已。若煤渣滓亦有法制之，将此渣滓入窑，烧炼去烟仍成炭块，名曰焦炭。凡用火轮者最喜用此，缘无烟而力大也。

早年西国居家者，每年每口匀计用煤十斤，至今每年每口均拉用煤七十余斤。盖缘有轮车、轮舟、铁厂、煤气厂及各类制造厂用煤故也。又查西国一千八百八十五年所出之煤四百余兆吨，每吨一千六百八十斤，内有欧洲出煤三百兆，美洲出煤一百兆，其余之国所出不过廿兆，惟英一国出一百六十兆，可见欧洲所出之煤多半皆在英国。而五洲列国所出之煤数，查本年三月初三日报可知。

由是观之，中国地中所产之煤已驾乎五洲而上之。惜均在地中，尚未经发泄[3]耳。今闻国家已准各省产煤之区

---

[1]綦，极、很。

[2]轻养二气，即水（$H_2O$），氢、氧的混合体。

[3]发泄，发现、暴露。

任人开采。鄂省、台湾已皆行之有效，即开平所开煤井，每日可出数百吨，甚见兴盛。将来各省所出愈多，销售愈广，行见利民利国，指顾间耳不第此也，而且又可运售各国，则财又不可以倍蓰计矣。不禁跂[1]予望之。

《时事新论·卷四》终

[1]跂，古通“企”，踮起。

# 卷五　通商

# 论中国宜特设商部以整顿商务[1]

自泰西通商以来，当轴诸公深知洋务为富强之本。于是创制造以求利器，设船政以练水师，更恐战阵无法，驾驶乏人，复添设武备、水师、管轮诸学堂以备干城[2]之选。近则矿务与铁路并行，老成谋国，可谓不遗余力矣。然数十年来糜费至数千百万，不过袭取西人皮毛。所谓富国之道，强兵之术，何曾得其奥窍，有心世道者不禁为之痛哭流涕也。虽然开矿、造路固属救时之急务，而振兴商务实为当今之要图。按泰西诸国罔不以商务为重。凡见民间有一艺之善，无不曲意成全；知国中有一物之产，无不加意讲求，务使工艺日精，生意扩充而后已。此泰西所以日就富强也。

查中国货物之消[3]往外洋者，初以丝、茶为大宗。迩年北省之驼绒、羊毛、草帽辫等货消场亦复不少。惟丝、

---

[1]该文收入麦仲华辑《皇朝经世文新编》，见《皇朝经世文新编·卷十上·商政》，沈云龙主编：《近代中国史料丛刊》第78辑，台北：文海出版社1966年版，第684—685页。周好认为，陈炽的《创立商部说》，李提摩太的《论中国宜特设商部以整顿商务》两篇要求设立商部的方案，比《盛世危言》中寓设商部设想于商务方案之中的提法显得更为醒目。见周好：《中国近代经世派与经世思潮研究》，广州：广东人民出版社1999年版，第268页。

[2]干城，捍卫国家的干才。语本《诗经·周南·兔罝》：“赳赳武夫，公侯干城。”

[3]消，通“销”，销售。

茶外国渐能出产，加以商人重利不肯认真采择，遂至西人不甚喜欢，故丝、茶两项大有江河日下[1]之势。毛货、草辫亦因沙土太多，长短不齐，贩运者常有亏折，出口亦不似往年之盛。至西人所购毛货，用以织造绒毡等物，织成之后，仍复售与华人，是利源仍为西人所有。

此外泰西货物行消中国者，不啻恒河沙数[2]，如洋布、烟土、铜、铁、钢、铅、钟表、颜料、机器、枪炮、轮船、洋火、洋油、香水、肥皂、烟酒、玩器、食物及一切杂货尽人皆喜用之。以近日出口丝茶等货相抵，则万万不足。计每年流出之利为数实属不赀。

今欲塞此漏卮[3]，亟宜设立商部，广开工艺。各厂凡外国之所有、中国之所无者，任从民间仿造。或有以新法制成一器，果适于用者，由商部奏请奖赏并限其年数出售，毋许别人仿造。又各工厂或因资本不足，察其工艺可观而办事认真者，由朝廷继以官本。商务大臣祇[4]司保护查察之责，一切生意并不掣肘。倘查有办理不善及私吞肥己者，将总办从重治罪，由各股友另行公举贤能。如此则赏罚分明，咸知鼓舞。行之数年，何患不富强乎？

[1]江河日下，江河的水一天天地向下流，比喻情况一天天地坏下去。《老残游记二编·第八回》：“再要刑法加重，于心不忍，然而人心因此江河日下。”

[2]恒河沙数，像恒河里的沙子那样无法计算，形容数量很多。语出《金刚经·无为福胜分第十一》：“以七宝满尔所恒河沙数三千大世界，以用布施。”

[3]漏卮，底上有孔的酒器。比喻利权外溢。清代包世臣《致广东按察姚中丞书》：“漏卮之塞，必在厉禁烟土。”

[4]祇，恭敬的样子。

或谓创立轮船招商局[1]，亦属讲求商务一道。何以至今毫无起色？子但见商局生意之盛，亦知其中弊端之甚乎？或又谓怡和[2]、太古[3]、禅臣[4]、麦边[5]等行所用买办仍属华人，何以自彼用之而有余，自我用之而不足？子不闻先圣之言乎？上有好者，下必有甚焉者矣。君子之德风，小人之德草，草上之风必偃。信斯言也。子亦可以不言而喻矣。或又谓今商局疲敝若此，亦有善法以维持之乎？曰：有。闻商局创立之际，一切章程均依西例，自前总办亏空削职后，大宪以市井无人，特派道员以主其事。夫以官场而涉商务，已属风马牛不相及，况众望不孚者乎？

---

[1]轮船招商局，自1872年创立，总局设在上海，分局设在天津、牛庄、烟台、汉口、福州、广州、香港以及国外的横滨、神户、吕宋、新加坡等处。轮船招商局为官督商办，打破了晚清洋务企业纯粹官办的格局，首采股份制，也多为后世称道。1949年，招商局由上海市军管会接管。

[2]怡和洋行在1832年7月1日成立，由威廉·渣甸（William Jardine，1784—1843）及詹姆士·马地臣（James Matheson，1796—1878）在广州创办。怡和洋行早年参与对中国的贸易，主要从事鸦片及茶叶的买卖。林则徐在1839年实行禁烟时，怡和洋行的创办人威廉·渣甸亲自在伦敦游说英国政府与清政府开战，亦力主从清朝手中取得香港作为贸易据点。怡和洋行对香港早年的发展有举足轻重的作用，有“未有香港，先有怡和”之称。

[3]太古洋行是近代中国影响力仅次于怡和洋行的商贸机构。其前身是约翰·斯威尔（John Swire）洋行，创设于1816年。太古洋行主营航运业，1867年组织中国航业公司。1872年设立太古轮船公司（China Navigation Co. Ltd.），成为与怡和轮船公司、旗昌轮船公司并驾齐驱的三大航运公司。先开辟沪港航线，1875年增辟长江航线，后陆续扩展中国沿海航线及到海外的航线。

[4]禅臣洋行（Siemssen & Krohn）是清末由德国人建立的老牌贸易公司之一。总行设在德国汉堡市，1846年在广州设立分行，随后将总部迁至上海，是最早在上海开业的德资洋行。

[5]1879年，苏格兰人麦边创建麦边洋行（George McBain & Co.），投身于长江航运业，虽经营规模远不如轮船招商局、怡和轮船公司及太古轮船公司等航运巨头，但因航线设置合理、泊船位置优越，以及价格优惠亲民，在竞争激烈的长江航运业中占有一席之地。

为今之计，莫若仍由各股友公举总办。果能办理认真，由局重送花红[1]以酬劳勚[2]，并由商部请旨嘉奖。倘查有贪劣实据，即由各股友斥退，另举贤能接替。并由商部奏请将该总办家产查抄备抵[3]，另治以应得之罪。则清廉者更加奋勉，贪墨者咸知畏惧，商局未有不蒸蒸日上者。人见商局获利之厚也如此，其他工艺各厂自能踊跃争先，富强犹反掌也。秉国钧者[4]曷不于商务加诸意焉？

---

[1]花红，赏金。

[2]劳勚，劳苦。

[3]备抵，指在坏账损失实际发生前，依据权责发生制原则估计损失，并同时形成坏账准备，待坏账损失实际发生时再冲减坏账准备。

[4]秉国钧者，喻指执掌国家大权的重要人物。语出《诗经·小雅·节南山》：“尹氏大师，维周之氐。秉国之均，四方是维。天子是毗，俾民不迷。”

# 振兴京津贸易说[1]

古者为邦之道，莫不以理财为要；而理财之道，莫不以养民为先。自井田[2]毁，而限田之制，累朝不能行。非通都大邑，财货聚积之所，则取财之途不广，谋生之术无所施。周礼九职，曰闲民[3]。夫民何以闲？知其为闲民而不处之使自力，几何而不为乱也？古之闲民十之一，今之闲民十之六。通都大邑之闲民十之三，穷荒州县之闲民十之六。孟子曰：廛[4]，无夫里之布[5]。廛之设也，所以处闲民，布之罚也。所以驱闲民使业廛，则甚矣。振兴廛市之贸易，非理财养民之要务乎？请就京津之情形论之。

考京都为昔之燕国，秦为上谷渔阳，唐曰范阳燕山，

[1]该文收入于宝轩辑《皇朝蓄艾文编》，见《皇朝蓄艾文编·卷二八·商政一》，上海：上海官书局1903年版，第30—31页。

[2]井田制是中国古代社会的土地国有制度，出现于商朝，到西周时已发展得很成熟。西周时期，道路和渠道纵横交错，把土地分隔成方块，形状像“井”字，因此称做“井田”。井田属周王所有，分配给庶民使用。领主不得买卖和转让井田，还要交一定的贡赋。领主强迫庶民集体耕种井田，周边为私田，中间为公田。而其实质是一种土地私有制度（夏商西周，一切土地属于国家）。到春秋时期，由于铁制农具的和牛耕的普及等诸多原因，井田制逐渐瓦解。

[3]闲民，周代指未被授田，与人为役，无常职者，泛指无业的人。

[4]廛，市场。

[5]夫里之布，古代的一种税收名称，即“夫布”“里布”，即后世的土地税、劳役税。

宋以前向为北边，金元以来则建为都会。左环沧海，右拥太行，北枕居庸，南襟河济，形胜甲于天下，诚天府之雄国也。是以漕粮转运，官商辐辏，水陆珍物，四方毕集，千百年来称极盛焉。若天津素为海运通衢，风帆出没，估客往来，七十二沽之间久称繁庶。自五洲互市以来，东鲽西鹣[1]，轮船行驶，海上如织。外洋各国，官商士庶，我黻子佩[2]，携手偕来者，履迹交错，不可纪数。其租界中屋宇行栈，崇墉[3]栉比[4]，轮焉奂焉，不知几千万落。

说者谓天津市衢较之海禁未开以前，大可三倍。即商贾所入阜财之数，亦多三倍。而京津一带，频年灾祲[5]，邑多流亡。独紫竹林一隅，小民之藉有商埠，觅蝇头[6]，免沟壑者不下数万人，此诚通商之利也。顾通商为振兴贸易之大端，亦救养闲民之切务，在水路则轮船聚泊之埠，在陆路则火车总汇之区，商贾萃集，百货流通，较之分港僻路，其盛衰奚啻霄壤[7]？

近来津沽铁路其已办者，在唐沽达津，转至唐山等处。夫唐沽、唐山向系一小村落耳，现因为火车起卸客货

[1]鹣是中国古代传说中的鸟名，此鸟仅一目一翼，雌雄须并翼飞行，故称比翼鸟；鲽则为鱼名，此鱼一定要两条紧贴着对方才能行动，故称比目鱼。形容男女的相依相偎之态，此处引申为感情之亲密。

[2]黼，古代礼服上的纹饰；佩：衣带上的玉饰。我穿礼服，你佩玉饰。指夫妻同享荣华，此处同样是形容感情之亲密。典出汉·扬雄《琴清英》：“天下有道，我黼子佩；天下无道，我负子戴。”

[3]崇墉，高大的城墙。《文选·芜城赋》：“划崇墉、刳濬血，图修世以休命。”

[4]栉比，像梳子的齿那样密密地排列着。

[5]灾祲，灾异。

[6]蝇头，比喻很微小的利益。宋苏轼《满庭芳·蜗角虚名》：“蜗角虚名，蝇头微利，算来著甚干忙。”

[7]霄壤，天和地，比喻差别极大。

之所，人烟渐密，居然巨镇。且从前土产屯积，不能销售及远，货物难于购买者，今皆彼此通行。裒[1]多益寡，以有易无，相彼小民，其利赖果何如耶？转瞬由林西直接东三省，地愈广而利愈溥[2]。凡属火车总汇各路，皆当繁盛数倍，此可为预决者也。若京通之路，果能照此推广开办，则各路货物，无不争至都门行见，都城内外富庶之象，更倍于今日矣。独是无知小民，可与观成，而难与图始。往往在上者举办一事，而众情惶惑，环叩计阻，卒使功败垂成，良可慨惜。

查泰西试行铁路之初，英印等处百姓亦皆不愿。凡已定车路，经该地士民环恳改移，国家不得已而易置他处。迄今多年来，有铁路之处，贸易皆加倍盛旺，无铁路之处，非特不能新添贸易，使其加旺，且将旧日贸易，随路迁移，日见淡薄。故各处百姓，始悔前此请移铁路之非，而已无及矣。现在泰西富强，半由铁路，即中国试办火车，数年来成效昭然，似乎风气渐开，小民渐知利益，不至如前之阻格难行。从此中国铁路，倘能渐推渐广，京通各处，无不通行。将见津沽为海疆要区，都门为各省总汇，正如指臂相使，首尾相应，货物往来，价廉费省，商贾云集，贸易日旺，其获利当不止如目前海口仅加三倍已也。余游历中外，洞悉情形，利权所在，难安缄默，谨献刍言，亦千虑一得之助云。

[1]裒，减少。裒多益寡，减有余以补不足。
[2]溥，广大。

# 京津修路以便商民议[1]

每慨中华地狭人稠，生齿日众，天地生物，每不能供，况又加以比岁灾祲，生民之苦，不堪言状。光绪十六年五月中旬，大雨连绵，河水涨决，较往岁尤甚。朝廷发帑截漕，费数百万之饷需，而不能救其饥殍。非不能救也，太阳之光虽溥，然亦有不及照之处。此博济之怀，尧舜所以犹病也。李傅相[2]久已稔知其弊，故别设妙法以救民生，而最妙者莫如修路。

夫修路非必其皆铁路也，在西国有土路、石路、铁末子路、黑膏路、碎石路，皆可以便輓输之力，较沙土汗喘，深辙摇荡，相去天渊。初年由京及津铁路，垂成而止，傅相亦无如众议何，而深衷筹画，暗利于民，爰命工程局诸员，精修碎石路于京津通衢之处。此不过发轫之始，而其爱民之怀，早已昭著于万民心目中矣。顾小民无知，犹有訾议[3]者，殊不知此路正以便其挽运也。

假如商民有囤米数万石，运于京津各处，苟无路而徒以马车运于沙土深辙之中，其费当不訾。使路既修，往

[1]该文收入于宝轩辑《皇朝蓄艾文编》，见《皇朝蓄艾文编·卷三十六·邮运二》，上海：上海官书局1903年版，第2—3页。

[2]李傅相，即李鸿章。

[3]訾议，非议。议论、指责人的缺点。

来甚捷，其费当减十之五六。若安轨行火车，则又省十之七八矣。夫无论何路，修之原以便商农，非止为傭力者计也。而傭力者亦少沾其利，盖正路之外，两旁运脚，仍需傭力之力也。查西国创为此举，皆有籍可稽。按铁路里数计之，每华路一里，每年运脚止费银二千四百八十四两。以此推算，中国京津二百四十里，每年当费运脚六十八万两。假使无路，而商农徒以马车运之，约较修路者增费一倍，当耗百卅六万两，是商农每年虚掷六十八万金矣。

此但即京津一路而言，倘再充至二千四百里，则铁路止费六百八十万两。中华土路则费不可以数计，使商农年年虚耗此若干之运费，果谁之咎与？再合京津两处人民，大约百五十万人。试将各买卖约略计之，每一人应有二十金之生意。统而核之，每年当有三千万金之生意，试将此数匀于每月，当有二百五十万之生意。倘使京津之路未修，每当夏季大雨时，行则低洼之路不能行，再加以河水涨溢而路遂断，此数月中毫无生意可图。而每月二百五十万金之生意，分毫无利可获，此非商农之一大困乎？故曰修路以便商民也。

夫无路则虚耗若彼，有路则省费若此，而诸商民之生意又皆兴盛。百姓足，君孰与不足？有子之言，不可绸绎[1]乎？朝廷果知此为便民之要务，何惮而不为？商农果知此为利己之要图，何惮而不助？然则傅相之命修土路，以为便民之务者，已见其深心爱民之急乎？本馆有所见闻，不惮缕述者，亦实杞人忧天，嫠妇[2]恤纬[3]之意焉耳。

---

[1]绸绎，也作抽绎，理出头绪。
[2]嫠妇，寡妇。
[3]恤纬，忧虑国事。

# 铁路新章省脚价法[1]

按周官道路有斥堠[2]、馆人[3]委积[4]等事，均以备侯国朝聘及商旅往来者。后世改驿递车站，车行此以备官司差使，而不及商旅，商旅则自雇车，脚价均按里计或按站计不等。近自创铁路以来，各国亦皆按里计价。此古今世运虽不同，而事则无不同，乃竟有事同而法异者。

查欧洲前一二年奥国虽有铁路，而坐车客则无多。英国铁路每年每人约坐车十五次。奥国亨加利省每年每人坐车一次，于是奥国朝廷共议改立新章，将坐车价钱落几一半，庶车客麇集[5]也。缘是价既落，客即多，前则每年只二百八十九万坐车客，今因价落，八阅月之久，即涨至七百七十九万坐车客。然价虽低，而核计之铁路车价赚钱转较前增盛，百姓亦甚大觉便宜，其故何也？

---

[1]该文收入陈忠倚辑《皇朝经世文三编》，见《皇朝经世文三编·卷六十三·工政三》，沈云龙主编《近代中国史料丛刊》第76辑，台北：文海出版社1966年版，第961—962页。

[2]斥堠，侦察敌情的哨兵。《旧唐书·卷一八·宣宗本纪》：“瓯脱顿空于内地，斥堠全据于新封，莫大之休，指期而就。”

[3]馆人，负责招待宾客食宿的人。《左传·昭公元年》：“不然，敝邑馆人之属也，其敢爱丰氏之祧。”

[4]委积，积聚，储备。《周礼·地官·遗人》：“掌邦之委积，以待施惠。”

[5]麇集，成群而至。

盖其新章之法由省城立为总地，由此而至遍国分为十四圈。由总地计当中第一圈向外走周围五十里路，由第二圈至十二圈每圈廿里路，十二圈、十三圈仍五十里。无论远近，价均一例，上等二百五十文大钱，中等二百文大钱，下等七十五文大钱。由十三圈之外，无论远近皆为十四圈。倘由第一圈行至第四圈处，车价即多四倍，若行至十二圈处即多十二倍，以下递加仿此。惟有坐一站路者，上等计费百五十文大钱，中等七十五文，下等五十文。坐两站路者，上等二百文，中等一百文，下等五十文。除此以外，均按圈计价。其极大关系，即在极远处之人脚价极省，如由亨加利省至恳司达站，千五百里，此在中四圈之内。又如四百六十六里，亦在十四圈之内。而行千五百里，车价外与行四百六十六里同，此特为去省远而人稀者计也。既设此章，则人稀之处必有多人移去，开垦往返，不虑艰滞，而人稀处不久亦即稠密矣。以上车价，共核按每一里只费一文余，此欧洲第一行宜便铁路之法也。

匪直此也，即工人亦均大有益焉，如有十人共行，则车价即减半，岂不更便贫民乎？然虽如此价低，而铁路中每年所进，较前反觉增盛多多焉。且其买车票亦与他国不同，他国均于车站上买票，奥国则各街市肆均为分卖。倘若多买且仍让价，惟行李不为之载。现又新立章程，凡发货及载行李亦按此法办理。且又不第此，今按各国码头所有一切货物，惟近处售买便易，至远处不但难得，且买之亦甚昂贵。若亦遵此圈法行之，但凡在一圈之内者，无论远近，脚价均一，则远在僻壤向来难买之物，以及行客往来维艰，今且均觉易易焉。推而至于各省各国，将有利益均沾之处矣。故现在各国办铁路之人，有专往奥国阅视者，若他国视之有益，将来不免均遵此法办理。

此改里为圈，以省脚价之妙法大略也。有国家而具利民之心者，盍[1]留意于是乎？

《时事新论·卷五》终

[1]盍，何不，表示反问或疑问。

# 卷六　筑路

# 论街道[1]

津郡为海疆重镇，漕河之米、长庐之盐皆由此路转运，宜乎商贾荟萃，市肆宽宏。顾未通商以前，止有河北大街，较今不及三分之一。运河南北，海河东西并无稍大市镇。村落甚属零星。紫竹林一带不过茅屋数椽与墦[2]墟。远近相望以荒寒而致落寞，其来久矣。通商以后，西人租河干地，建行栈、立码头、筑土路，各国精粗之货，贵贱之物，叠以轮船载至，易购华物。以往岁无虚日，操奇计赢之流争设阛阓[3]，贸迁有无，殚心力于致富奇书。

数年之间，自城西迤北而东，街市联络如栉比，如鳞次，登高眺远，目力所不能穷。凡逐蝇头以为衣食者莫不蝗羶相属[4]，而街道隆洼不一，行者苦之，推挽运重之人尤难举步。幸各宪设工程局收捐以治街道，用泰西法以碎石碾而坦之，其平如砥。富商卸货于栈、上货于船，悉雇苦力、贫民以车推运。东洋小车数千辆，往来若织，

[1]该文收入麦仲华辑《皇朝经世文新编》，见《皇朝经世文新编·卷十三上·邮运》，沈云龙主编：《近代中国史料丛刊》第78辑，台北：文海出版社1966年版，第904—905页。

[2]墦，坟墓。

[3]阛阓，店铺。

[4]蝗，同“蚁”。羶，羊身上的臊味。蝗羶相属，像蚂蚁接连不断地追逐有臭味的东西一样。

昼夜尝有辚辚之声。诸商辐辏，百货流通。新钞两关税金倍入。上有裨于国用，下有益于民生。斯局之善，蔑以加焉。

惟是昔兴街市多就河沿，曲折迂回。随厥地势，铺面紧接，檐牙相连，至窄之路无如洋货街、宫南北、锅店街、针市街、爬头街等处，洋车甚小，犹难并行；装货之车最易阻滞。彼此相让，碰磕愈多。苟逢马车通街梗塞，动需时刻始克前行。贫民自食其力，必须日不空闲，得钱稍多乃能养活家口。一有耽阁[1]，徒唤奈何。以若人朝出而作，夜静而归，约计一日，可用力者止有六时。一时计两点钟，共得十二点钟。大小车辆同出一途，其途又甚狭隘。或遭拥挤，必待缓缓疏通。幸能去窄就宽，瞬已一点钟之久。窄处不一而足，别无可绕之途。心虽急而难延，足欲前而不得。若其人力强足捷，有半个时辰不难往返一次，得钱约可百余，足敷一人半日之用。街道壅塞，一日不知几次。即以一点钟比而拟之，一车耽误一点钟，少得力钱百余文，十车少得力钱千余文，百车少得力钱万余文。此地车夫不下五六千人，止一点钟少得力钱已积至五六百吊。由此推之，一月少一万五千吊，一年少十八万吊，五年之间少至九十万吊。加以乘车之人所误之工，其数必至加倍。倘工程局费一百万吊修路，尚余八十万吊。路既开宽，往来甚速，来往之车自必加添，车捐亦必增益。各商可以多发货物，车夫即可多赚钱文。诚商民大有益之事也。

郡属灾歉频仍，食物昂贵。今夏水患十倍往年，力

[1]耽阁，即耽搁、耽误。

作之人尤为艰窘。耽误时日，苦何以堪。如自紫竹林推运货物以至竹竿巷，中间窄路宜于设法展开。而铺口修已多年，一时乌能更改。成事不说，固已莫可如何。或于此道之外别开直路一条，车辆并进，务求宽绰有余，式如苏公之隄，筑以小碎石，使车易行，与北关行栈通达无滞。此道一辟，则旧路之窄处亦无梗塞之虞。

诸商最重行情，货流通以时俯仰[1]。使彼得速于收发，利益自生，不难乐助赀财。即修直路之中以工代赈，但恐地势难为耳。若其可为，诚工程局不费之惠，亦灾民之大幸也。小洋货街甚属宽阔，比河沿之途为近，而车不行于此者，盖以石块之路不如土路易行，故车夫闻而裹足。若将石路改作小碎石，碾而平之，则车夫运货皆出于此，而河沿之路亦得稍免壅滞矣。语曰：刍荛之言，圣人择焉。愿鉴一得之愚而酌之，则幸甚。

[1]以时俯仰，随着时机的变化而灵活应对。

# 论修河[1]

昔先王之治天下也，候人在疆，司空视涂。又有遂人、匠人暨稻人之属，各尽厥职。诚以地利所在，陆与水宜并收其用。故舟车之需，其有关系于国计民生者大矣。递至今日，五洲相通，陆路则有火车，水路则有轮船，所有转运，脚价较之往年专恃骡马帆樯者，其迟速巧拙省费情形，固不待智者而决矣。虽然自分观之，陆运与水运，固各有其用。若合计之，则水运之费减于陆运者实多。是以近来五大洲各国除有轮船之地外，莫不欲广开河道以收通行之益。

但河道日久，有利即有病，或水行湍急，有泛滥之虞，或沙梗淤[2]浅，有胶搁之患。大则宣泄无从，每当春夏之交，积雨伏汛，其势滔滔，一泻千里，堤防冲决，人叹其鱼。小则舟楫不通，商贾裹足，贸易日少，地方凋敝。因此欧美两洲皆极力讲求修河之法。其在平地所开之河，水流太缓往往泥沙停聚淤涨。如埃及国之尼勒河[3]、

[1]该文收入麦仲华辑《皇朝经世文新编》，见《皇朝经世文新编·卷十三上·邮运》，沈云龙主编：《近代中国史料丛刊》第78辑，台北：文海出版社1966年版，第905—907页。

[2]淤，水道被泥沙阻塞。

[3]泥勒河，即今日尼罗河。

英国之太士河[1]，前属土耳其之丹流河[2]，法国之罗恩河[3]，美国之米西屑皮河[4]，曾皆因地制宜，各尽其妙。或将河岸修窄以成就下之功，或将河身改宽以免冲刷之虑。此外挑挖修浚，均有成法可考。

虽海口素称难治，然观埃及之泥勒，法之罗恩皆系另开之河。英之太士河[5]，两岸修理高坝。使前有水之处皆为干地。且有时将海口逼窄，使水流奔急。所有停沙即顺势冲下，如英之太士河与美之米西屑皮河皆已大有效验。至水中修河，从前最为难事。近年来得有新法，即觉甚便。如塞门德土[6]，挖泥机器，入水衣服，不畏水炸石火药等物，其获益实非寻常可比。

昔时用大石修河，既费人力，亦不见功。现用塞门德土，可以自做石块，或重十五吨，或三十吨，甚至三百吨。倘再需大不必再为先做，即在水中亦可自行制成。故当年海浪可以冲坏石块，自有塞门德后即不畏海浪矣。英国苏格兰柏尔兰省[7]有用大石块者，又英属耶百的海口[8]石块全系在水中制成。若欧洲日前造桥均用空心大铁柱，现用塞门德亦可仿做。如太密士河[9]、克来的河[10]皆曾用

[1]太士河，即今日泰晤士河。
[2]丹流河，疑为今日的Delice River，土耳其境内重要河流，注入黑海。
[3]罗恩河，即莱茵河。
[4]米西屑皮河，今译作密西西比河。
[5]太士河，即前文之泰晤士河。
[6]塞门德，即混凝土。
[7]柏尔兰省，疑为今日的Burntisland。注释[7]、[8]与[10]感谢鲁汶大学东方研究所博士候选人常洋铭和科罗拉多州立大学东亚系硕士生杨汇垚的帮助。
[8]英属耶百的海口，疑为今日的牙买加（Jamaica）。
[9]太密士河，亦疑为今泰晤士河。
[10]克来的河，疑为今日的Clyde River。

过，以上各项皆确有明证。固不可不及早购备也。至挖河机器，近日中国亦经购用。如导海、导河各船亦已成效彰彰，在人耳目间矣。

今者，天津海河频年淤浅。进口轮船每停泊于大沽、白唐口等处，起卸货物，雇船驳运。不独脚价增多，商民交困，且津沽为京畿门户，各省海运漕船皆须经过此河，天庾正供，关系匪轻。自宜赶紧挑挖，切勿因循坐误，况欧美两洲治河良法甚多，要在审时通变，择善而从，运以精心，持以毅力。虽浩费在一时，实利赖在万世也。是否有当，敢以质之高明。

# 修路乃能足食论[1]

原夫经世之道，治国莫先于保民。保民莫要于足食。诚以民为邦本，食为民天，固不可须臾离也。孔子曰：足食，足兵，民信之矣[2]。食之于民，大矣哉！旷观西瀛各国，数百年前洪荒甫辟，陋朴相沿，政教虽兴，闻见尚囿。以致各守一隅，并无通商之约。此疆彼界，不克通行。本地所产米粮止准在本地销售，毋许出境。禁令森严，不得越雷池一步。故或岁遇丰稔，则仓庾壅积，不免有红朽之虞。或灾遇旱潦，则饥馑频仍，不免有流离之苦。甚至奸民垄断，以囤聚为能。而为上者，先既未能修好，一旦有事，乞籴无从，告灾无处，坐视民之颠连困苦而莫救。此虽立法未善，邦交未通，然其故总由于道涂不治。

盖西国百年前山海险阻，道路崎岖。凡有轮舟火车，均未兴办。粮米不能速运，祇有雇用脚力背负运送，工价昂贵，十倍今日。运行未及百里而脚费之需已逾正价。

---

[1]该文收入麦仲华辑《皇朝经世文新编》，见《皇朝经世文新编·卷十三上·邮运》，沈云龙主编：《近代中国史料丛刊》第78辑，台北：文海出版社1966年版，第907—908页。

[2]语出《论语·颜渊》：“子贡问政。子曰：足食，足兵，民信之矣。”意为粮食充足、军备充足，老百姓才会信任统治者。

由是民生日困，民食不充，祸乱间作，死亡相继，呜呼伤已。迨至近百年来，英、美、普、法、俄、奥各邦人材崛起，奋发有为，广益集思，力筹养民。设立通商之约，互相往来。共安辑睦，彼此联络。向之阻于水者，今则轮船驶于重洋矣。向之阻于山者，今则火车驰于陆路矣。而且设电线以通消息，裒多益寡[1]，酌盈剂虚。故比来西国水路千里运米之费每百斤大钱三十文，铁路千里每百斤大钱六百文，骡马车路千里之费每百斤大钱一千八百文，牲畜驮运千里之费每百斤大钱三千文。夫以轮舟、火车之费与骡马车路、牲畜驮运相较，相去百倍、六十倍、二十倍不等。运费既省，养民自多。

方今中国关东[2]之地，沃壤千里，倘及时播种，不令荒废，则收获当不止数千百万。再能以有易无，转运他埠，则利更倍蓰[3]。独是中国北省，陆路居多，行动辄需车马挽运，颇觉艰难。故一遇偏灾，往往民食不给。为今之计，惟有广开铁路，令其四通八达，南北米谷彼此通融，既不致有囤积居奇之患，自不致有民生困苦之嗟。是以道路修而灾祲弭，亦道路修而食用充。将见王道荡荡，王道平平，而黄童白叟含餔[4]鼓腹[5]，歌咏于尧天禹甸之中。岂不懿欤？岂不懿欤？

[1]裒，减少的意思。裒多益寡，减有余以补不足。

[2]关东，旧称东北三省，以位于山海关之东而得名。亦称“关外”。

[3]倍蓰，数倍。

[4]餔，用糖渍的干果。

[5]形容太平时代无忧无虑的生活。

# 建仓储米不如推广铁路轮舟说[1]

国家设仓储米，以备凶荒，伊古已然，非自今始。特其仓有常平[2]、社仓[3]等名目，令各州县置之以为粜粜之本，而社仓之法尤便于民。或谓仓储收米，恐年久朽坏，不如储钱之为便也。嘻，是亦未之思矣。昔宋太祖以契丹未平，积每日羡余投于库，谓之盈樁库，曰：俟钱积满以为召募平契丹之用。迨后王安石行新法[4]，出其钱散于州县以贷民，而收其息谓之青苗钱[5]。此储钱之说也。然未尝救一民而徒以扰民，凶荒更无论矣。今曰储米不如储钱以备粜。于乎[6]储钱固无耗散之弊，倘凶荒遍地，而丰年处所甚远难达，饥民待哺甚急，饿殍将何以免乎？是储钱

[1]该文收入麦仲华辑《皇朝经世文新编》，见《皇朝经世文新编·卷十三上·邮运》，沈云龙主编：《近代中国史料丛刊》第78辑，台北：文海出版社1966年版，第908—909页。

[2]常平，中国古代为调节粮价、备荒救灾在各地设置的粮仓。始于西汉。清代中叶之后大多名存实亡。

[3]社仓，即义仓。古代为防荒年而在乡社设置的粮仓。

[4]新法指的是王安石在1069年推动的、并由宋神宗推行的新政，旨在消除北宋建国以来积弊的一场改革。新法在一定程度上增加了国库的收入，但是在施行过程中对人民造成了很多额外负担，并遭到保守派旧党的激烈反对，造成了新旧党争。

[5]青苗钱是唐中叶政府于苗青时征收的田赋附加税。唐肃宗以后，连年用兵，国库空虚，以致发不出官俸。代宗广德二年（764年），规定向每亩苗征税钱15文，用于发放官俸，为田赋附加税。

[6]于乎，感叹词，“呜呼”的意思。

犹不如储米之为愈也。

然而处今之时，当今之势，建仓之意虽良而其法已旧，且笨重而不灵捷。欲求灵捷无弊之政，固莫如轮舟火车之为万全也。夫四民之中，惟农最苦，丰年苦于谷贱，凶年苦于谷贵。聂夷中[1]田家诗所为言之痛切焉。若有轮舟火车以籴粜之，则无虑最远之路，火车一运，旬日可达。农民既无甚贵甚贱之苦，奸商亦无所施其居奇之技，饥民待账[2]既免号呼，本地谷昂亦应低首。轮舟、火车交相为用，便何如也？且其法西国皆知遵而行之，惟恐其后。惟能深悉其利故行之果耳。

查西国自兴铁路以后，从无储米备荒之议。盖以储旧不如籴新之为愈也。且以轮舟、火车运脚之迟速、贵贱，与车载、牲驮相较有差之倍蓰者。试言之。丰年谷贱，牲驮不过百里，车载不过三百里。而铁路轮舟一相为运，则数千里且不止，且脚直又不啻贱数十倍焉。前恃车载牲驮可养百人及数百人者，今则以火车轮舟之运可养数千人不等，故西国专用轮舟火车也。

今法人自安南建铁路以达云南，界首中国西南；印度国中早有铁路，今又由缅甸修建以达于滇之西北；波斯借外款建铁路以为保国卫民之计；俄人先自新疆以西建铁路以达欧洲，今又自蒙古北修路，东西约万里；日本全境兴修铁路，民皆鼓舞，无一阻挠，此近数十年情事也。苟稍有害，此数国者岂皆大愚？而惟中华知之者少，亦惟中华之

---

[1]聂夷中（837－884），字坦之，今山西运城人，唐朝著名田园诗人，以《咏田家》和《田家二首》流传最广。

[2]原文有误，应为“赈”。《皇朝经世文新编》里的版本所印即为“赈”。

灾被之者重。岂天有以默警之与？抑将借此以默启之与？

要之，铁路一成，则利益自见。而说者动谓中朝比岁国帑甚绌，铁路之修费又甚巨，似觉难为。抑知费用之巨犹有甚于海防者乎？海防之设所以卫国卫民也，然徒见其坐费而未见其生财。铁路之修费虽甚巨而路成之进款亦巨，居常处变，无一不得其力。卫国、养民与轮舟相济似较海防为更有益而无害焉。何绅庶之犹不悟若是乎？因论建仓储米之说而哆及之，识者幸勿河汉斯言也可！

# 御水赈饥莫如推广铁路说[1]

水有不测之威，而防备之力有限。民有垂毙之惨，而赈恤之惠难周。何则工段阻于绵长，道里不免辽阔也？当事者欲无绵长之阻，而免辽阔之忧，将何说以处此？或曰费长房有缩地法[2]。当世岂有神仙其术可得而昉乎？明湖子[3]曰："缩地无方，速行有术。"地之缩何如行之速，行之速又何异地之缩也？且缩地术验仅擅一人之奇，筑路功成洵普万方之利，夫便一人者谓之技，善泅善走是也。便尽人者谓之利，驾舟驾车是也。舟自易帆而轮，以波为轨，海客计程以今视昔，昔也百，今也十矣。昔也千，今也百矣。昔也万，今也千矣。其为期也，以时易日，以日易旬，而轮车之以火为马，驰骋往复，绝迹飞行，其便捷尚不止此。

论者谓铁路之便，便于御敌。用兵之道，合则见多，分则见少，备此攻彼，此应彼走，往返频仍，疲于奔命

[1]该文收入麦仲华辑《皇朝经世文新编》，见《皇朝经世文新编·卷十三上·邮运》，沈云龙主编：《近代中国史料丛刊》第78辑，台北：文海出版社1966年版，第909—910页。

[2]费长房，汝南（今河南省平舆县射桥镇古城村）人，东汉时方士。传说从壶公入山学仙，善缩地术。《神仙传》："费长房学术于壶公，公问其所欲，曰：'欲观尽世界。'公与之缩地鞭，欲至其处，缩之即在目前。"

[3]明湖子，李提摩太笔名。

矣。苟有铁路以速其程，传电赴援，捷于影响，则分仍见合，合不异分，敌众云屯，我军风扫，有不风流云散，所至披靡者哉？不知水犹敌也，河流盛涨，在在堪虞，随处可决，即随处宜备，势必无处不备，无岁不决，多备必至力分，力分则如未备，终至备于此而决于彼，何也？防备之力有限，工段绵长，策应有所不及也。一旦铁路纵横，以缓急为挹注，备无不备，决无可决。吾得而断之曰：御水之方与筑路之役不相涉而相资。论者又谓：筑路之便，便于通商。古昔负载谋生，牵车服贾，越国过都，艰于运贩，殢贱鬻贵[1]，得以居奇，往往利市三倍。自海禁开，轮舟驶，电传市价，北低南昂，不难朝发而夕至。车复同轨，以济火船之穷，物值平而民用便矣，不知便于通商者言，其常便于赈饥者言，其变惟通其变，斯不狃于常。

近数年来岁比不登，尧水汤旱[2]，饥馑荐臻[3]，赤地白水，燕晋齐秦无年之告屡矣。今秋复河决畿辅[4]，东省之黄流泛滥，武定、济南受祸尤烈，他如《邸报》所载见诸章奏者，吴之风灾，越之蛟水[5]。闽之侯官，粤之番禺、南海，胥为海若冯凌，河伯肆虐，嗷鸿[6]硕鼠，民何以堪？幸疆臣上流民之图，朝廷下罪己之诏，议蠲[7]颁赈，拨帑截漕，旰食宵衣[8]，问民疾苦，深仁厚泽，慈惠

[1]鬻贵，在价格上涨后出售。
[2]尧水汤旱，尧时连续九年遭受水灾，商汤时连续七年遭遇旱灾。
[3]饥馑，饥荒；荐臻，接连到来。饥馑荐臻，指灾荒连年不断。
[4]畿辅，指国都所在的地方，泛指京城附近的地区。
[5]蛟水，洪水。
[6]嗷鸿，哀鸣的鸿雁。比喻流离失所的难民。
[7]蠲，显示，昭明。
[8]旰食宵衣，天晚了才进食，天未亮即起床穿衣。比喻勤劳忙碌。旰，晚，天色晚。

旁流，可谓无远弗届矣。封疆大吏亦能承上意旨，审慎周详，再三筹画，下诸郡县，郡县复下诸绅耆，口按丁稽，村趋堡步，莫不奉行。惟谨复移赈就民，不移民就赈。家给户与，直叩穷饿之门而哺翼之，以视紫阳赈法。择适中之地，来四方之民，其法尤加缜密，民忘其劳焉。然而过其郊，老羸犹多菜色者，殆吾所谓赈恤之惠难周，道里辽阔，轮輓有所不遑也。设轮路旁通，任重致远，残喘一息，保全实多，纵使穷乡僻壤，在水中央，背山之麓，马驮艇载，就近致之，不啻一举手之劳耳。

古谚有云："多不如少，少不如早。"又云："饥来一口，饱来一斗。"盖多而迟不如少而速，一米之微可度三关之命也。吾得而断之曰："赈饥普惠，筑路利行，不相侔而相倚。于乎尝读周礼司空视途邦国之政，何可忽诸？"

# 造铁路即以救灾说[1]

金竺山农[2]方设砚田[3]，佣耕于云津之麓，忽有客自西方来，造前而问曰：今中国各省之灾广矣，年复一年，何以不闻补救之方耶？山农对曰：天灾流行，何时蔑有[4]？我国家发帑截漕，蠲租议赈，京津各处流民就食者则又分设粥厂，其中施药施衣不使一夫失，所以云拯灾可云至矣，岂犹得曰不知补救哉？客曰：噫嘻，当今之世，地土如故，生齿日繁，苟犹拘执成规，不另设新法，是谚所谓，扬汤止沸，未能釜底抽薪也，虽然欲设新法舍造铁路，其谁与归，吾请为子言之。

夫国家散赈救民，仁泽下逮，不可谓不厚，然博施济众，尧舜犹病，以数千万灾民，仅恃此区区赈款，车薪杯水，何济实事，是放账不足以救人也明矣。且民之于赈，不过暂济目前之急，缓死于须臾，譬如抱沈疴者，进参苓以延残喘，而病源未得，病根未除，终难望其霍然起

[1]该文收入麦仲华辑《皇朝经世文新编》，见《皇朝经世文新编·卷十三上·邮运》，沈云龙主编：《近代中国史料丛刊》第78辑，台北：文海出版社1966年版，第910—912页。

[2]李提摩太，号金竺山农。

[3]砚田，砚台。

[4]蔑有，没有的意思。

立也。故为今日计，苟不设新法以探本而苏困，将来水旱之灾年甚一年，岂真忍而与此终古耶？闲尝见中国荒歉之岁，粮米短缺，价值翔贵，每有米珠薪桂之叹。及至大有之年，三农告慰，则又千仓万箱尤有无从销售之苦。此无他，皆道路未修之故耳。查牲畜背负运行不过五百里，若有荡平之道，坚快之车运行可至一千里，至修铁道驾火车运行则可至三千里矣。

然此犹陆路也，倘滨临海口，有轮船可通，则运行可至六万里，运费则一以此计之。向之无车路之处仅养一百人，有车路之处可养二百人，有铁路之处足养六百人，通轮舟之处足养一万余人，路通价平，盈虚相济，数年之后民间蓄积自饶，当不仅如古人所云，余三余一已也，又何有旱干水溢偏灾之足虑哉？

且不仅荒年可免也，荒地亦由此可垦。昔美国西省一带地多旷邈，人迹罕到，彼时不独无人耕种，即美国家以万顷相赠，亦无人愿受。自当道于十数年前开设火车铁路，东海至西海相接万里之遥，由是百货流通，商贾辐辏，现在户口增至数百余万，有册可稽，此富庶之明效大验也。中国自古备荒之策，莫如常平义仓，无事则收粟存储，有事则发粟赈饥，然久储既不免红朽，变粜又不免挪移。欲求有利无害，曷若西国之广修铁路，缩千里于咫尺，所在蓄积莫不流通，其利益不更普乎？夫天下之事，守常不变，则难与图功；因时制宜，则无往不利。

今中国直省[1]水灾如此之重，苟但胶守古制，以放赈为事，姑不论无此巨款源源接济，即或极力筹措，广为散

[1]直省，即直隶省，相当于今天的河北省。

放，而使其坐食闲居生事，何如使自食其力，兼为国家成就大工，开无穷之利乎？况中国建造铁路，当以京都为总汇，然后分支路以达各省。今即以京津各属饥民令其承修京通一带铁路，以工代赈，大工既兴，民即各有所事，显可免饥馑之大患，隐亦消盗贼于无形。目前获益已可概见，迨至蒇[1]事之后将来所得运费，除支销各项及酌提成本外，余利仍可收助经费正用。此外，调军转饷有裨于国计，商贾贸易有便于民生，从此日新月盛，其利益更无穷矣。

区区一得之愚，质之高明，以为何如？于是山农乃辍耕而起，曰：有是哉！子欲修路以救灾，此不独救一时之灾，实可使万世无灾也。《传》云：仁人之言，其利溥。君有之矣。敢借管城子以敬告世之有民责者。

[1]蒇，完成，解决。蒇事，事情已办完。

# 铁路侵地说[1]

自来攻城略地，首在兵精。挫锐摧坚，端资器利。苟非教习于平日，安能敌忾于临时？考昔成周[2]讲武之法，其春夏也，有振旅茇舍之制；其秋冬也，有治兵大阅之制，是四时皆教也。其辨名号也，有县鄙家乡官野之异；其辨旗物也，有诸侯军吏鄙野之异，是内外皆教也。四时皆教，其练之也精，内外皆教，其训之也广。其后孙子之教吴宫[3]，穰苴之斩庄贾[4]，田单之却燕军，勾践之破夫差，类皆运以精心，贞以定力，选其精强，深其教养，故能壮我军之声威，而制敌军之死命。彼甘宁百骑能劫曹营[5]，背嵬五百可摧金虏[6]，胥是道也。

况今日西人构战专用火攻，彼此哄[7]击，往往稍挫前

[1]该文收入麦仲华辑《皇朝经世文新编》，见《皇朝经世文新编·卷十三上·邮运》，沈云龙主编：《近代中国史料丛刊》第78辑，台北：文海出版社1966年版，第912—913页。

[2]成周，古地名，西周的东都洛邑。据传在今河南省洛阳市东郊。

[3]《史记》载孙武在吴宫试兵，“约束既布，乃设斧钺，即三令五申之……孙子曰：约束不明，申令不熟，将之罪也；既已明而不如法者，吏士之罪也”。

[4]庄贾，春秋时齐国的大臣，担任司马穰苴部队的监军，因集会迟到，被处死。

[5]甘宁，字兴霸，巴郡临江（今重庆忠县）人，三国时期孙吴名将。建安十三年（208年），甘宁率部投奔孙权，曾率百余人夜袭曹营，斩得数十首级而回。

[6]此处典出南宋岳飞朱仙镇500背嵬精兵大破10余万金军。

[7]哄，争斗。

锋，难资后劲。尤宜参以兵法、阵图穷研娴习，一经临敌，乃能策应自如。是以纵横上下，俯仰古今用兵之道，战必胜，攻必取，有恃而不恐，无往而不利者，舍练兵选将演阵制器之外更何从别神其用耶？而抑知近日西瀛各国有不战之战妙于战，无兵之兵神于兵，以此制敌，何敌不摧，以此攻城，何城不克，得最操胜算之一物焉。其物维何？盖即造火车建铁路。是夫火车之行于陆，犹之火轮之行于海。说者不过谓其转运迅速、脚价轻减，利于商贾，便于民生而已。又何关战争之局，兵刃之端，其利害竟至于此极哉？然西瀛各国有铁路者甚多，今姑置他国勿论。但就最近中国之俄罗斯言之。

俄之强大冠于欧洲，其虎狼无厌之心亦为万国所共知。观其通市于回部，西北皆由铁路造成，始逐渐肆其兼并之志。如西历一千八百零二年，俄罗斯与波斯人交战。一千八百二十四年，俄罗斯有一大帮商人至波斯贸易。一千八百二十八年，俄罗斯与波斯立约。俄得地两处，一名爱里湾，一名纳其湾。一千八百四十八年，俄罗斯在阿拉海立炮台。此俄在亚西亚之东第一次建炮台也。一千八百六十年，与中国立和约，得吉林东边地名海参葳[1]。是年又在伊犁一带用兵。一千八百六十五年，俄占图其斯丹[2]地方，现建为省。一千八百六十八年，俄占撒马羌立水纳法撒省。一千八百六十九年，占里海东地名克

---

[1]海参崴，俄罗斯滨海边疆区的首府，也是远东联邦管区行政中心所在。“海参崴”是该市的中国传统名，1860年被割让予俄罗斯帝国后，改为今名“符拉迪沃斯托克”。

[2]图其斯丹，现译塔吉克斯坦。1864至1885年间，俄罗斯帝国逐步控制中亚地区，这其中即包括塔吉克斯坦。

那罗波。一千八百七十年，在里海东得密加罗与姆那加里两处。一千八百七十一年，占伊犁。一千八百七十三年，占波奇洼立亚姆大耶省。一千八百七十六年，又占可卡里立非加拿省，在茶突地方设立炮台。一千八百八十年，在里海东试造铁路。一千八百八十一年，又占亚司卡巴地方。一千八百八十二年，退伊犁与中国。一千八百八十三年，里海至黑海铁路造成。一千八百八十四年，连占美尔洼沙那克并普里克尊等三处地方。一千八百八十五年，又占苏飞卡、亚可巴两处地方。一千八百八十六年，又占巴图稳地方。一千八百八十七年，又占克尔奇地方。一千八百八十八年，由火车到撒马羌其铁路业已全行造成。此里海东西有六千里左右地方，已为俄侵占殆尽。

总计俄罗斯一千六百八十二年即康熙十二年，全境有五百六十万方里，至一千七百二十五年即有六百八十万方里。从前祗十一兆人，近日水陆路途俱通，全境有八百五十万方里，有一百二十兆人。足见俄国开通一处铁路即侵占一处地方。

是铁路之制于商贾贸易，货物往来，犹其余事。而独至军旅之际，关系尤非浅鲜。凡有铁路之处，一有兵端，非特邮传信息不虑稽迟，即遇有警报，仓卒征调，刻期立至，左宜右有，俄顷云集，使敌营侦探者几疑飞将军之从天而下也。夫地方之有铁路，譬如人身血脉流通，手足灵捷。猝遇意外，呼吸之顷，臂指相使，四肢并举，自无掣肘之患。其未建铁路者，则如癃[1]废之人，半体不遂，举动不灵，横逆之乘，无可相助。亦惟任其侮辱而莫之御

[1]癃，旧指年老衰弱多病。

也。讵不大可哀哉？

可知两国交战，总视何国能克[1]日集兵，速而且多者，即操胜算。若敌人压境而无铁路，非但兵粮不易调集，即部署有方亦仓皇莫济矣。今俄国殚心竭虑在亚西亚制造铁路，约五六年后即可告竣。彼时由俄国至中国新疆、伊犁、吉林东三省等处不过数日，兵可驰集。兴言及此，曷胜悚惧。总之，车路之设在中国今日有万难缓图者矣。用将俄国历年开路占地情形逐细译论。不惮再三之渎，有心人其深谅此苦衷也夫。

[1]克，严格限定。

# 创造铁路宜先使民人咸知利益说[1]

从来非常之事固赖非常之人，而尤须以寻常之道处之，使人人咸知利赖[2]，悉泯猜嫌[3]，然后功可成，而事可竟。夫非常之事，智者所喜，而愚者是惧，若不明白以宣导之，婉转以引诱之，取近譬远，化其懵懂之习，解其胶执之私，鲜不阻挠良图，贻误大局，深可惜也。中国自与泰西通商，凡泰西利国利民之事，如轮船、电线、枪炮、甲舰，固已逐渐仿而行之，疆吏朝臣心志相合，即山陬海澨[4]之民亦无异议，独火车、铁路擅利尤普，为用更饶，至今日而屡议屡阻，其故何哉？盖惑于观听之淆，囿于心目之隘。局中谋画，几费艰辛，局外纷嚣，众情如一。若不及时设法开导，坐使富强之利甘让他人，可胜叹哉！请毕其说，以备有心时局者之采择焉。

从前议修京津铁路，事已垂成，为近畿乡民纷纷呈诉，碍其田庐，误其贸易，陆之车、水之舟行将废弃，无

[1]该文收入麦仲华辑《皇朝经世文新编》，见《皇朝经世文新编·卷十三上·邮运》，沈云龙主编：《近代中国史料丛刊》第78辑，台北：文海出版社1966年版，第914—915页。

[2]利赖，依赖，依靠。

[3]猜嫌，猜疑，不信任。

[4]山陬，山脚；海澨，海边。山陬海澨，借指遥远偏僻的地方。

食者将及三十万家。言官据以入告，因而中止。此乡愚无知之甚者也。溯伦敦之初创铁路也，其始亦相与疑阻，其后竟涣然冰释。即以苏士阿摩登海口言之，往来车运，用马三万余匹，迨车路开通，用马乃增至一倍有余。盖以道途便利，贸易日繁，火车止出一途相距数十里、数百里，搭坐火车者日见其增，故用马亦愈见其多也。且不必远证于英也，以天津论，津门固一大都会，而轮船未通之先，其繁盛不及今日十分之一，业车船者不及今日五分之一。此轮船之效也，藉此以例火车当必无异。

且夫唐山一僻壤耳。所开铁路，初只供运煤斤，并未计及货物、行旅。乃自开办至今，载各货者获利若干，搭行旅者获利又若干，而歧途港汊[1]车船亦因之增益。僻壤且能如此，若京津开行，凡乘车载船者更不知若何烦剧已。彼既谓失业者众，果何所见而云然哉？张香涛制府奏创汉口达京一路，诚谋国之忠、识时之彦，自移节湖广，日究心于洋务，以期安上全下，易俗移风，用心亦良苦矣。讵小民不独不能仰体其意，转嚣然以为舍本逐末，群起而攻，竟敢匿名揭帖，肆无忌惮。噫！办洋务即所以卫民生，而顾谓舍本逐末者何哉？此亦乡愚无知之甚者也。

湖广居中华之中，有高屋建瓴之势，干[2]路一条，南可以通湘、粤、江、闽，北可以控豫、晋、陕、甘，为国为民苦心孤诣。若果办成，凡轮车经行数省之地，其贸迁者必更流通，执业者必更繁多，所谓失业者众，岂其然乎？至于田庐坟墓尤可毋虑，盖铁路迥异常路，必须加高

[1]港汊，河流的分岔。
[2]干，主要的。

筑厚，且车行自能回转，遇有窒碍之处，尽可择地绕越。况路宽仅二丈，所占之地有限，更不足虑。凡此数端，固已有利无害，昭然在人耳目，惜风气未开，未能家喻户晓，为可虑耳。若能剖其利害，使小民毫无疑难，决无捍格，必能径行直达，一往无前。

至所以使民无疑难，无扞格之道，则当于未勘路之先，或高悬示谕，详细开导，或遴派官绅，周历各乡村，将铁路利国利民之处，不惮命面耳提，剀[1]切晓谕，再以外洋获益成效，及有轮船码头若何隆盛，详述而印证之。绅衿既恍然改悟，细民自翻然乐从。夫然后购车、造轨、筑路、叠桥，陆续工作，自无掣肘之虑。此路告成，行之数年，其利必溥，由干达枝，势如破竹。谓非常之事，固赖非常之人，而尤须以寻常之道处之者，此也。当道果能俯采刍荛，取长舍短，试办目前，行见中国富强之利甲于泰西，是则区区之厚望也夫。

[1]剀，符合事实。

# 论放赈不如防灾[1]

从来救灾与治病同一理也，病至缠绵之际苟不探其源，虽投以参苓[2]，不过暂资补益，而病终弗治也，灾至颠沛之余，苟不求其本，虽助以衣食，不过暂为赒恤[3]，而灾终弗救也，知此可与论中国之防灾。

夫中国近三十年来天灾流行，民生彫敝极矣。粤寇之乱，窜陷十余省，杀戮数十年，民之死亡不下四五千万，可不谓多乎？乃天不厌乱，兵刃甫定，继以旱灾，往者晋豫赤地千里，老幼转于沟壑，死亡之数亦有二千万。此外黄河冲决，齐郑两处，民之因水而死者，亦何止数百万。本年直隶又见水患，京津一带州县几无完土。民之流离颠沛，诚有耳不忍闻，目不忍视者矣。在国家截漕助帑，为数甚巨，即各省善士广为劝募，仁浆义粟，源源接济，不可谓不至，乃各处灾患循生迭起，迄无已时。此正如抱沈疴者徒进以补剂，苟延旦夕，而病源未得，病根莫除，终

[1]该文收入麦仲华辑《皇朝经世文新编》，见《皇朝经世文新编·卷十三上·邮运》，沈云龙主编：《近代中国史料丛刊》第78辑，台北：文海出版社1966年版，第915—917页。

[2]参苓，人参与茯苓，皆为中药名，有滋补健身的作用。此处借指治疗效果良好的药物。

[3]赒恤，接济、救济。

无霍然之日也。

查英国民人生死之数，每日生者可较死者多至一千，以周年计之，约添人三十六万，及至十年则有三百六十万。中国民数较之英国原地民数约有十倍之多，一年中即可添人三百六十万，及至十年则有三千六百万，足抵一大省民数。是以中国民数日多，民生日绌，向之衣服华丽者，今则变为朴素矣，向之饮食精美者，今则变为粗菲矣，向之房屋崇闳者，今则变为卑陋矣。凡养民御灾之道，概置而弗讲。

若泰西各国则不然，外而举办开垦通商等事，内而举办铁路、制造、信局、新学、水利等事，故民日增，而国日富。即以英国计之，每年外出之货，一千八百三十年得银一百五十二兆，一千八百四十年得银二百零四兆，一千八百五十年得银二百八十四兆，一千八百六十年得银五百四十兆，一千八百七十年得银七百九十六兆。且不独商人为然也，即通国民人亦莫不大有进益。计一千八百十一年通国民人进款，每人十六两至八十八两，迨至一千八百七十一年每人三十二两至一百六十两，靡不倍加富厚，更不独英国为然也。即如亚洲之日本国，于一千八百七十二年外出之货，不过得洋一千七百元，自开铁路、立信局等事，十年后外出之货竟至得洋三千九百元。以此观之，成效彰彰，固在人耳目间，民亦何患其多耶？

今中国病根所伏，不在人民之众，而在生财之寡。然知之者不过数人，如在京之王大臣中，前有曾袭侯[1]，近

[1]曾纪泽（1839—1890），字劼刚，号梦瞻，晚清重臣曾国藩之子，清代著名外交家，中兴名臣。1890年去世，追赠太子少保，谥号“惠敏”。

如恭邸[1]、醇邸[2]，各省之督抚中则有李傅相、张制军、刘爵帅，皆能深悉泰西之法，已有明效大验。故外而开垦通商，内而铁路、制造、信局、新学、水利等事，皆拟次第举行，独惜有闻见未广狃于陈言者，贸贸然以平空结撰之谈，阻挠大计。即如拟办通州铁路时，曾有数千愚民禀请言官代奏阻止，乃该言官竟与愚民同一见识，徇数千人之情害千百万人之命。是民之死于旱者，非死于旱也，民之死于水者，非死于水也，实皆此妄言阻挠者有以死之也。为今日计，彼言事者既不以泰西之法为然，即责其另筹养民之策。倘仍空言无补，则嗣后国家政事之举废，法令之更张，均不准寡闻浅见者流妄参末议。庶几事权可以划一，众志不致纷更，而大功乃克告竣，夫然后病根除而民困苏矣。

夫官为百姓之父母，士为四民之领袖，苟能翻然改悟，互相劝谕，使颛蒙[3]之辈咸知西国良规，力图则效，从此家给人足，含餔鼓腹，群遨游于尧天舜日之中，虽有灾祲，庸何伤乎？吾故曰：放赈不如防灾者，职是故欤！职是故欤！

《时事新论·卷六》终

[1]奕䜣（1833－1898），道光帝第六子，封“和硕恭亲王”，清末洋务派代表人物、主要发起者，曾任总理衙门首席大臣、领班军机大臣、议政王。

[2]奕譞（1840－1891），字朴庵，道光帝第七子，第一代醇亲王。咸丰帝死后，奕譞和奕䜣配合慈安、慈禧太后发动辛酉政变，此后受到重用。光绪十年到光绪十六年，奕譞监理军机，总理海军衙门事务。

[3]颛蒙，愚昧无知。

# 卷七　养民

# 西国富户利民说[1]

尝考《周礼·荒政十二》有保富安贫之举，良以富户可以资贫民也。夫贫民无业，全赖富户以资生，富户亦恐有不给。故初非家赈而户赒[2]也，富户之产业多，工人亦多，苟当国家盛时，无饥馑灾荒之苦，贫民亦不致甚多，即使偶遇灾荒，则贫民正有赖于富室，亦何致有转徙流亡之患哉？

今考英国宰相格拉斯顿[3]论用财之道，援加内及[4]语以明之曰，前数年有英人加内及者，家计夙乏，后由英之美。善制铁之术，因居积致富，累数千万金，遂开一大厂，每日用工匠二万人，其每日运煤之车，以次挨排，数里之长，一时无业及工技艺者皆赖之。故凡西国有本钱之人，皆设大制造厂，或买股份，以期有益于贫民也。

---

[1]该文收入邵之棠辑《皇朝经世文统编》，《皇朝经世文统编·卷三十八·内政部十二·养民》，沈云龙主编：《近代中国史料丛刊续编》第72辑，台北：文海出版社，1980年版，第1524—1525页。

[2]赒，接济、救济。

[3]格拉斯顿，即威廉·尤尔特·格莱斯顿（William Ewart Gladstone，1809－1898），英国自由党政治家，曾四度出任首相，以善于理财著称。

[4]加内及，即安德鲁·卡内基（Andrew Carnegie，1835－1919），生于苏格兰，12岁时随家人移居美国。1881年，卡内基与弟弟汤姆成立钢铁公司，20世纪初成为世界钢铁大王。他还创立了纽约卡内基基金会与卡内基技术学校（现卡内基·梅隆大学的前身）。

欧美二洲近数十年工匠会极多，若辈每憾富室相谓，凡大富户、大商人，均有害于世者。加内及驳之曰：尔言非是。富户富商岂尽有害哉？试观近日轮舟、火车、电报等事，均已通行五洲，苟非彼大有财之人设立大制造厂，五洲之物将何以供？况五洲既通，从前物之贵者已贱，人之不敷用者已到处充足，岂非彼富者之有益于人耶？即今之工匠，日用已较早年农家为胜，佃农之日用又较早年之田主为胜，田主之日用又较早年之王公为胜，皆凿凿可据者。此富户设立大制造厂，使五洲相通之益，贫民均赖者也。

且时势既如此，则人之有财欲善用者，有三道焉：一设立大制造局，用人制造轮舟火车及转运货物，使通五洲；二必专一艺，能极其精亦可通五洲；三各洲大局货物列而比较，使人来售者佳而且贱，故惟货真价廉之制造局始能久远。此三者不可缺一，均有益于工匠者，此设大局之有益于贫苦者也。大富贵人既积财若此，万不可独享其乐，彼留以予子孙者固为非计，即按西国俗，临终以此余财归捐善堂，为医院义学等事，亦恐有办理不善之处。不如设一义书库，置万卷紧要之书藏于中，俾有志好学者均可任其往阅，不必费财自买书焉。又劝国家，凡此巨富之族，均可按其产业使之多出税课，此加内及所论之大概有益于贫民者如此。然我英国各富户亦宜各立善会，以益于贫民也。

按英于五十年内通国产业较前加三倍，至前十七年国家地粮之税才四分之一，其三分均由他项所入，至去年只有地粮七分之一，其六分亦由他项所入，非地粮减少于前也，实由大制造厂大生意大股份之产业较地粮多也。然各大商积财多寡不可知，以其非比田地可考，故难定其实数之多寡焉。今英相格拉斯顿又劝谕各大商矢愿同心，按产业什分中出一分之法立会，以期益人.或学加内及各处立书库以资好学，或别设妙法以资无业。如是则工匠之心安，贫民之愿慰，国家有不长治者乎？

# 西法有益于民论[1]

国家治理之法与庶司奏绩之谟[2]，毋贵乎法古也，亦毋贵乎守常，要在随时变通，因时制宜，以期益国益民而已矣。中华自泰西立埠以来，创行者不少，岂好为更张哉？当今之时，处今之势，法古不可守常，亦不可耳。惜中邦人士狃于见闻，蹈故安常，任情纷议，不知为国家一深长思也，可慨也已。夫人情有一得之奇，秘不肯泄，惟恐人知而效之，不得显一己之能，此盖人之常也。泰西人士则不然，思得一法制一器，以示于众，众惊羡而争购之，购之不已，而仿效之，不数年而其法匪第遍一国也，邻国亦莫不利其用。

今泰西之于中华，亦若是焉矣。试思一军伍也，而得之即为练军之劲旅；一军械也，而仿之即为疆场之利器；一机器也，而师之即为制造之良法，推之而士，而农，而工，而商，亦莫不有良法美意以为之倡，此西人之大公心也。华人士苟胥教诲，胥劝勉，胥仿行，将见士有学堂以造就格致。胥通理财者，先浚其源矣，农人、工人有机器

[1]该文收入陈忠倚辑《皇朝经世文三编》，见《皇朝经世文三编·卷三十四·户政十三》，沈云龙主编：《近代中国史料丛刊》第76辑，台北：文海出版社1966年版，第532—533页。

[2]奏绩，树立成绩，建立功勋；谟，计谋，策略。

以应手，耕耨皆欣捷速，考工各记新奇矣。商贾行旅，有铁路以相待，籴粜皆喜从心，缓急群欣可恃矣。不第此也，电信、律风传如晤面，信局、报馆倏尔周知，凡此数端，有益无损，西方各国大抵皆行之有效者也。

且夫西方各国之所以兴盛者，其要尤在于报馆。盖报馆之职，在论列有益之事，以使人周知也。泰西各国远近不同，当其得一新法制一器用，初不过本国举行，而访事者得而录之，报首传之四方，是其器物未到，而其式其名先已闻知，莫不欲争先快睹焉。此报馆之所以有益于人也。今者中华开设报馆，而华人士有视为无足重轻者。夫西国原非事事尽妙，然其妙之不可思议者推而行之，无不尽利焉。报馆闻之，能不录以相告乎？盖亦言者无罪，闻者足法之意也。

夫中国自古在昔先民有作制度，规模固称极盛，乃及其末也皆各有弊。故有志者不得不改弦更张，亟思振作耳。今者忽变而为泰西之局，非复近古交涉事宜，则犹循古制，可乎？犹守常经，可乎？苟不力图变通，以求合宜，将贫寡之患恐终难救。且西国诸法亦非以病民也。向之论列而不惮烦言者，深以中邦人士不能遍喻其理，周知其法，故详为剖示，曲为譬喻，深欲大众周知，共相仿效，以期同享豫大丰亨之福，而为朝廷致美富无疆之盛，是则区区之意也。语云识时务者为俊杰，盍一共思此言乎。

# 转移积患说[1]

前论欧洲各国于十四年中，共得非洲土地六百余万英方里，较之中国十八省尤多三倍。一则以能养民而辟地，一则以不能养民而失地。诚以民为邦本，养与不养即国家之强弱盛衰系焉。然养民之道，必自讲求新学始。观于近数百年欧洲各国，君相奖劝于上，师儒教育于下，无不取益国便民之实学以资考究。故兵日强，国日富，技日巧，器日精，骎骎乎开疆拓土，有席卷囊括，包举宇内之概。若中国则地大物博，向为亚洲最古之邦，文治武功彪炳千载，独无如时势有升降，风会有变迁。今既广开海禁，琛赆[2]所通，殊方异域至于九万里，苟犹胶守成法，不思达变通权，岂非甘居人后，自昧先机耶？

论者谓中国习俗相沿，积重难返，恐非一时遽能改易，然果能奋发有为，幡然变计，自强不息，握要以图，则中国转机之易当在指顾间也。其事维何？厥有三端，请试言之。夫学问者，经济所从出也。太史公论治曰："法后王，为其近己，而俗变相类，议卑而易行也。"愚以为

[1]该文收入陈忠倚辑《皇朝经世文三编》，见《皇朝经世文三编·卷三十四·户政十三》，沈云龙主编：《近代中国史料丛刊》第76辑，台北：文海出版社1966年版，第533—534页。标点参考夏东元编《郑观应集·上册》。

[2]赆，进贡的财物。

在今日又宜鉴诸国。诸国同时并域，独能自致富强，岂非相类而易行之尤大彰明较著者乎？如以中国之声明，文物为原本，辅以诸国富强之术，不更善之又善者哉？且通市数十年来，西国各使臣来华不独能通西瀛各国语言文字，并能习学中华语言文字者甚多，其尤者能读中国经史，于章奏、吏治、舆地、民情类能言之。而华官之于彼国，则懵然一无所知。相形之下，能无愧乎？于是乎交涉要事，不得不寄耳目于他人。词气轻重缓急，辗转传述，失其本指，往往以小嫌酿大衅，无他，皆语言文字不通之弊耳。

为今之计，中国士子第一宜习学西国语言文字，于诵读经史之暇，兼营并骛[1]。国家再能推广以西学取士，使天下黉序[2]诸生无不明习中西之学。将来人材辈出，四海同文，凡一行作吏之人，莫不通达治体，洞悉根源。设遇紧要事件，彼此立谈可决，其利益岂浅鲜哉！此通晓西国之语言文字，可为中国转机者一也。

查光绪十三年，御史陈琇莹[3]奏请以算学取士，当经奉旨准行。夫九数居六艺之一，周礼以之兴贤能，明算例。六科之中，唐制以之程选举，是算法本当肄习不可废置者也。特算法仅为制造测量之要务，而欲求人材收实效，具经天纬地之能，兴利国益民之事，非精求格致之学不可。盖格致之学所包者，广如算学、光学、化学、重学、电学以及天舆、地球等学，无非在格致之中。故西国之讲求治术者，必以格致为先。英国近五十年来商贾通

[1]并骛，并驰，共同进行。

[2]黉序，学校。

[3]陈琇莹（1853－1889），字芸敏，今福建省福州市人，晚清官员。

行，财货充溢，进款数目较前加多三倍，皆得力于格致之学居多，足见格致之学有益于国计民生匪浅。中国诚能推广算学取士之法，别为格致一科，兼于各省郡中广设格致书院，使天下士子群知向慕，日积月累，由浅入深，吾知数年之后必能窥其秘钥，中国之兴可立而待也。此讲求格致之学可为中国转机者一也。

《传》称左史倚相能读《三坟》《五典》《八索》《九邱》。孔安国[1]曰：九州之志，谓之《九邱》。《诗》则列十五国之风，孔子作《春秋》，取于百二十国宝书。郑公孙挥[2]能知四国之为，子产能举实沈、台骀[3]之故。伊古儒者未有不博古而兼通今，综上下纵横以为学者也。乃今中国之自命为通儒者，以洋务为不屑，鄙西学而不谈。《语》曰：一物不知，儒者之耻。夫所贵乎儒者，岂拘拘于制艺？《章句》即谓：治国平天下之道尽于是乎？况今通商立埠，五洲各国聘问往来，与古之列国何异？同居地球之中，而顾可于彼都之风气、政事茫然弗习耶？故今之士子不独宜读中国古圣贤书，即五洲各国要书亦莫不宜童而习之。将来旁通曲证，斐然有成，集五洲才人之心思为我一国之利益，行之既久，自可收其实效矣。

---

[1]孔安国，生卒年不详，字子国，孔子第十一世孙，西汉鲁国曲阜人，习通经学与董仲舒齐名。学识渊博，《史记》作者司马迁研究《尧典》《禹贡》等篇时也曾请教于他，后世尊其为先儒。晚年著有《论语训解》《古文孝经传》《孔子家语》等书，成为古文尚书学派的开创者。

[2]子羽，名挥，又称公孙挥，春秋时期郑国人。他曾担任行人一职，协助子产治理郑国，在子产的支持下参与处理外交事务。

[3] 实沈、台骀，神灵的名称。据《左传·昭公元年》记载，公元前541年，晋平公生病，占卜者说是实沈、台骀在作怪。郑简公派子产去到晋国探视病情。叔向询问子产实沈、台骀是什么神灵。

此习知五洲之事，可为中国转机者一也。

总之，今日识时务者，莫不以肄习西学为自强之道。然西学根本必以语言文字为先，虽不必数十国尽能了然，而英、俄、德、法四大国实乃不可偏废，其次则格致之学，再次则五洲之事。循序渐进，融会贯通。朝廷以此设科乡塾，以之授业。在目前，中国京外各巨公之洞达时势者不过数十人，而老成凋谢，朝廷每有才难之感。若果如此办理，吾知一转移间，十年之后，中国二十一行省庠序[1]之士，莫非熟悉洋务之人。将来学优则仕，分职设官，大之为旋乾转坤之手，小之亦随机应变之才。此外保障茧丝折冲樽俎者，更无论矣。上以此求，下即以此应。如中国幅员之广，人才之众，竭其聪明智力何难驾出西人之上哉！

[1]庠与序，皆为古时学校的名称。见《孟子·梁惠王上》：“谨庠序之教，申之以孝悌之义。”

# 养民说略[1]

粤稽书言：德惟善政，政在养民。则养民诚古帝王之急务也。距越数千百载，生齿日众，几有人满之虞，而水旱荐臻，虽有自古养民之法终不敷用。此因革损益，随时变通，所以贵有其人也。况时至今日，生齿更繁，加以连年饥馑，河患频仍，菽粟[2]不给。凡赖一身谋衣食者，大抵不保室家，流离转徙，死于沟壑。由是观之，泰西养民之新法，不诚大有关于五大洲哉？试取而申论之。

查欧洲百年前地少人稠，一年所产不足养民。再加以水旱之灾，即不免流亡饿殍。其情形与中国同。后有人思得养民新法，则无是虞矣。新法维何？一曰造机器，二曰省脚价，三曰设信局报馆，四曰和约通商，五曰各国置领事官，六曰各国通信局，七曰国家助商贾，八曰商贾立会，九曰五洲各货比较厂，十曰商贾学塾，十一曰机器学塾，十二曰海口关税。试详述之。

一造机器，以便制造也。自制机器以后，凡工匠四十兆人可作千兆人之事。其省工价有如此者。

---

[1]该文收入邵之棠辑《皇朝经世文统编》，《皇朝经世文统编·卷三十八·内政部十二·养民》，沈云龙主编：《近代中国史料丛刊续编》第72辑，台北：文海出版社1980年版，第1525—1526页。

[2]菽粟，豆类及谷类。泛指粮食。《孟子·尽心上》：“圣人治天下，使有菽粟如水火。”

二省脚价。夫制造诸货，必须运售之速。倘运售艰难亦不能养人也。故修建铁路、轮舟以通水陆之运，则脚价省数倍矣。无论远近皆可运售，则货价之贱亦从同。试尝核计每人每年所用货物，可省银十六两之谱。养民之便何如也？

三设信局。报馆者，盖无信局则远近诸货之价不能预知而为之备。倘商人自命善走者侦探，则所费较信局多三百倍，故国家代立信局以便各商之通信焉。每函无论远近只费英金一辨士，约合华钱二十文，省何如之？商人既省，则信件必多，而信局且亦获利。报馆之设，将远近货物之价皆载于报，以便商贾著先鞭[1]焉。

四和约通商者，缘本国各章程既有益于本国各生意，因思章程既立，行之愈广，生意之益处愈大，若能推行各国，生意之益处不更大乎？所以各国共立约通商，以通五洲之运售，彼此俱得益焉。

五立领事官者，盖各国既通商来往，不能无交涉龃龉之事。故各国皆设领事以保护本国之商，并为设法以广利源。

六各国通信局者，缘本国既设信局，周知远近之货价，商民皆大获益矣。而五洲各国未通，犹有憾焉。故又立各国通信局，其信件每函止费五六十文。无论大埠小村，不数日皆可送到，便何如也？

七国家助商人，盖国家共议何等生意可便百姓，即劝谕商人开设并且资助之，或买股份使立大生意，如开各矿各厂之类是也。

八商贾立会者何？盖凡立生意，必须筹度经营，处处

[1]先鞭，占先一着。《晋书·刘琨传》：“常恐祖生先吾着鞭。”

周密，然一人之识见未周，众人之共议乃至，必集思广益以助不逮。故立会聚议以合办或上禀国家，或旁通他处之会议，妥著书刊印，以便诸人快睹。

九设五洲各货比较厂者，缘欧西各国大半皆有博物院，以备读书人开广见识，内排古今各物以新耳目，真有素所未睹者。而商人亦设博物院，聚五洲各国土产，排列比校，以备购取。凡大埠皆有此院，诸商借以广见闻焉。

十曰商贾学塾者，商贾之事原非一朝一夕所能习。故延名人著书专讲五洲大生意如何办理之法，令人读而习之，以备将来为商之用。

十一曰机器学塾者，缘机器有大小，工匠亦有大小，亦聘名人著书，讲明大小制造之法。故除正学以外，又有技艺专门之学，设塾训诂，令人习之，以备他日制造之材。

十二曰关税者何？盖关税之设有二说，或谓加税可以富国者，或谓税重则诸商裹足不前者。之二说皆似也，然试举二国以比较则效验可知矣。今惟美国加重税，而英国则除烟酒以外大概皆免税，故诸商皆麕集于英，即此可知加税之利否也。

凡此胪列[1]，皆西国近一二百年内所得养民之新法，然此十二条皆相连不可缺一，故自立此章。以后凡幽僻未垦之地，今皆已有人垦种矣。前此粮米一切不敷用者，今则满囷[2]满仓而且价极贱。即前此凶年一遇不免饿殍者，今则往来运售各国皆通，绝无甚贵甚贱之苦，而何有饿殍哉？凡有国家而具爱民之心者，盍留意于是法乎？

[1]胪列，陈列。
[2]囷，古代一种圆形谷仓。

# 论民[1]

《书》曰：民为邦本，本固邦宁。故圣人立法，士、农、工、商四民各有谋生之业，统天下五大洲计之，安富尊荣，不必营营于衣食者，十成之中不过一二成，其八九成则全恃自食其力而已。夫自食其力之人，多做则多食，少做则少食，一日不做即一日不食，大抵资敏力强者可以多做，愚笨懦弱者只能少做。总核此项人数，中国有三千五百万之多，较之英国人数足可相埒[2]。然中国之民浑浑噩噩，各行其事，日出而作，日入而息，群安于不知不识之天。茅茨不翦，房屋之卑陋也；缊[3]袍不饰，衣服之敝坏也；泥涂凸凹，道路之不修也；河流冲决，沟洫之不讲也；转运迟滞，车船之未精也；陶窳草具，器物之仍旧也，而中国之民安之若素，绝不存改弦更张之心，即田地亦不设法以御旱潦[4]，虽沾体涂足，胼胝[5]从事，亦不稍有怨咨，从不闻有人出一策，发一议为变通之计。盖中

[1]该文收入《皇朝经世文三编·卷三十四·户政十三·养民上》。

[2]相埒，等同。

[3]缊，乱麻、旧絮。

[4]旱潦，久未降雨和雨水过多两种天灾。《宋史·卷四一六·汪立信传》：“贫无告者予钱粟，病者加药饵，雨雪、旱潦，军民皆有给。”

[5]胼胝，手脚因长期劳动摩擦而生的厚茧。《荀子·子道》：“有人于此，夙兴夜寐，耕耘树艺，手足胼胝，以养其亲，然而无孝之名，何也？”

国民心如此，不独今日为然，即二千年以前亦莫不然。在中国当事之人，只以此等民心乐天安分，不可强求，教化易行，固不待刑驱势迫，而后入我范围也。

若欧洲之人则不然，一意前进，事事求新。屋房已轮奂矣，而更事崇闳；衣服已华美矣，而更思轻软；道路已荡平矣，而更筑康庄；沟洫已致力矣，而更求畅顺；车船已奇巧矣，而更讲坚速；器具已精致矣，而更欲新奇；至于耕织制造等事，悉假机器为用，需百人之力者，一人可以运之；需千人之工者，十人可以成之，功半利倍，变化不穷日底富强远胜他国。故德相毕士麻常言，人心不能平静，皆系上帝所使。此专指欧罗巴言之，则可，如以中国民情观之，其言固大谬矣。

夫中国劳力之人，只知尽一日之力，以谋一日之食。终年作苦，不事他求，迨至岁晚务闲，稍息数日，妻孥聚首，晤语一堂，怡怡如也。在人观之，鲜不谓其境遇之苦，而彼之心方不以为苦，而以为甘矣。虽然中国之人极劳苦之况，而不思变计，固由积习使然，亦因循之习中之耳。今中国海禁大开，通商立约，外洋各国实逼处此。固皆外修和好，内存觊觎，诚有我欲静，人欲动之势。若不翻然改计，共图振作，实有不可设想者。曩日[1]曾袭侯[2]在外洋曾著有《先睡后醒论》，以为中国之人向皆昏睡，今已觉悟。不知今日中国醒者不过数人，而睡者不知凡几，然而久睡者，断不容长睡，必有迫之尽醒之时。所望中国操知觉之权者，亟筹一长治久安之策，合中西为一家，勿令其终身于梦寐之中也可。

[1]曩日，以往，从前。
[2]曾袭侯，即曾纪泽。

# 答问养民事宜[1]

西国有儒士者，美人也，精通中西，淹贯今古。余耳[2]其名者久矣，偶阅报纸，获悉德旆[3]寓津。日者持刺[4]请谒[5]，相见之顷，谈论逾时，意气弥洽，余乃起而问曰："君之游历中国二十余年矣，亦知中国大弊之所在乎？"曰："在乎国困，国困由于民贫，民贫由于丁多，丁多之故何也？中国婚期最早，若北方东豫一带有年十四五即娶者，故往往寿至七八十岁，而见五世孙焉。我泰西无是也。"余曰："然则今日定嫁娶之规，晚娶少生，而即可以为治乎？"曰："是乌乎可。十年生聚，越之霸图也，三年献数，周之王制也。古者以民之多寡为

[1]该文收入邵之棠辑《皇朝经世文统编》，《皇朝经世文统编·卷三十八·内政部十二·养民》，沈云龙主编：《近代中国史料丛刊续编》第72辑，台北：文海出版社1980年版，第1526—1528页。

[2]耳，听说。

[3]旆，古代旗末端状如燕尾的垂旒，泛指旌旗。此处代指上文中的儒士。

[4]刺，名帖。宗臣《报刘一丈书》："即门者持刺入，而主者又不即出见。"

[5]请谒，请求谒见。《左传·隐公十一年》："无宁兹许公复奉其社稷，唯我郑国之有请谒焉，如旧昏媾。"

国之盛衰，故管仲[1]倾鲁梁之民，以强齐国；商鞅[2]诱三晋之民，以耕秦地。盖以民多则田垦，田垦则税增，税增则役众，役众则兵强。今既以不善经理之故，负兹林总之俦，而又于室家嫁娶间，为之厉禁，以折阻之是非，徒因噎而废食也，抑且抱薪而救火矣。”

余曰：“丁多之害如彼，丁多之利又如此，然则何为而可有利无害欤？”君曰：“无他，筹所以养之之术而已矣。夫一人之食，十人食之则绌矣；十人之产，百人用之则竭矣。今中国矿产未旺也，而用度益繁；商务未兴也，而漏卮益甚；田地不加辟也，而谋食者日益多；疆域不加广也，而待耕者日益众。循是而不变，数十百年以后，承平愈久，生齿愈繁，奈之何？而民不贫且困，困且死也。且夫天心之仁，爱斯民也至矣。既能生之，必能育之，安有致其贫且困，困且死者？然扬雄不云乎，天不因，人不成[3]。宇宙间自然之利，必待君相权其缓急，酌其盈虚，为之立法定制，然后小民得蒙乐利之休耳。不然天地日储其利以待，诸民君相日忘其利，而听诸天地，因循坐误，虽日言养民无益也，夫所谓立法定制者何也？

“一曰开矿。丱[4]人一职，周礼綦详，炼石成煤，史书屡纪。迨至西人而其法益备，亦至西人而其利遂宏。英

[1]管仲（前725－前645），姬姓，管氏，名夷吾，字仲，被称为管子，颍上（今安徽颍上县）人，春秋时代法家代表人物。齐国的政治家，任内大兴改革，提倡“尊王攘夷”，终于帮助齐桓公成就了霸业。

[2]商鞅（前390－前338），战国时代政治家、法家代表人物。商鞅早年学习法家、兵家、杂家思想，后入秦国任职，通过变法改革将秦国改造成富裕强大的国家，史称商鞅变法。

[3]语出扬雄《法言》。

[4]丱，古同“矿”。

之新金山，美之旧金山，俄之悉尔毕等处，淘挖之利，岁入何止千万？中国矿苗甲于五洲，近若开平之煤，云南之铜，漠河之金均已渐著成效。地不爱宝，斯人有余资，则矿务之开采宜广也。

“一曰垦荒。八政以食为先，万事惟农为本，今内而腹地，外而边省，每至连阡累陌一片荒芜，或藉口天时之不善，或托言[1]土性之不宜，不知天下无不可挽之事，亦无不可耕之土，要在格物者之善察其性耳。我国挪佛[2]一郡，昔系荒地，嗣审土宜植萝卜，而获利特厚。撒里司白果厘[3]，土本硗薄[4]，自粪以鸟粪，而百谷滋生。伊里岛田向苦卑湿，后用机器竭其水，土脉特肥。他如栽树引雨，植树防荒，皆西人经验之良方，即中国推行之要务，地无余力，斯野无饥民，则垦法之讲求宜急也。

“一曰移民。我国识微见远之士，当夫开国伊始，已深土满[5]之忧，由是遍历五洲，设立藩属。计自二百余年以来，所得五洲之地约英程八百六十万方里，大于本国三岛七十倍。得地既多，迁徙不绝，曰罪遣，曰认耕，曰商留，曰贸迁者，皆是也。盖予以谋生之路，往者既享安居乐业之休，而减其日用之需，留者亦无食少人多之虑，所以为百性[6]计者至深远也。中国安常蹈故，今已百余年

[1]讬言，假讬言词。《三国演义·第四回》：“今日并非贱降，因欲与众位一叙，恐董卓见疑，故讬言耳。”

[2]挪佛，疑为今日诺福克郡（Norfolk）。该郡地处东盎格利亚，地势低洼，河网交错。

[3]撒里司白果厘，疑为今索尔兹伯里（Salisbury），位于英伦西南部。

[4]硗薄，地坚硬不肥沃。

[5]土满，谓土地广阔而不能充分利用。

[6]性，疑为别字，应为“姓”。

矣。虽难逞域外之图，当思尽境中之利。现在西北诸省土旷人稀，东南诸省地溢人稠，似可以彼蕃庶[1]益此萧疏。一转移间，而资生有凭，实边有效矣。则移民之策宜仿行也。

“一曰通商。中国工商之事，听民之自为也久矣。惟管仲治齐，就海煮盐；刘濞在吴，即山铸钱。有擅天下利权之意，然亦只同居一洲之列国耳。比者泰西诸邦，君臣一体，工商合用，自轮舶火车既兴，益复千里如跬步，重溟[2]若坦途，相与网罗五洲之财以供一国之用。夫通者，有往有来之谓也。今泰西之于中国，赢余之资动辄千万，垂橐[3]而入，捆载而归，而中国仅恃区区丝茶以相抵，是欲以细流与大泽争胜也，民困安得而苏哉？则通商之务，宜速筹也。《书》曰：民为邦本，本固邦宁。又曰：有人此有土，有土此有财。今中国之薄泰西者，凡夫开矿、垦荒、移民、通商诸事，莫不曰此西人富强之本务也，而不知我西人之所以上下同心，殚精竭虑而图成者，正与中国圣人之意相合。追至民富而国随之，非但知计国而不知计民者，比也中国名公巨卿若李中堂、张制军、刘中丞诸公，深知此意，故相与仿照西法，以富国之政尽养民之心，近亦稍稍著效矣。乃建一谋，发一议，动辄盈廷聚讼，横议滋生，不曰是行杂霸功利之术也，则曰是夺小民衣食之源也。

“夫师古者当师其意，不当师其法，尧、舜、禹、汤

[1]蕃庶，繁殖。《国语·周语上》：“不可。夫民之大事在农，上帝之粢盛于是乎出，民之蕃庶，于是乎生。”

[2]重溟，海。孙绰《文选·游天台山赋》：“或倒景于重溟，或匿峰于千岭。”

[3]垂橐，提着空袋子。宋·陈师道《简李伯益》诗：“齑盐度岁每无余，垂橐东归口未糊。”

之为君，益[1]、皋[2]、望[3]、散[4]之为臣，所以独高千古者，无他，能以爱民之心，行养民之实而已矣。只以土地初辟，民生未繁，养民之术，无待他求，时势各异，故措置亦略。殊设使值此外患方张之际，金银日漏于外，衣食日窘于内，亦将晏然自处，不为筹谋画策，以挽回而补救之乎？吾知其必无是理矣。然则处今之时，值今之势，有能以爱民之心行养民之实者，是即推本尧、舜、禹、汤、伊、皋、望、散之心而布之于政者也。则而效之，神而明之，可以质诸百世圣人，而无愧于功利乎何尤？且即以小民生计论，中国庶事未兴，泰西众务毕举，民奚贫耶？奚富耶？此其尤大彰明，较著者中国士大夫吸洋烟，售洋货，用洋钱者所在都有，而独于仿效外洋之法，可厚民生而阜民财者，则皆起而大哗，羣相阻难，是甘心承人之害，以朘[5]民之脂膏，而又挟全力以塞其利源，直以爱民之说，济其害民之心而已矣。乌足取哉？”

嗟乎！古之治天下也，宜法先王。今之治天下也，宜法西国。西国费数百年之心思，掷数千万之金钱，至今而宏规大定，成效特彰。一为其创，一为其因，一为其难，一为其易，乃犹群疑满腹，众难塞胸，坐使有用之居诸[6]

---

[1]益，疑为别字，应为“伊”。伊，指伊尹，商代名相。

[2]皋陶，舜之大臣，掌刑狱之事。后“伊皋”常并称，喻指良相贤臣。

[3]望，即太公望，世称“姜尚”“姜子牙”，是周文王、周武王的军师。姜尚以辅佐周朝取代殷商有功，受封于齐国。

[4]散，指散宜生，与姜尚一起辅佐周文王。时周文王被殷纣王囚禁在羑里，散宜生与姜尚把有莘氏之女、骊戎的文马献给纣王，并且贿赂纣王的宠臣费仲，以救出文王。

[5]朘，剥削的意思。

[6]居诸，日月、光阴的意思。《诗经·邶风·柏舟》：“日居月诸，胡迭而微。”

变而为虚糜之岁月。此则绝域之人所茫然不解者也。余闻其言，始而惊，继而喜，终且默尔而息，不知所云。归遂笔而志之，以谂[1]世之大人先生，或有阅此而幡然变计者。

[1]谂，规谏，劝告。

# 论贫民有望[1]

从来国以民为本，民以食为天。有食则生，无食则死。食之于民，讵可一日缺哉？慨自井田法坏，贫富不均，无恒产而有恒心者，惟士为能。若小民，因无恒产则放僻邪侈，无所不为。递至今日，闾阎凋敝，生机日蹙，居无半粟之资，出有流离之苦。相彼小民，良用怛恻[2]。此有心救世者，不得不急思变计也。阅楚督张制军筹办养民告示，首以开矿为先务，诚识时务之俊杰也哉！倘中国大僚尽如张公之通权达变，奋发有为，吾知数十年后富强之道直驾泰西而上之矣。

余尝论工人渐富事，述西国近百年来，得养民新法，各国产业均较前多加数倍。法国于六十年内多三倍，英国于八十五年内多六倍，惟美国最盛，于八十年内则多至四十三倍。其获利之厚者，法国一家有银一千万，德国二家有银二千五百万，英国五家有银一百兆，美国七家有银

---

[1]该文收入邵之棠辑《皇朝经世文统编》，《皇朝经世文统编·卷三十八·内政部十二·养民》，沈云龙主编：《近代中国史料丛刊续编》第72辑，台北：文海出版社1980年版，第1528—1529页。

[2]怛恻，也作“恻怛”，悲忧、哀伤的意思。《后汉书·卷二〇·祭遵传》：“征虏将军颍阳侯遵，不幸早薨。陛下仁恩，为之感伤，远迎河南，恻怛之恸，形于圣躬。”

四百兆。此外，作工之人虽未能广沾利益，然从前每日工资仅合制钱四百文，近则法国于九十年内所加将及二倍，英国于八十五年内亦加二三倍，美国于三十年内更加四倍。现犹设会争论将来逐渐加增，各国工人必当一体渐富。

且泰西另有积财公司，专为贫民居积而设，其银自八两至数百两皆可代收生息，如过四百两以外，则不代存。盖意在济贫，实事求是也。计英国此项于西历一千八百六十四年存银一百七十六兆，至一千八百八十七年存银四百四兆，此二十三年中亦约加利二倍矣。可见泰西各国无一夫之失所。乃中国各省水旱偏灾[1]，循生迭起，小民之荡析流离，嗷嗷待哺者，不下数百万人。其老弱则哀鸿满目，大半转于沟壑。其强壮则铤鹿[2]堪虞，不免流为贼盗。间尝登太行，涉汶、济[3]，见夫饥馑之余，民生困顿，觅食为艰，其载千斤之车者则以一二人前为挽，后为推，权充骡马之身，藉博锱铢之利。或者虽田庐幸存，牲畜已尽，耕作之余均以人代。触目伤心，莫此为甚！

噫！中国自开海禁，与五洲通商以来，三十年矣！不但富强未兴，各处工人未能加价以冀利益均沾，且日贫一日，田亩如故，工程如故，虽有偏长薄技，往往嗟谋生之拙。无他，皆由在上者未克举养民新法耳。今夫为政之要，能因势以利导，斯救弊而补偏，黎庶于以蒙庥[4]，国

[1]偏灾，危害很大的灾害。

[2]铤鹿，快速奔逃的鹿。亦比喻处于穷途末路，铤而走险的人。清·黄遵宪《羊城感赋》之二："铤鹿偶然完首尾，烂羊多赖得公侯。"

[3]汶水和济水，山西境内两条重要的河流。

[4]庥，树荫，比喻庇护。清·钱泳《吴留村》："锡之父老士庶，被泽蒙庥者，自县治以至河干，直达于省城之阊门，八九十里，号泣攀留，行趾相接，不下数万人。"

家因而获益。故兴非常之利，必赖非常之人。所幸中国二三元老，以公忠之念，宏济世之怀，力排众议，举办铁道、开矿等事。如李傅相、张制军、刘爵帅诸公，其智识诚加人一等，嗣后果能不惜小费，不泥陈言，共济时艰，力顾大局，凡矿务、铁道一切养民新法，次第举行，百货流通，商贾辐辏，民困苏而灾患泯，富庶之效，可操券而获也。当道其有意乎？窃愿及早图之也。

# 游民有业论[1]

天地之精华何限？惟开通乃可广利源；闾阎之生齿甚繁，惟勤劬[2]乃能资日用。非然者耗费靡穷，生机渐蹙[3]，其何以培国本而裕民生耶？韩昌黎曰：古之时，人之害多矣。有圣人者立，然后教之以相生相养之道，为之君，为之师，驱其虫蛇禽兽而处之中土。寒然后为之衣，饥然后为之食，木处而颠[4]，土处而病也，然后为之宫室，为之工以赡其器用，为之贾以通其有无。呜呼，三复斯言！夫乃知天下大利溥之于下，仍非开之于上不可也。近阅邸抄[5]，仰见皇后以蚕桑教天下，饬浙抚募蚕妇以备宫中缫丝之用。从此行三盆之典，择五采之宜。凡属三宫，世妇[6]莫敢不社而赋事，烝[7]而献功，以敬承懿命，

[1]该文收入邵之棠辑《皇朝经世文统编》，《皇朝经世文统编·卷三十八·内政部十二·养民》，沈云龙主编：《近代中国史料丛刊续编》第72辑，台北：文海出版社1980年版，第1529—1530页。

[2]勤劬，辛勤劳动。

[3]蹙，困窘。柳宗元《捕蛇者说》：“自吾氏三世居是乡，积于今六十岁矣，而乡邻之生日蹙。”

[4]颠，古同“癫”，精神错乱。

[5]邸抄，亦作“邸钞”，官府发行的报章。专载政治新闻和人事动态。《儒林外史·第一回》：“我带了一本邸抄来与你看。”

[6]世妇，宫中的女官。

[7]烝，古代特指冬天的祭祀。

猗欤[1]盛已！

李傅相兴办制造矿务及津沽铁路，现又拟办林西至山海关铁路。张制军兴办制造矿务于湘鄂，刘爵帅兴办制造、矿务、商务、铁路于台湾。内而帝后，外而疆臣，莫不励精图治，讲求裕国足民之道。苟能由此推广，南北铁路通行，所有养民之事无不举办，则中国之兴庶几拭目俟之乎？

然说者曰，铁路之兴利于上未必能利于下，富于国未必更富于民，何也？肩挑背负所以觅锱铢也。自铁路开，货物由火车装运，则此辈均闲曹矣。船唇轴齿所以求升斗也，自铁路开，商贾附火车行驶，而此项置高阁矣。是欲养民者不几先夺小民之生计乎？抑知铁路经行之处，货物分运乡镇固需手足之烈，而车船分载辗转他往尤不能免此。津沽铁路行之数年而无弊，固华人所共见者也。然铁路果通往来，货物脚价必省，冗费既少，冗人自裁。浅见者鲜不鳃鳃过计，恐游民有失业之虞，而正无庸多虑也。今试以北省而论。

张家口产皮，京都产煤，天津进口米布各货，凡诸出产销售每一千人出力于产数者不过四百人，余则往来转运者即需六百人。是生财之人少，而耗财之人多。若铁路开行，则转运之人即可裁减，冗费省而价即廉，货值贱而销必广。夫销路既广，则出力于产数者必需多人。如此一转移间，凡前转运之人皆可从事于出产之地，是生之者众，食之者寡，民何有失业之忧乎？如此而国家即不欲富强，则富强已由此基矣。闾阎即不欲丰亨，则丰亨已由此兆

[1]猗欤，叹词。表示赞美。

矣。譬如手艺之家，居住乡僻，一人制物，仍须二人运至城市销售。若一旦乡僻改为城市，门前即可售物，无庸二人运行，则此二人即可帮同制造，所成之物既多，所获之利自倍。其家之兴，讵不可立而待哉？今之铁路开行，亦化乡僻为城市之意也，尚有失业之虑乎？吾愿当轴者衡情察理，有利即兴，勿事踌躇也乎。

# 论工人宜渐富[1]

昔诸葛武侯[2]治蜀而蜀治，其自言曰，我心如秤，不能为人作轻重？夫至其心如秤，则平之至矣，五雀六燕适得其平。不知者见之，则以为多寡之数不平，而不知有秤以平之，则多而轻与少而重正无分轩轾也。韩昌黎曰：凡物不得其平则鸣。鸣其不平，正所以望其平耳。此吾儒与人家国事必以齐、治、均、平为本。观于泰西工人与国家相争之事，而知其积不能平之故矣。

考西国近百年来，自得养民新法，各国产业均继长增高，较前多加数倍。其最盛者莫如美国，于八十年之内产业即多四十三倍。此外，英国于八十五年之内产业亦多六倍，法国于六十年之内产业亦多三倍。盖美国用辟地开垦诸法，故其收效极速；英国因得新机器制造，并通商五洲，故亦日渐富强。然各国产业如此之长，岂一手一足之烈哉？实工人胼胝辛勤所致耳。

---

[1]该文收入陈忠倚辑《皇朝经世文三编》，见《皇朝经世文三编·卷二十五·户政二》，沈云龙主编：《近代中国史料丛刊》第76辑，台北：文海出版社1966年版，第397—398页。

[2]诸葛武侯，即诸葛亮（181—234），字孔明，东汉末年徐州琅琊阳都人。隐居隆中，自比管仲、乐毅，人称“卧龙”。三国蜀汉丞相，在任期间，整官制，修法度，志复中原。建兴十二年卒，谥忠武侯。

夫极众人之劳而获此巨利，自宜一律均分，方见其平。乃美国有七家，共得银四百兆；英国有五家，共得银一百兆；德国有二家，共得银二十五兆；法国有一家独得银十兆。至众工人作工之赀，在百年前每日仅合中国制钱四百文。近日以美国为最大，比之三十年前不过加四倍；英国于八十五年内只加二三倍；法国于九十年内仍未加二倍。因此，西国多年来凡有明白工人莫不互相议论，以为国家既渐富强，士商亦坐拥厚赀，而独此出力之人未能利益均沾，无乃不公乎？因此各工人设会曰同心会，又曰同合会[1]。计德国有六十余万人，英国有八十余万人，美国有六十余万人，法国人数更多，莫不禀明国家以求伸其不平之气，而溥其大公之财。

若就其形迹而论，与聚众滋事何异？不知人情，不甚相远，天下事苟得其平，又何必众口哓哓[2]，与在上者时常争论耶？故近来西报中常见有工人设会与各国争论之事，实非与上为难，不过欲求厚加工赀。且一日中限定只作工四时，俾众人得益一律平允，此外别无他意也。今夫饮水者宜思其源也，植木者宜培其本也，观于各国之因开垦制造而日兴月盛，微各工人之力不克至此，是工人之于国家，即生财之源致富之本，有国者讵可昧厥本源哉？吾知嗣后泰西各国必当持之以平，使各工人一体渐富，不致再行觖望[3]，是亦大局之幸也夫！

[1]同合会，即union的意译。现译工会。

[2]众口哓哓，又作“众口嚣嚣”。七嘴八舌，乱嚷乱叫。形容争辩不止。

[3]觖望，所愿不满而生怨。《史记·卷五一·荆燕世家》：“今营陵侯泽，诸刘，为大将军，独此尚觖望。”

# 五洲渔人生计说[1]

尝谓天地生物皆以养人，而其所以养之之法，则在人之参赞化[2]育，制造器物，斟酌规条，而后天不爱道，地不爱宝，胥出以供人之用矣。前既论农田、水利、轮船、火车、开矿、制造诸大事，以为商农积殖，筹画造作转运之本，而海澨山陬偏隅之地，各处难通，其地其人将何以为生计耶？谚云：近山者樵，近水者渔。地虽不同，生计则同；事虽不同，利益则同。姑略举数国数地以例其余，阅之者可以类推矣。

按海上渔家以美国为最多，每年得鱼约值银二千八百万两。英国渔人获鱼值银，少则二千万两，多则二千五百万两。美国北界坎拿大地方，渔人获鱼值银一千五百万两。外有钮分兰[3]海岛渔人，获鱼值银四百万两。欧洲之瑙威国[4]、法国渔人获鱼各值一千二百万两。盖鱼之多，莫多于美洲东岸，水又不深，故渔人多聚于

[1]该文收入麦仲华辑《皇朝经世文新编》，见《皇朝经世文新编·卷七·农政》，沈云龙主编：《近代中国史料丛刊》第78辑，台北：文海出版社1966年版，第558—560页。

[2]赞化，赞助、教化。语本《礼记·中庸》："能尽物之性，则可以赞天地之化育；可以赞天地之化育，则可以与天地参矣。"

[3]钮分兰，现译纽芬兰。

[4]瑙威国，现译挪威。

此。盖系前明欧洲人初知其地之多鱼，而法人首先往取者也。各国章程，本境十里之内有鱼，不准外人网取；十里之外，则任渔焉。美国东海地方出鱼不止十里，虽数十里，数百里皆有鱼，故各国渔人往取者多。

美国西海旁有数大河出鱼，中有一种大鱼粗与人臂及股等。此鱼烹熟装入光铁盒汗严，每四十八盒装一箱。每年装一百万箱，重二万六千吨，发往各国售卖。远游者携作食品甚便。又有一种蛤蚌。在美国鱼中十有三皆蛤也。英国出青鱼，来时成队，全海几满。又有鳚鱼[1]等，其鱼肝作油医人，痨瘦虚羸者常服可愈。欧洲地中海有一种鱼长二三寸，名撒亭[2]，烹熟加油亦装光铁盒。每盒装十二尾，亦可发往五洲销售。又有一种极大之鱼，长一丈余，重八九百斤，来时亦如青鱼之多。俄罗斯有一种鱼子，无论何菜，略加些须提味甚佳，每年值银一百二十万两。日本出鱼最多，土人每食皆大米饭及烹鱼，无二味。其海参惟中土人食之。

印度南有一岛，名锡兰[3]。岛中傍海处蛤蚌皆有珠，取鱼人兼取珠。中国谓之蛋户[4]。印人设官总理，计每年获珠值六七十万两。按每颗珠大者约值银二百两，其余价以次减杀。取珠之人每年得珠至多值四百两，少亦有时值四两者。常年作此生涯约有七千人。印度官以此售珠之

[1]鳚鱼，鳕鱼的别名。

[2]撒亭，即sardine，现译沙丁鱼。

[3]锡兰，今译斯里兰卡。

[4]蛋户，也作“蜑户”，现多作“疍户”，古代南方的水上居民。宋蔡絛《铁围山丛谈》卷五：“凡采珠必蜑人，号曰蜑户，丁为蜑丁，亦王氏民尔。特其状怪丑。能辛苦。常业捕鱼生，皆居海艇中，男女活计，世世未尝舍也。”

利，亦设立若干有益岛中之事。岛人常感颂之。至中国取鱼之法，则甲于五洲而上。何以知之？十年前英国赛万国鱼会，中土人将一切取鱼之具，排列当前比较。外国人皆心服其各器佳妙，惟每年取鱼鱼数及卖鱼之值共有几何，无从考核，为少歉耳。此五洲近海渔人生计，亦不减三农商贾也。岂非天地生物原以养人，而其养之之法皆在夫人之自为哉？

《时事新论·卷七》终

# 卷八　新学

# 论学人

且夫古之学者得之于心，征之于事，本于礼乐诗书，达之家国天下，大用之大效，小用之小效。今之学者本之于心，征之于言，始之占毕[1]、训诂[2]，终之以文艺，而其实归于无用。夫人才者，所以用天下者也。人才之盛衰，由学植[3]之厚薄，天下日竞于无用之艺，而欲以求古昔明体达用之材，其不可也审矣。然则如之何而可？亦惟留其善去其不善而已。

考中国学校之制可见于《书》者，自五帝始，其名曰成均[4]，夏曰校，殷曰序，周曰庠，学则三代共之。盖无人而不学，无地而不设学以教之也。汉承焚书坑儒之后，至武帝始建太学，元帝益广其制，明帝复加润色，尊养更老，观听桥门[5]。故两汉太学之士扶持名教，可与烈日争

---

[1]占毕，诵读的意思。

[2]训诂，解释古书中词句的意义。

[3]学植，同“学殖”。原指学问的积累增进，后泛指学业、学问。《左传·昭公十八年》：“夫学，殖也；不殖将落。”杜预注：“殖，生长也；言学之进德，如农之殖苗，日新日益。”

[4]成均，即学校的意思。

[5]桥门，即太学。古代太学周围环水，有四门，以桥通，故名“桥门”。《后汉书·儒林传》：“乡射礼毕，帝正坐自讲，诸儒执经问难于前，冠带结绅之人，圜桥门而观听者，盖亿万计。”

严。唐设七学以造天下。宋祖立极之初，首幸监学，亲赞孔、颜[1]。元明皆设国子监。自古帝王育人材，正风俗，莫先于学校。此中国学校之善一也。

孔子曰：有德者必有言。故《诗》《书》《易》《礼》《春秋》删定之旨如日在中，游夏[2]不能赞一词。此外曰《孝经》，曰五经总义，曰四书，曰《乐》，曰《小学》，皆经书之要旨也。自经学而外又有各种史部及子集，各书大都是非公论。岁月远近，世代终始率皆了如指掌。嗣后著作家除儒家、兵家、法家、农家、医家、天文、算法、术数、艺术、谱录、杂家，外则有释家、道家名为别教。总之儒者著书，皆治世修身之言，非二氏外学可比。此中国著书之善一也。

古者有乡举里选[3]之法，自隋唐始有进士科[4]，宋明以来得人益盛，盖朝廷待之既厚，则卓荦[5]非常之士皆出于其途，而致身通显，所以伸其才而壮其志者，良由培养之力居多。试观韩琦[6]唱名，太史奏瑞，杨寘[7]赐第，公

---

[1]颜，即颜回（前521－前481），字子渊，又称颜子、颜渊，春秋鲁国人，孔子七十二门徒之首。颜回家境贫穷，但能安贫乐道，为人聪敏、好学，闻一知十，品行优越，被视作孔子最得意的弟子，位居孔门第一位。

[2]游夏，孔子的两位学生的名字，其中言偃，字子游；卜商，字子夏，故并称“游夏”。见《论语·先进》：“文学子游、子夏。”

[3]乡举里选，古代选拔人才的一种方式。从乡里中考察推荐。

[4]进士科，隋唐科举制度取士的科目之一。始于隋炀帝，至唐代特受重视。以后进士科遂成为科举制度中的唯一科目。

[5]卓荦，突出，明显。

[6]韩琦，字稚圭，自号赣叟，相州安阳（今河南安阳）人。北宋政治家、词人。典出《宋史·卷三百一十二·列传第七十一》：“琦风骨秀异，弱冠举进士，名在第二。方唱名，太史奏日下五色云见，左右皆贺。授将作监丞、通判淄州，入直集贤院、监左藏库”。

[7]杨寘，宋庐州合肥人，字审贤。仁宗庆历二年（1042年）进士第一。

卿皆贺。讵非一时盛事哉？此中国仕进之善一也。

虽然世运有升降，学术即有醇漓[1]。中国从前海禁未开，若邹衍九州[2]之说，山海十洲之书，仅为传闻，仿佛渺而无据。自通商以来，西儒接踵来华，而后五大洲各国语言文字，风土人情始通。中国近更聘问往来，中外之情日益亲洽。宜乎，中西学问所当并通，不可偏废也。夫一物不知，儒者之耻。而况同在地球列邦之事乎？

查欧洲各国年已长成之人，无论男女贵贱，统计入学肄业，读书识字者每百人中有六十九人。若中国年已长成之人，无论男女贵贱，统计入学肄业，读书识字者每百人中仅有十一人。说者谓华文习学较难，西文习学较易，故多寡之数不能相等。然即推而广之，以中国能识之无者充类，并计每百人中作二十人，较之西国亦只有三分之一耳。且西国学问之士著书立说，无不合各国之事，互相考证，实事求是，为坐言起行之资。而中国著书之人，虽上下千古，无非在华言华，从未旁及五洲各事。

昔春秋战国时，圣贤如孔孟犹周流列国，问俗采风，藉广闻见。近来五洲各国通商换约，中外一家，与春秋战国时何异？值今之日，为今之人，而顾可自囿也耶？至西瀛各国取用人才设有数科，凡兵、刑、钱、谷等事无不由考试而授。虽王子、国戚，欲为水陆将帅，亦皆须幼学而

---

[1]醇漓，本意指酒味的厚与薄，以喻教化、风俗等的敦厚与浇薄。

[2]邹衍（约前305—前240），战国时期齐国人，战国时期阴阳家学派代表人物、稷下学宫学者。在空间认识方面，邹衍创立了“大九州”说。他认为，“以儒者所谓中国者于天下乃八十一分居其一分耳”。“赤县神州内自有九州禹之序九州是也”。“中国外如赤县神州者九乃所谓九州也。在此九州之外，又有如此九州者九”。

后壮行，断无由他途而进者。若中国仕进之阶向由科第法至善也。乃自道咸军兴以后，大开捐纳之门。较之古时以赀为郎[1]，殆有甚焉。名器滥而流品杂，其何以求真材而资实用耶？夫菁莪棫朴[2]，雅化作人，学古入官，由来已旧，故人材之消长，关乎国运之盛衰。宰相须用读书人，千古有明鉴矣。所冀中国为学之士变通旧制，实力研求，上仿三代之遗规，旁采五洲之要事。功成言立，何难驾出西人之上哉？其勿自域也可。

[1]赀，通“资”。《史记·司马相如列传》：“以赀为郎，事孝景帝，为武骑常侍，非其好也。”谓因家富资财而被朝廷任为郎官。后即称出钱捐官的人为“赀郎”。

[2]菁莪棫朴，比喻贤才众多。

# 论学校[1]

天生蒸民[2]予以健顺，五常之性岂尽能自淑哉？有圣人出，作之君，作之师，以先知觉后知，以先觉觉后觉。本之以孝、弟[3]、忠、信，泽之以礼、乐、诗、书，故自唐虞三代以来，未尝一日废学校。

洪惟本朝文明大启，棫朴兴贤，璧水圜桥，躬逢盛世，屈指数百年来，宏儒硕彦后先相望，或以功业，或以风节，或以行义，或以道学，皆卓然特出著名当世。其学校得人之盛，固不仅掇巍科[4]，跻膴仕[5]已也。独是天道世运积久必变。至于今，欧亚互市，此往彼来，以四千年自守天下，一变而为五大洲相通之天下。吾知车书一统，四海同文，当有渐推渐广者矣。虽然，泰西各国学校之益，约有数端，正不妨参考而观焉。

---

[1]该文收入陈忠倚辑《皇朝经世文三编》，见《皇朝经世文三编·卷四十一·礼政六》，沈云龙主编：《近代中国史料丛刊》第76辑，台北：文海出版社1966年版，第638—639页。

[2]蒸，细小的木柴。蒸民，普通百姓。

[3]通“悌”，敬爱兄长。见贾谊《道术》：“弟爱兄谓之悌。”

[4]巍科，古代科举考试名列前茅。《宋史·卷四一一·汤璹等传·论曰》：“蒋重珍自擢巍科，既居盛名之下，而能树立于当世，可谓难矣。”

[5]膴，厚的意思。膴仕，高官厚禄。语出：《诗经·小雅·节南山》：“琐琐姻亚，则无膴仕。”

夫学校为教化之原，始于比闾，设于州乡，本于家塾、党庠、州序以达于王国。盖当日无人而不学，无地而不设学以教之也。至今日而中国十八省生齿日繁，统计每百人中能识字记事者约不过十余人。而泰西各国学校规制大略相同。其学堂自乡而城，而郡，而都，各有层次。国中无论男妇贵贱，自七八岁起皆须入学，至十五岁为小成。统计每百人中能识字记事者，德国约有九十四人，美国约有九十人，英国约有八十八人，法国约有七十八人，俄国约有十一人，此人数之宜考者一也。

古之学校养其心不养其身，后之学校养其身不养其心，又其后也，养心之教既泯，养身之教复缺，君子所以叹古今之殊也。惟本朝典隆养士，自太学以至郡县，各学莫不优以廪饩，其长育人才可谓盛矣。若泰西各国之学院经费尤称充足，所谓养心与养身者，莫不交尽其道。每年需银计美国八千万，法国二千万，德国亦在二千万左右，英国一千六百万，俄国一千二百万。按各国书院之款有全系国家筹备者，有半为国家措办，半为学生捐助者。虽所费较多而成就甚大。此经费之宜考者二也。

夫一物不知，儒者之耻。故孔子则好古敏求，颜子则博文约礼。自古圣贤学问，莫不从勤奋中来。近日，中国学校之士，读书刻苦者颇不乏人，其著述之书亦皆考究精详。凡于历代长进及一切兴衰之故，无不灿若列眉，可谓善矣。所惜者，中国士子专习华书，而于他国之风俗政事一概不知，未免自囿于方隅。至佛教、回教中人，但知读本教之书，尤愚之愚也。若泰西各国从前学校中人，亦只知读本国之书，近则翻然改计，于五洲各要书如经史子集等类，莫不搜罗探讨，摘录存储以备观摩之用。夫以中国士子诵读之勤，心思之敏，倘再能推广旁及五洲各书，实与自强之道大有裨益。此读书之宜考者三也。

千古纲常名教，经济[1]学问，皆从经史中出，文义中生。是以历代帝王经营天下，虽于戎马仓皇之际，必首立学校以维国本，盖知其关系大也。近日欧美等洲学校中多设各国要书，以讲求养民之法，故闾阎康阜，财货充盈，较之百年前可加六倍之富。况其国地土日辟，商务日隆，天下五大洲皆有属境，火车、轮船逐渐推广，其权势之大，亦非百年前可比。此关系之宜考者四也。

於乎！文教兴而人才众，规模远而费用宏，识见广而读书多，强弱判而关系重。是知物极则变，变久则通。居今之日为今之学，虽圣人复起有不能不变通尽善者矣。《诗》曰：思乐泮水，薄采其芹[2]。彼有教化之责者，当亦憬然于学校之地，固非国家之缓务也夫。

[1]经济，经世济民。《五代史平话·周史·卷上》：“吾负经济之才，为庸人谋事，一死固自甘心。”

[2]该句语出《诗经·鲁颂·泮水》。

# 新学说

粤考黄帝学于大填[1]，颛顼学于绿图[2]，帝喾学于赤松子[3]，尧学于尹寿[4]，舜学于务成跗[5]，禹学于西王国[6]，汤学于威子伯[7]，文王学于时子斯[8]，武王学于虢叔[9]。自古帝王且无不学，而况于黎庶乎？是以君子学道则爱人，小人学道则易使也。然大学之道在明明德，在新民。汤之盘铭曰：苟日新，日日新。孔子曰：温故而知新。诚以学问之道无穷，苟非新机日辟则学如不学等耳。吾故于新学再三论之，窃以为今日之事，惟以开新学馆为最亟。夫设科取士，本有定程，而济世求才，难拘成例。况当今日海禁大开，西瀛各国接踵[10]来华，苟不力求自

[1]填或作颠、真、坟，相传为黄帝之师，或说大挠（《吕氏春秋·尊师》高诱著）。郑天挺、谭其骧主编：《中国历史大辞典·壹》，上海：上海辞书出版社2010年版，第113页。

[2]绿图，即箓图，预言人世祸福之书。

[3]赤松子，也称为“赤诵子”，帝喾的老师。《韩诗外传·卷五》：“帝喾学乎赤松子。”

[4]尹寿，帝尧的老师。

[5]务成跗，帝舜的老师。

[6]西王国，具体位置不详。语出《荀子·大略》：“禹学于西王国。”

[7]威子伯，生平不详，商汤王的老师。

[8]时子斯，生平不详，周文王的老师。

[9]虢叔，周文王的弟弟，周武王伐纣灭商朝后，封虢叔在雍地，史作西虢。

[10]踵，脚后跟。接踵，一个人接着一个人，形容人很多。

新，期于实用，其何以救时而济世乎？

查泰西各国学院规制大略相同，惟学有初中上之分。自乡而城，而郡，而都，各有层次，各学均由地力官捐建经理。中国男女贵贱自七八岁起皆须入学，至十五岁为小成，但求粗通文算并凡地球史志等书，或兼习他国语言文字。此为初学之事。初学期满则升中学，入学之期以十五岁、二十一岁上下为度。所穷者如天文、测算、格物、化重、制造、富国、交涉等学，并旁通动植、金石、绘画、音乐、农商各学，至学成则升上学。上学则以二十一岁、二十六岁上下为度，所事与中学大致相同，特浅深有异耳。然至此则精益求精，必须由故得新，自创一事为他人之所无者乃成上学之士。

且每国有大书院多处，藏书甚富，尽人可以进观，但不能携书出院。即以英国学院数目计之，初学有二万八千座，师五万七千人，生五百二十五万余人；中学一千四百三十座，生二十一万人；上学十一座，师三百四十四人，生一万三千四百人。故泰西各国人民无一弃材，各有裨于公私，以广其用。此诚法度之至善者也，近二十年来日本国亦仿而行之，成效颇著。

今中国所设之同文馆、广方言馆及武备水师等学堂已历有年，而于格教诸学尚未深通，即制造等事亦惟西人是赖。正如邯郸学步，并不能自出心裁，创一新式。推原其故，皆无新学书院以宏其教育耳。中国苟能广开新学书院以教民，其益最大，其利最溥，请详言之。

亚洲民人之秀，首推中国。迩来士子专尚制艺，上以此求，下以此应，将毕生有用之精神尽销磨于时文试帖之中。空言无补，何关经济？一旦有事，而欲于此中求人材，不亦难乎？今惟设立新学书院，多备中西有用之书，令各生分别并习，则融会贯通于战阵、韬略、格致、测算等学无不尽知，再使之游历外洋，俾老其才，将来必可收为大用。此其育人材者一。

中国自秦启焚书坑儒[1]之祸，学术浸坏。故三代以前学多实用，三代以后学尚空言。迨至今日，词章、考据各有专家。理学、儒林分为两事。然其学或抄袭浮华，或虚无窈冥，究无真实之用。倘开新学书院，导以西国各学，如武备、行阵、制造、技艺，以及化光重医等学，庶可济于实用。此其崇实学者一。

近来南北各省士习日渐浇漓[2]，往往有身列胶庠[3]之人，武断唆讼，罔利营私，风俗之坏，始自学校，然究其故，由于无真学化其气质耳。今使广开新学书院，多选读书少年，已经入学中举之人令其肄习馆中。上既以大成期之，彼必不甘自为小人。将见士尽愧勉，民皆廉让，则乡里习尚亦可转为敦庞[4]矣。此其端风俗者一。

中国向来闭关自守，地球之上毫无往来。现虽通商立约，稍有粗通外洋文字言语之人，然各国典章之要，盛衰之理，山川之险，政教之原，均无人深知。苟能设立新学书院，广罗各国书籍，举凡各国之事，开卷了然，庶不致囿于耳目，此其广闻见者一。

---

[1]焚书坑儒，公元前213年秦始皇下令焚毁“诗、书、百家语和非秦国史书”，并在公元前212年坑杀“犯禁者四百六十余人”。

[2]浇漓，人情、风俗淡薄。南朝齐·王融《为竟陵王与隐士刘虬书》：“淳清既辨，浇漓代袭。”

[3]周时胶为大学，庠为小学。后世通称学校为“胶庠”。语本《礼记·王制》：“周人养国老于东胶，养庶老于虞庠。”

[4]敦庞，敦厚朴实。

中国民生日穷，皆由于学识不充，不能兴利除弊。生之者寡，食之者众。坐守古法，不知振作，于理财之道大相背谬。诚能广开新学书院，俾各人皆知开铁路、兴商务及开矿、耕织、制造、机器等事，不必借重西人，从此利权在己，永无漏卮之患，不求富而财日隆矣。此其兴利源者一。

通商以来，交涉案件层见迭出，或教士游历，为无知乡民欺凌，或华船不谙停泊，致为洋船撞损。甚至大者如通商立约等事，种种变端，非熟谙洋文律例，不能据理折断。今既广开新学书院，使之兼习其事，日久华洋律法各人无不尽悉，则交涉之案不兴，邦交之好自笃。此其绝祸端者一。

凡此六端，皆与中国大有关系。若能颁行天下，广设新学书院，人人皆得而习之，其院师初必择请西儒之名望出众、才识兼优者以膺其任。俟二十年后各院学成之生即可酌量充选矣。夫欲制胜于人者，必尽其成法，而后能变通，变通尽善而后能自强。以中国幅员之广，人民之众，竭其聪明智力，何难驾西国而上之哉？尚其勿甘于自域也可。

# 求儒救民说[1]

今夫儒也者，蕴之在正谊明道[2]，扩之为齐治均平。其操守既懔[3]于平时，而天地民物之会归，又有以宏其抱负。其戒慎既严于幽独，而天民大人之事业，复有以验其敷施[4]。故垂钩渭滨，早裕鹰扬[5]之烈；躬耕莘野，夙怀币聘[6]之勋。推之禹稷饥溺[7]为心，孔孟安怀言志，固莫非救民之隐也。有国家者，苟欲挽弱为强，转贫为富，舍儒其谁与归？夫今日天下五洲各国，兴衰、贫富、强弱之道，莫外于养民教民，绥远睦邻各大政。本馆年来分别著为论说，可谓详且尽矣，兹更合中西情形而统勘之。

夫中国患难之根，识者皆知其地狭人稠，有以致之也。中国每年约添三四百万人，每十年即添三四十兆人，比之两省人数不相上下，而养民之地如故，养民之法亦如故。生人愈多而国愈贫，倘再生生不已，无良法以处之，

[1]该文收入于宝轩辑《皇朝蓄艾文编》，见《皇朝蓄艾文编·卷二·通论二》，上海：上海官书局1903年版，第17b—19b页。

[2]语出《汉书·董仲舒传》：“夫仁人者，正其谊不谋其利，明其道不计其功。”

[3]懔，畏惧。

[4]敷布施行。《书经·皋陶谟》：“翕受敷施，九德咸事，乂俊在官。”

[5]鹰扬，威武的样子。

[6]币聘，聘请贤人用的礼物。

[7]饥溺，比喻生活痛苦。语本《孟子·离娄下》：“禹思天下有溺者，由己溺之也；稷思天下有饥者，由己饥之也，是以如是其急也。”

势不至饿死而不止。无良法犹可说也，乃有良法而不行，中国诚可惜矣。屈指计之，约十有一端。

夫农桑为务本之图，开一地即兴一利，不必讲外国之开垦也。中国各省，仍有多地未垦，一也。五金之宝产于地，而煤尤为日用之需。中国各省矿利未兴，二也。军饷藉路以速运，商贾因路以利行。中国各省路未全修，三也。钱法之推行贵流通，钞币之因时宜善变。中国钞法与钱法，未能尽善，四也。机器岂宜守旧，技艺贵在求精。中国之制造，未能生新，五也。他乡之驿使稀逢，远道之平安难达。中国百姓之邮政未设，六也。抚字共催科交迫，茧丝与保障同劳。中国之州县，官事太繁，七也。转东南之米粟，济西北之仓储。中国之漕法，未能无弊，八也。地方之财赋不均，官吏之中饱无限。中国之公私款项，不报清帐，九也。生财者仅有数人，蚀财者不啻千万。中国之利源，分多生少，十也。学必期于实用，事莫重夫养民。中国不求今学，专习古书，十一也。

于此十一端，中国未能讲求，无惑乎？贫困孱弱，年逊一年也。本馆主人目击心伤，深慨中国解此理者，千人之中不可一觏，徒令旁观者喟叹不置。夫亦可以感矣。若泰西之法则不然，欧洲每年亦添二三百万人，十年即添二三十兆人，但各立善法，不惧生人之多，所惧者，生财不如生人之多耳。

爰考其事，与中国相反，而实相成焉。一在开垦，欧洲四百年内，所开新地，较原地大约添十倍之多。若美澳两洲，前皆荒地，嗣经欧人分往开垦，始免地少人浮之患。二在开矿，欧洲地中所产之煤，即以英国一处言之，每年每人匀计，即可省银四两。三在通路，矿产虽多，无路以通之，则有矿与无矿等。现欧洲运货之路，即英国一处，每年每人匀计，亦可省银三两。四在钞法，近数十年来，欧洲遍国开设银行，广行钞票，以济钱法之不逮，如每人添本银三两。五在制造，凡钢铁机器，无不讲求格物化学，以期新益求新。自造钢新法出，钢价与铁价相平，近来五洲铁路、造船、造机器，省银无穷。六在信局，不但城市一日可送二三次，即各村乡皆可送到，每信只须收钱二十五文，既无费用，且获余利甚多。七在政事，凡西国各大城大海口，俱派本地绅士管理杂务，无半途而废之虞。八在漕法，所有各属漕米，皆变钱呈缴，无转运折耗之患。九在清帐，国中每年款项所入，无论官商必须开具清帐，从此各国各事，皆有考较。十在生利，所有农田开矿，及一切商贾之事，皆生利之端，其分利者绝少。至其十一，则在讲求新学。所有今世新学，业已遍行各国，无论何处书塾，皆读养民要书，专精肄习。

以上各法，西国已有效益。但按英法两国核算，不独能养已也，目前不啻每年每人增银二十两。若以中国每省二十兆人数推之，每省每年应增银四百兆，即以十分之一核算，每年每省亦应增银四十兆。既有如此巨款，中国又何贫困之足虑乎？查印度国贸易，三十年内，定加四倍。日本国贸易，十四年内，出入货物，每百两竟加增八十八两，皆由习养民新法之故。惟中国三十年之久，出入货物，每百两只增五十七两，而丝茶利息，则年减一年。嗟嗟，西国有如此养民新法，中国奈何忽而不讲哉？

总之，五洲要学，格致良法，每年皆当求新。此外，教民以道德，交友以和睦，万国一心，故能富强坐致[1]，周遍地球，可谓盛矣。论中国则如彼，论西国则如此，相形之下，优绌立分。虽然，中国独何以落人之后耶？按每七日所报各国清单图，即知中国有时在人之先，亦有时在人之后。总算各图，中国则在第七号之国。夫中国人数之多，向推第一，他如读书人士，自古以来，能者不少，亦当列为第一，何至退居第七之数哉？盖以今日中国贫弱故也。俄国有兵三百万，德法两国，各有兵二百万，英国有陆兵八十万，水师甲天下，均二十日可以调齐。中国虽有兵勇数十万，但地方辽阔，一旦有事，若无铁路，窃恐半年之久，亦难调齐。平日有人于中国大僚前，上富强之策，而大僚虽有一二明白时势者，无如[2]中国士子，向皆读古圣贤书，不讲今学，即有王大臣于十八省中拟立养民新法，彼士子方欲阻之挠之，未必遽尔信服。无他，皆出于不知耳。呜呼，不知之误人非浅也。

余来华二十余年矣，盱衡[3]时事，思挽时局，幽愁积愤，有触即发。深愿吁求中国十八省之读书人士，考究中西养民各法，如有成效，即禀请当道，上达天听，通饬各省遵行。从此振作有为，励精图治，则中国非惟不居第七之班，即列五洲各国之上，亦直指顾[4]间事也。况无平不陂，无往不复，中国积弱已久，天心必将默启富强之机。凡能上体天心者，亦当极力图维，择善而从，以佐升平之局，窃不禁为中国诸儒拭目俟之。

---

[1]坐致，不劳而获。见《孟子·离娄下》：“天之高也，星辰之远也，苟求其故，千岁之日至，可坐而致也。”

[2]无如，无可奈何。

[3]盱衡，观察。

[4]指顾，形容非常迅速。《文选·班固·东都赋》：“指顾倏忽，获车已实。”

# 论士宜兼习养民新学[1]

士为四民之首，人之望士者甚重，士之自待者亦匪轻，故平日读书稽古，凡内圣外王[2]之学，致君泽民之业，皆宜素裕于当，躬观于伊耕莘野[3]，早具币聘之资；吕钓渭滨[4]，久抱鹰扬之烈；孔子一车两马周流列国，车中则富教兼商，同堂则安怀言志；范文正公先天下之忧而忧，后天下之乐而乐。王曾[5]平生志不在温饱，历代圣贤

[1]据孙青称，该篇收入1901年本《分类洋务经济时事论》，不过有脱字讹字，如将1894年《论士宜兼习养民新学》篇名讹印成“论士宜兼习养民新法”，将《纪西国送信章程始末》篇名脱字成“纪西国送信程始末”等。见孙青：《引渡“新知”的特殊津梁：清末射策新学选本初探》，《近代史研究》，2013年第5期，第93页。

[2]内圣外王，个人修养与政治主张。“内圣”，即将道藏于内心，自然无为；“外王”，即将道显示于外，推行王道。“内圣外王”，意谓内有圣人之德，外施王者之政，即人格理想以及政治理想两者的结合。

[3]莘野，隐居之所。《孟子·万章上》：“伊尹耕于有莘之野。”赵岐注：“有莘，国名。伊尹初隐之时，耕于有莘之国。”

[4]渭滨，渭水之滨。见《东周列国志》第九十七回：“昔者吕尚钓于渭滨，及遇文王，一言而拜为尚父，卒用其谋，灭商而有天下。”

[5]王曾（977－1038），字孝先，泉州晋江人。咸平五年（1002年）乡试、会试、殿试皆第一，“三元及第”，后为枢密使，封沂国公。

皆以韦布[1]之身，蕴公辅之量，出则斧柯[2]，可假行仁布德，跻一世于隆平，处则弦诵相资，立说著书，导斯民于康阜，士之实不綦重哉！

顾说者谓自乡举里选之法坏，而进士明经之科兴，尚文不考行。士之抱寸长挟一艺者，非此无由自奋于功名。故进士之科，韩昌黎谓古之豪杰必惭是选。而况取以时艺，律以试帖，所尚者皆无用之文乎？抑知古今人才一也，成周人才出于学，战国人才出于客，汉之人才出于吏，唐宋以来人才出于科目。昔用里选则人才由里选而出，今用科目，则人才亦由科目而出，夫何代不生才，何才不资世？讵可执成格以相求哉？

洪惟我国家辟雍[3]造士，黉序[4]兴贤，数百年来人材辈出，后先相望，或以文章，或以经济，或以儒行，或以功业，皆卓然特出，著名当世。虽由运会之兴，实亦培养之厚耳。独是人材消长，关乎世道，而世道维持，责在名儒。溯自洪荒甫辟，浑噩风高，乃未几而茹毛饮血者，易而为玉粒金穰矣。又未几，而卉衣草服者，易而为黻冕绣裳矣。且制礼作乐，兴利除弊，拯民于水火之中，登民于衽席之上，遥遥千百年来，经文纬武，旋乾转坤者，莫非士力居多。夫法制无百年而不变，教化贵因时而制宜。

目前中国人数每年生死总计约多四百万，以十年计之

[1]韦布，韦带布衣，指粗陋的衣服。汉·司马相如《报卓文君书》：“五色有灿，而不掩韦布。”

[2]斧柯，斧柄，喻指权柄。清·黄遵宪《述怀再呈霭人樵野丈》：“岂能无斧柯，皇皇行仁义。”

[3]辟雍，古时天子所设的大学。

[4]黉序，古代的学校。

即添四十兆矣，而土地不闻加辟也，财货不闻加增也。向之食一人者，今则分食百人矣；向之衣一人者，今则分衣百人矣。岁即丰稔，犹将坐以自困，矧水旱偏灾，频年告警无惑乎？饥寒日迫，壮者流为盗贼，弱者转于沟壑也。有心人目击神伤，急思变计，然五百岁必生名世[1]，居今之日，衡今之人，化民成俗，正德厚生，舍士其谁与归？

况自开海禁以来，迥非闭关自守之陋，玉帛时通，情谊日洽习见[2]。夫泰西各国数十年来，富强之道，蒸蒸益上，较之中国，不啻强壮之人与久病之躯比肩而立，其盛衰情形，固不待智者而决矣。特是古今无生知之人，惟力学而后成，彼既能开创于先，我何难则效于后？

古人见贤思齐，主善为师，正修士之志也。嗣后中国各士果能奋发有为，取泰西各国养民新学，极力研究，务使家喻户晓，父诏兄勉，于旧学之外，并骛兼营。国家科举添设专条，城乡书塾加立专课。吾知十年之后人材蔚起，风气大开。凡有富国足民之要务，逐渐兴办，纤悉不遗[3]，尚何贫弱之足患乎？近来俄罗斯、日本皆已先后变通，民勤西学，成效彰彰，在人耳目。以中国地大物博，山辉川媚，灵秀所钟，苟有人焉，提而倡之，振兴之机，当较他国尤易为力也。所愿有志之士切勿自弃也可。

---

[1]世，疑为“士”。

[2]习见，时常见到。《后汉书·卷六一·黄琼传》：“初，琼随父在台阁，习见故事。”

[3]纤悉不遗，形容非常详尽，连最微小的部分都没有遗漏。

# 农人新法纪略[1]

自古圣帝明王乘乾御宇，大抵皆以农业为重，故神农氏[2]之后而有后稷[3]之官。迨周之兴，周公制礼分六官[4]，而地官之属，若闾师[5]，若党正[6]，若遂人[7]，甸人[8]，草人，田畯之属皆有督农之责。教农之司，则其注意于农也不綦重哉！顾当时画井分田，正疆界，勤沟洫，皆上之人焦劳宵旰[9]，为民筹思，而民之隶于农者，当时亦无水

[1]该文收入陈忠倚辑《皇朝经世文三编》，见《皇朝经世文三编·卷三十四·户政十三》，沈云龙主编：《近代中国史料丛刊》第76辑，台北：文海出版社1966年版，第534—535页。该文也收入麦仲华辑《皇朝经世文新编》，见《皇朝经世文新编·卷七·农政》，沈云龙主编：《近代中国史料丛刊》第78辑，台北：文海出版社1966年版，第525—526页。

[2]神农氏，又称烈山氏、连山氏，相传生存年代在夏朝以前，现存文字记载多出现在战国以后。相传神农“尝百草”，教人医疗与农耕。

[3]后稷，又名弃，姬姓，出生于稷山（今山西运城稷山县），善于种植各种粮食作物，曾在尧舜时代当农官，教民耕种，被认为是开始种稷和麦的人。

[4]六官，又称六卿，在中国古代，泛指仅次于宰相、三公的高级大臣。始见于西周，分别为太宰、太宗、太史、太祝、太士、太卜。后在不同历史时期所指不同。

[5]闾师，《周礼·地官·闾师》：“闾师掌国中及四郊之人民、六畜之数，以任其力，以待其政令，以时征其赋。”后借指地方小官。

[6]党正，周时地方组织的长官。

[7]遂人，周代官名，地官之属。掌管六遂的土地和人民。

[8]甸人，掌田野之事及公族死刑。

[9]焦劳宵旰，也作“宵旰焦劳”，宵衣旰食，极为辛苦。比喻为国事忧劳。《明史·卷一七九·章懋传》：“此正陛下宵旰焦劳，两宫母后同忧天下之日。”

旱之忧。富贵之判，熙熙皞皞[1]，澹如宴如。惜此良法为李悝[2]、商鞅辈所坏，凡有田地准民间买卖，而民始有贫富矣，年始有荒歉矣。至汉时邑有人君之尊，里有公侯之富，贫者无立锥之地，一遇凶荒，老弱转徙。至北魏，欲行均田而不果。直至今兹农愈困矣。

且夫农至今日，弃本逐末，不重五谷而贪植杂项不急之种，愈思当年田畯之设之不可少也。况近今惟余播种之成法，使若辈终年拘于此格而不知变通，则农不愈困乎！今译西国农人新法之大略，以见一斑。俾留心农务而郑重农事者有所择从焉。按俄国有哈布拉沁者，久寓英国，常见各国均用播种新法，而无人讲论，恐所传不广，乃著论说刊于报纸，以期广布听闻。

缘西国各样新法皆以渐而进，非一蹴可几。故一年有一年之新法，如农人播种之法，前则十亩仅养一人，今且养十人者。何也？其法新也。法新维何？先贵择籽种。昔曾有嘎力者，数年之间，所择之种有一粒可收成一万八百四十粒，于是择麦种七八百粒试播于地，勃然而生，至于日至成熟，竟敷一人一年之用，是其效也。次则相土脉，如地旁有碎石若干，设法碾碎杂于土中，亦可化为沃壤，若粪尤田地之所不可缺。然贫家无力买粪，则田亩愈硗薄[3]将如何？则有化学所造之粪在制造药料，可以当

[1]皞，心胸舒畅。明余继登《典故纪闻·卷二》：“使民安田里，足衣食，熙熙皞皞而不自知。”

[2]李悝（前455—前395），又作李克、李兑等，魏国安邑（今山西夏县）人。战国时代著名思想家。任魏国的相国，主持变法，其“重农”与“法治”结合的思想对商鞅、韩非影响极大。

[3]硗薄，土质贫瘠。亦指贫瘠的土地。

有水之粪浇灌田地。盖药内所生之小虫臭烂可壮土脉也。

此外又有二法。如天气寒冷，将水罐若干盛以沸汤，藏置土中，使土脉和煖，此一法也。再用玻璃罩围护之，以御寒气，则生长必速，又一法也。如用各法合而行之，则不但每亩多出十倍，即出百倍皆可预期。此等法现于英法之间，有数岛已经试种有验，即法京亦有人试行，亦验。今哈布拉沁又劝美廷俟明年行赛会时预择数百亩田地如法播种，俟成熟以为式，令各国人验看，以广其传。再近数年，凡知五洲之事者，动皆曰养人为难。何则？人多地少故也。惟哈布拉沁驳之曰：否否。现今五洲闲地甚多，倘各国皆设法广开铁路，以便运售，则各处闲田自有多人垦种，再教以此新法播种，则人不患多，地不患少。即田亩所出，虽养百倍之人亦绰有余裕，又何患饥冻之屡逢也哉？爰译录之，以为养民者告。

# 论学部亟宜成立[1]

从来古今之人材出于学，而学之事无穷尽，亦学之时有变迁。今之学者不耻不知，顾且为虚骄[2]夸大之辞以自文饰，动曰事非先圣昔贤之所论述，物非六经[3]典籍之所纪载，学者不得过而问焉。不知泰西之轮楫旁午[4]，于中华为五千年来未有之创局，天变人事，会逢其适，其政事、言语、文学、风俗之不同，虽尧、舜、禹、汤、文、武、周、孔之所不及见闻。苟拘拘于圣贤之论述，经籍之纪载。一旦有事，朝廷不得识时通变之才而用之，其于交际之宜，措施之方，庸有当乎？处今之时，为今之学，则不得不就彼之所通者，以通吾之所未通，而吾儒诚不能以其异而诿之，难而畏之也。

考百年前，各国闭关自守，此疆彼界，不甚往来，其国内一切政治文学莫不自以为是，方谓此外诸邦皆有

[1]该文收入陈忠倚辑《皇朝经世文三编》，见《皇朝经世文三编·卷四十一·礼政六》，沈云龙主编：《近代中国史料丛刊》第76辑，台北：文海出版社1966年版，第640—642页；陈学恂主编《中国近代教育史教学参考资料：下》亦收录、标点此文，见著第54—56页。

[2]虚骄，浮华不实，骄傲自大。

[3]六经，又称六艺，分别为《周易》《尚书》《诗经》《仪礼》《乐经》《春秋》。

[4]旁午，纵横交错。

未逮。近百年来，五洲互市，声教[1]大通，始知各国均有可采之事，故竞立新学，择善而从，以为教养之用。回溯八十年前，英国初得印度时，深慨该处读书人士落落无多，因定章每年拨银四万为开新学之用，从彼时直至今日。用银助开新学，年盛一年，计近日印度新学费用，每年需银至七百余万。凡该地有竭力设书房者，每学生一名，国家必助银几分，是以传教者立书房甚多。查欧洲无论男女，每百人中有识字者七八十人，惟印度境内每百人中仅有识字者四人。目前新学日盛，而印度识字者每年增多至一二百万人。西历一千八百八十八年，印度有报馆四百五十处，每馆印出之报多寡不等，极多者约有二万张，可见新学之在印度已大兴矣。

如日本国者，特亚洲东海一岛国耳，人数不及印度七分之一，独于新学孜孜矻矻[2]，极为研究，十几年前设立新学部，费银无多。现每年新旧各学至用银六百万。此外又有教士分立中等书院，以广甄陶[3]，而日本绅宦虽不在教，因知其益国益民，各愿捐银几万助成善举。更有国家新学部所立中等书院五处，内有大臣几人，力荐教士总管各书院，其意在教士可兼授英文，英文既通，西国各书自易于融贯。至新学部各事则派亲王总办，以昭郑重。此日本国设立新学部之大略情形也。

若中国学校，法度之善，渊源之远，辟雍钟鼓，遗泽未湮，实非五洲各国所能企及。顾学校之书，只知述古，

---

[1]声教，声威和教化。《书经·禹贡》：“东渐于海，西被于流沙，朔、南暨声教，讫于四海。”

[2]矻矻，努力、勤劳的样子。

[3]甄陶，本意烧制陶器。此处比喻人才培养。

自囿方隅，不能博通五洲，近达时务，为可惜耳。是以海禁大开以后，西国教士联襼[1]来华，其好善之怀与在他国一例，立新学，凡创招商局、开矿、开铁路，并领人出洋肄习西学，莫非教中学生，如容观察纯甫[2]、唐观察景星[3]、马观察眉叔[4]是也。在中国，从前视以上各端并无关得失，迄今办有成效，始共知其有益，而溯厥由来实皆教士基之也。至现在，遍立电线，纵横至三万余里，加以各国开矿，南北开铁路，非新学之力不克至此。所惜者，中国新学一端不甚认真，用款亦有限。如派学生赴美国时，只一次拨银一百二十万两；再闽厂学生派赴欧洲，三年共拨银二十万两，前后仅此二次，殊非久远育材之计。其能久远造就人材者，惟同文馆一处，总管丁[5]，饶有学问，颇可造就人才，惜经费无多，若与西国较，只可与小书房相等。若为国家大计，广储奇杰之材，则犹有未逮。

顾前派出洋肄习新学各生，虽人数无多，业已收其

[1]襼，衣袖。

[2]容闳（1828－1912），本名达萌，号纯甫，学名闳，广东省广州府香山县南屏村（今广东珠海南屏镇）人。1870年，容闳倡议派幼童前往西方学习，获丁日昌赞同，并且得到曾国藩、李鸿章支持，成立“幼童出洋肄业局”。1872年到1875年，清政府先后派出4批共120名幼童赴美国留学，幼童出洋时平均年龄只有12岁，容闳亦被任命为留美学生监督及清政府驻美副公使。

[3]唐廷枢（1832－1892），初名唐杰，字建时，号景星，又号镜心，广东香山县唐家村（今广东珠海唐家湾镇）人，清代洋务运动的代表人物之一。

[4]马建忠（1845－1900），别名乾，学名马斯才，字眉叔，江苏丹徒（今江苏镇江）人，中国清末洋务派重要官员、维新思想家、外交家、语言学家。

[5]丁韪良，（William Alexander Parsons Martin，1827－1916），字冠西，美北长老会派至中国的传教士，曾长期担任中国著名教育机构北京同文馆的负责人。译有《万国公法》，对东亚法律的近代化贡献巨大。

实用。若京都译署[1]，若南北通商节署[2]，其余若鄂、若粤、若闽、若浙、沿海各处，莫不有新学之人为指臂[3]之助。当未有新学各生之前，常与西国失和，近则中外相安，彼此情洽，其得失之数，不可较然若睹哉。然前习新学各生，亦仅知其端倪，而精微之域究未深造。试观他国自立新学以来，早获富国养民之益，今中国为亚洲大邦，岂可转落人后耶？如中国翻然变计，欲广新学，宜特简亲王游历五洲，遍览各国风俗政事，俾知新学为当务之急，实力讲求，亦设立新学部，再多筹经费，广立书院，从此渐推渐广，人材辈出，为国家宣劳，为海疆保障，大用大效，小用小效，又何难驾出西人上哉！窃为中国拭目俟之。

[1]译署，指京师同文馆，创办于1862年，洋务运动期间清政府办的外语人才学校，以教授西方语言为主，是中国近代最早成立的新式教育机构。

[2]南北通商节署，疑指南北洋通商大臣署府。南洋大臣的全称是南洋办理通商事务大臣，其前身为五口通商大臣，初驻广州，1859年后驻上海，管理广州、厦门、福州、宁波、上海五口对外通商、交涉事务。南洋大臣负责东南沿海及长江沿岸各口岸的通商事宜，兼办海防和其他洋务。北洋大臣即北洋通商大臣，其职权是管理直隶、山东、奉天三省对外通商、交涉事务，兼办海防和其他洋务。

[3]指臂，手指与臂膀。比喻得力的助手。

# 论不广新学之害[1]

自来建非常之业，必本非常之人。有非常之人，必具非常之学，固非浅尝者所敢望，尤非胶执者所能期。盖揖让征诛，千古无强同之局，帝功王道，三代有递嬗[2]之风，世运有升降，学术即有变迁。苟拘拘焉，规模自隘推广未能，窃恐功效难期于旦暮，而祸害转在于目前矣。今日中国之地土非不广也，而闾阎凋敝；户口非不繁也，而饥馑洊臻[3]；营伍非不多也，而甲兵未利。说者曰：此富民之策未精也，养民之术未裕也，保国之谋未宏也。而抑知有大不然者，何也？皆不学之过，误人家国耳。夫所贵为学者，谓其能治国平天下也。

考西国学院规制，无论男女贵贱，至七八岁皆入学乡塾，之上有郡学院，再上入大学院，皆以实学为主。学分四科，曰：经学、法学、智学、医学。经学者，皆论教化之事，各学其所学，道其所道也。法学者，考论古今各国政事利弊及出使通商之事。智学者，讲求格物、性理，各

[1]该文收入陈忠倚辑《皇朝经世文三编》，见《皇朝经世文三编·卷四十一·礼政六》，沈云龙主编：《近代中国史料丛刊》第76辑，台北：文海出版社1966年版，第642—643页。

[2]递嬗，依次更替，逐步演变。

[3]洊臻，接连来到。

国言语文字之事。医学者，考论部位经络，表里功用，考究病源，制配药品。之四者，必期实事求是，造就人材，有用于世。故英国近五十年以来，商贾通行，财货充溢，进款数目较前加多三倍，推之德法美等国无不皆然，足征泰西新学之益人良非浅鲜。若中国自明以降，读书之士竞尚制艺，虽功令所趋，不得不然，而于各国要事尤当讲习。倘轻重倒置，斤斤于词章之末，而不留心新学，无惑乎民生坐困，今不如古，致令有心人感慨而不置。此不广新学之害于富民一也。

至中国每年所生人口约四百万之数，宜乎地土日广，生计日增，方足以资养给。乃年复一年，因循坐守，成法相沿，加以晋豫之旱灾方告，鲁郑之水患迭兴，本年畿辅雨水又复肆虐，总计死亡之数不下数千百万。嗟嗟小民，何辜横罹此难？在中国当道，方谓天灾流行于人。何与？试观欧洲各处同此覆载，何以厚彼而薄此？抑知天灾之行，实由人事之未尽耳。若能仿照西国广设新法，使家给人足，虽偶有偏灾，何至有流离之苦耶？无如中国讲求新法者尚无多人，而阻挠新法者不知凡几。是阻新法者皆谓为害民之人也可。此不广新学之害于养民一也。

查回教中人，向谓彼教足驾天下，无论何教实有效益，彼皆置之不学，其事悉遵成轨，绝不讲求新法，虽国势日渐衰弱而不悟。如近日之波斯、土尔其、埃及等国讵非明效大验欤？他如琉球[1]之见并于日，安南之见吞于

[1]琉球，是介于台湾和九州间的一个古代国家和地区的名称。以前琉球国辖域包括琉球群岛及其周边海域，曾经向中国的明、清两代朝贡，1609年后为日本、中国两属，同时向两国朝贡，而北部的奄美诸岛被日本占领，属今日的鹿儿岛县，余下地区于1879年也被日本通过“废藩置县”吞并，改名冲绳县。

法，缅甸之见削于英，亦皆由不知新学之益，故未早行，迨至身受其害，而后悔前此之误，亦已晚矣。此不广新学之害于保国一也。

于戏！古今来大功业大勋望皆由大学问而成，所以经天纬地之才，即具旋乾转坤之手，嗣后中国如能变通旧制，推广新学，将见财源日阜，生计日充，兵力日强，大用之大效，小用之小效，又岂特文章华国咸夸凤翙[1]之才，武艺超群，即列鹰扬[2]之选也哉。

[1]翙，形容振翅高飞的声音。《诗经·大雅·卷阿》："凤皇于飞，翙翙其羽。"
[2]鹰扬，威武的样子。

# 推广圣贤博学说

从来士之所以为士者，动以渊懿博雅相夸尚[1]，抑知昔之贵渊博者，在旁通今古，而今之贵渊博者，在兼识中西。盖不旁通今古，无以扩宏通之识，不兼识中西，无以酌调剂之宜。此固风气之所趋，抑亦世运之所逼也。夫古之圣帝明王厚资博识，良臣贤相亦重箴规，诚以一人之见识有未周，一己之心思有未逮。故集思广益，以成一代之谟猷也。唐尧大圣犹有师承，虞舜文明犹资七友，夏禹不以事功而自矜，商汤颇以自用为大戒。逮至周初，文谟武烈，丕显丕承，大业已膺，而犹北面师尚父，受丹书以自警焉。其时制作，自中天以后已渐扩规模，而至周为大备，岂非风气渐开渐盛，时事日启日新乎？

顾天道百年而一变，世运必世而一更，识微知著之士尝窃窃焉忧之，不得不思有以默挽而默牖之也。春秋之世孔子出，盱衡当代，窃慨时事，日非列国周流，用借以广见闻，而因以补救，乃卒之道终不行，归与兴叹，爰思裁成狂狷以传道于来兹[2]。是时地球中之泰西已辟，巴比伦等国已灭，罗马初立，而四旁之国风气尚未开，如今日之

[1]夸尚，夸耀推崇。
[2]来兹，来年，泛指今后。

英法德等国尚藐乎小焉者也。乃未几至汉以后而渐昌矣，又未几西开至旷野无人之亚美利加洲矣。又未几东来至印度矣，数百年间兴废转瞬，较之中华自尧舜以后，风气渐开渐盛，时事日启日新者似有同揆[1]。而当其榛榛狉狉[2]藐乎其小之际，何以其兴如此之捷乎？良以西人心精力果，凡事不考究至源源本本，豁然洞然，不敢即安。此其好学之深心，即其所以兴大之本也。

试观印度初以好道重德为首务，亦仁义之邦也，而于治国养民，通商惠工，整军经武诸大政毫不关心，故其俗弊而民乖，政弛而国殆，卒为英所夺焉。自英为政于印度，去其太甚，教所未经，不数年而俗为之一变，国为之一新，现皆翕然[3]知讲五洲之要务，为自立之始基矣。回溯汉唐之际，曾遣人往印度觅取经文，亦欲知海国要务为固边圉之计，顾以其时久值承平，海国窎远[4]，中外人风马牛不相及，且经文虽取，亦无关治国之资，故亦无殚心讲求中外之事者，岂非以时势未逼，群视为无关紧要乎？

今则非其时矣，海禁大开，华洋交涉，苟非练达中外事故，鲜有不动辙龃龉者。且今之时不第华人宜习洋文已也，即外洋各国分列五洲，遥遥相隔数万里，亦如风马牛之不相及也。乃各国现已通商于五洲，传教于五洲，各处文字彼此互译，又已交遍于五洲，此外洋各国史鉴所由，互相纪载，互相观览，而无不周知也。虽我华文经史亦已译成洋文，捆载以去，独我华人不知于洋文悉心究习，所以

[1]同揆，同一法则，同一道理。

[2]榛榛狉狉，谓文化未开的原始景象。

[3]翕然，一致的样子。

[4]窎远，遥远。

纵遇西国紧要之书，俨如盲人相对，讵不为外洋所窃笑乎？

故曰今之贵渊博者，在兼识中西也。所望有力者，购取西国紧要典籍，如格致学、化学、电学并各国兴衰之故，翻译华文刊印售卖，俾人人阅之，如睹异书，如获异宝，用以设书塾、聘西儒、购机器、口讲指画，教导子弟。久之皆成全才，国家再能设科以待，俾人周知取科名不专恃制艺、试帖为能事，则人人争相探索，因以为治国养生，致富救贫之实学，不胜于编辑闲文，取无稽之谈，供妄听之耳为有益乎？敢为操转移世运之权者宛转商之。

# 论英国伦敦博物院书楼[1]

尝谓人才之得失，系国家之盛衰，是以有国者不可不慎也。然而股肱[2]辅弼，每资贤才，究穷物理，尤需博士。尝见蕞尔小邦，崛然振兴，巍峨大国忽焉颓败，非尽由治理之失法，亦实缘人才之不得也。夫普天之下何处无才？要在培植之得法耳。而培植之法，非学问无以立其基。欲增学问，非诵读无以开其识。然有益要务之书，卷帙甚富，价值甚昂，非寒士所易购，故书院之设尤不可不亟亟也。

近考各国书院，列若繁星，当推英国伦敦博物院之书楼为巨擘。且英国书院之多不能枚举，而不费钱钞，任人游观者随在有之，若较博物馆之书楼，实不可同日语矣。但观其制，顶作圆形，纵广各十有四丈，除去围墙，其圆顶犹高十丈零六尺。旷观大地之上，除罗马城大庙之殿，则当以此楼为第一楼。内圆顶之下作围墙，墙之内作成槅[3]式，槅之内即藏书之椟也。藏书极高之处，俱有阶可登，周围式同一律，取之甚便，楼内书籍任人涉猎，惟

[1]该篇收入夏东元编：《郑观应集·上册》，上海：上海人民出版社1982年版，第307—309页。

[2]股肱，大腿和胳膊，均为躯体的重要部分。引申为辅佐君主的大臣。

[3]槅，房屋或器物的隔断板。

不准借出。计槅下随便可阅之书两万卷，槅上所藏乃各国语言文字，并一切实学要务等书及各月报，共五万卷。其园顶之制，雕镂惟精，施以金银各彩绘，皆著淡色，故楼内光辉陆离，耀人眼目。内置长桌十九张，小桌十六张，足敷三百余人之坐。自一千八百五十四年始许妇女入观，故又特设两桌以备妇女之坐，此二桌之外，亦许随便坐落。长桌之上，中设立板，对坐之人两不相睹，俾专心阅读者，不致为人挠其兴会也。楼内之式本属圆形，譬之车轮，长桌之设，如轮之辐。桌之制，则首低而尾高，虽阅者满堂，而初入门骤视之，则不见人之多也。屋之中置围柜，以书目三百卷陈其上，使人易于检视。乃此柜如轮之轴，各桌俱得相接，故如置诸左右焉。围柜内极中之处为总管书楼人之坐位，虽阅书者三百余人，实不难举目而悉数也。

溯查此楼建于一千七百五十九年[1]，初创之人名曰噶瑞[2]，立法美善，至今俱循旧章，毫无弊病。惟制度之华美，月异日新，而观书之人数加增颇巨，较前百年之气象则迥不相侔[3]矣。楼内阅书者四面俱能写字，且有执役之人。如欲观何书，即写一纸条付执役人，立刻照取，纵世家自置书楼恐亦未必如是之便也。书楼规例数则亦晰录于

[1]据大英博物馆网站介绍，该馆图书楼兴建于1854年，并于1857年5月2日竣工，对外开放（https：//www.britishmuseum.org/about-us/british-museum-story/architecture/reading-room）。大英博物馆建于1753年，于1759年对公众开放（https：//www.britishmuseum.org/about-us/british-museum-story）。李提摩太此处可能记忆有误。

[2]噶瑞，疑为（Sir Antonio Genesio Maria Panizzi，1797—1879），该曾于1856—1866年间任大英博物馆的图书馆馆长。

[3]侔，相等，等同。

下：

一、书楼之设，原为供人阅看，增长学问。惟礼拜日及各节期不得入观，余日毋论风雨，俱开各门。

二、开楼时刻，自西九月初起至四月底止，早九点钟开门，晚八点钟关门。自五月至八月，则九点开而七点闭。

三、欲入观书者，先将其来意住址写明，交总管阅看。

四、未入先二日须有荐函致总管。如荐举人果系可靠，本人只写住址钤姓名即可入内。

五、荐函如不可靠，总管即不许入，或与董事同议之。

六、入楼之人各领一牌，嗣后随便持牌往观，至换牌之期，凭总管更给。如不换牌者，则不得再入。

七、所领之牌随身佩带，甲领之牌，乙不得冒往。

八、年不满二十二岁者不许入楼。如必欲入观，亦可与董事议之。

九、不准污坏书籍。

十、写字不许以纸置书上而写之。

十一、楼内地图及各图画，若不向总管言明，不准以纸加图，照影描画。

十二、楼内须雅静，不许高声喧嚷。

十三、阅毕之书，仍置原处。

十四、不遵规例者不准入楼。

十五、若擅取书籍出楼者，照偷窃例科罪。

十六、使执役人所取之书，亦必交该役送回，掣取原条。如不掣回，似乎书仍未交，恐致争论。

十七、本楼人有得罪看书人处，执役人有不善处，许看书人写信告明总管。

书目册上收逐日所入之书暨各新闻纸，俱分门类，注于各作家之名下。书目之旁各有暗记，阅书人不之知也。本楼人一看暗记，即知其书之所在。观书者欲看何书，当将书名暨暗记一并写明，执役人以便检取。惟记一千八百八十四年一岁之中，计阅书一百十万四百五十次，阅书者十五万四千七百廿九人，加添书籍三万一千七百四十七卷，按美丽之式装订成书者二万一千六百廿一本。此内，为人增送者三千三百七十六本，造书人照例送入者一万一百廿七本，别国造书人送入者一千四百八十六本，本楼购买者五千八百三十五本，此数年之内又不知加增几许，于戏盛哉！

夫英国近数十年来，人但诩其称雄宇内，人才辈出，而不知其培植人才之法有以致之也，此正所谓人才得而国家兴矣。然设立书院，法似平平，久而行之，其效捷于影响。诚能仿而效之，人才之验亦必接踵而兴矣。跂予望之！

# 宜习英文说[1]

中国文词之富丽，字画之精工，远胜他国。惟其富丽精工，故习之也难。士人十年窗下，苦费钻研，始能成就。即学成之士，偶或荒弃，亦必强半遗忘。学者务乘年富力强之际，专意研求，而于他事，实无暇讲求矣。至于洋文，虽亦不易学，究不若华文之久需时日。大凡西人于各事务求简便之法，即学问一道，亦复如是。考其成字之法，有用二十五字母，有用二十六字母，连合成声，其连合之法，简而易明，虽幼稚亦能学习，写字从同。每见心灵手敏者，学习二三年，即能运笔，或竟青出于蓝。其用字母成合之法，可以审音而成新字。故于格致、化学等书，多有裨益。若译作华文，则字有舍其本意，而借用他意者，有仿西字口音，而无意义者，种种索解。读者若不求明西学者为之讲解，势必无由探讨其义。将来其字用法渐广，或可不用西文以讲新学。然讲新学者日益众，而万物之理亦日益明。若欲粗识皮毛，似仅读华文亦已可矣。如欲明其奥旨，则非习西学不为功。

当局者洞悉其情，故令水师、武备等学堂一律习学洋

[1]该篇收入谭国清主编：《中华典藏　传世文选：晚清文选（三）》，北京：西苑出版社2009年版，第223页。

文。夫洋文不特水师、武备学生所宜习也，凡欲知洋务及一切新学者，均宜习之。此非人所难能之事，试思古人周游列国，无不习学各处方言文字，以免捍格。即今观之，旗人在京供职固操官话，余如广东、福建等省，其方言与官话悬殊，而数省之人亦以学官话为要务。彼学官话不以为难从，可见吾华人习学洋文，如果教育有方，断非难事也。

原洋文二字，指外洋诸国文字而言，即欧洲诸国之文而论之，英、法、德三国之文，为诸国之冠。学者果能于此三国文字，精通其一，而从事各种西学，自可绰有余裕。又查此一百年内，英文用处日新月盛，至今日而北美洲、奥洲、印度国及海外群岛，大半悉用英文。英国商务之盛，甲于天下，商贾往来，咸以英文为便。人苟能操英语，虽遍走寰宇，自可于所到之处，与士大夫晋接。即谓英文为五洲之官话，谁曰不宜？至于德法二国之文，自亦宜习，以备翻译之选，究不若英文之用广也。闻武备学堂以德文授人，似未尽美，不若仿水师、电报等学堂，授以英文。庶几赳赳者，均可与西人款洽，或观西书西报，以考察西国兵法等事，期与西国武员并驾齐驱，岂不美乎？虽然吾华人之从事英文者，现不乏人，惟卒业而成大器者，究亦有限。愿有志者，务造其极，勿半途而废，国家更能多设英文书馆，以养人材，谓非社稷苍生之福耶？

# 论西学宜设特科[1]

中国积弱非一日矣。今之议者推究富强之道，咸曰船械宜精也，兵卒宜练也，矿产宜兴也，商务宜振也。夫是数者，是诚然矣，然而非其本务也。传不云乎，有治人无治法。故得其才而用之，则是数者可立致也；不得其才而用之，则是数者固难期也。今日中国之弊，制造无才也，而器械不精；格致无才也，而矿产不辨；将帅无才也，而水陆诸军教练必延蕃将；综核无才也，而海关各税总理须用西官。人才之乏，兹富强之所由不效也。夫工师之度，木也，大者中栋梁，小者备榱桷[2]，未尝闻一室之不成也。帝王之用人也，可大受者大用之，可小知者小用之，未尝闻一事之不集也。今办洋务而独至乏才，岂果诞降之有间欤？抑造就之未得其道欤？蒙尝思而知其故矣。夫古今人才皆出于学，诸葛亮曰：才须学，学须静。此之谓也。今日办洋务之才少，正由为洋务之学者少也。

近年一二名公巨卿深知此意，于是开制造之局，设格致之院，建同文之馆，立水陆师之学堂。所以讲求储才

[1]该文收入陈忠倚辑《皇朝经世文三编》，见《皇朝经世文三编·卷四十一·礼政六》，沈云龙主编：《近代中国史料丛刊》第76辑，台北：文海出版社1966年版，第643—644页。

[2]榱桷，架屋承瓦的方木。

之法，励学之方者，亦云精粗毕贯，巨细靡遗矣。虽然，蒙犹以为未得其要也。夫漕运者，天庾[1]之正供也，赋敛于民，责成于官，岁致二百万石于京。国家以之授禄，以之充饷，而无忧不给。设使皇上籍千亩之田，岁令百官庶司粪之，溉之，耕之，获之，吾恐其不能资旦夕之供也。今日储才之法当开特科，招致天下兼通中西之士，予以出身，优以清要，然后士大夫群知功名之所在，而中西之可合。相与探索研求，以期一试之效，一旦国家有事，群材咸备，如取如携，罔忧不足，此则致二百万石之说也。今乃只恃设馆一途，以为培养洋务人才之具，就令事事合法，人人可用，已觉费巨而效小。又况法久弊生，学徒桀骜于下，教习敷衍于上，往往徒事虚文，毫无实事乎。盖拔十得一之效，犹戛戛乎其难之也，此与所谓籍千亩者，独何以异？故蒙以为未得其要也。

且夫中国科举之法积重于人心，其所由来者渐矣。士子平居无事，所旦夕呫哔[2]者，科举之文而已，所梦寐希冀者，科举之荣而已。问以历代之沿革，国朝之掌故，尚犹漠然瞢然，又安知所谓西学者？于此而欲责以兼通之效，诚无异北辕而欲其适楚也。虽然，君上之权所以转移一世者也。

《传》曰：吴王好剑客，百姓多创瘢[3]。楚王好细腰，宫中多饿死。此言上好下甚之极致也。果能以因势利导之机，寓改弦更张之意，吾知人心鼓舞，人才奋兴，其

[1]天庾，国家的仓廪。
[2]呫哔，诵读。
[3]瘢，疮痕，疤痢，斑点。

较算学取士，有名无实，效之相去，盖不可以道里计矣。或曰如祖制何？曰是不然。夫治法当与时势为变通者也。世变小则治法小变，世变大则治法大变。故骑射之技，祖宗所恃以定鼎燕京者也，今则一变而为枪炮矣；经制之兵，祖宗所用以立功边徼者也，今则一变而为募勇矣；外海之水师，祖宗所设以弭安海峤[1]者也，今则一变而为海军矣。凡此之类，岂乐于更旧章而定新法哉？亦以时势所趋，不得不然耳。

夫科举犹是也，往者康乾年间，两开鸿博，一举经学，初未尝循定例也，其时人才辈出，超轶古今。今诚一仿其意，别立特科，则奇才异能之士自当连袂而来，闻风而起，而中国富强之效固可指日俟矣。不此之务，而于肤浅无用之时文，视为钟彝不刊之盛典，夸大自恃，空疏相尚，乃欲简器练兵诸大政实事求是，是犹陆行而不具马，水行而不具舟，欲其日行千里之程也，此实难矣。易曰：穷则变，变则通，通则久。是在朝廷一转移间耳。

《时事新论·卷八》终

[1]海峤，海边多山的地方。

# 卷九　利源

# 论产业宜与人数并增[1]

今夫治天下之道，惟养民与理财而已。民为邦本，无以养之则或虑流离。财关生计，无以理之则或虞匮乏。故《大学》之言理财曰：生之者众，食之者寡。孔子适卫，车中商榷，首言庶富。古昔圣贤欲求生聚之道，必预开衣食之源。诚并重也。闲尝观一乡一邑之中，巨家大族，田宅云连，财货阜积，方以为子若孙世世相承，永保勿替也。乃不数传，而曾元罗列，丁口日繁，其骄惰之气习与性成，坐食不足加以荡废，未几而田宅分析矣，未几而财货变易矣。向之富饶转瞬告罄，此人浮于产之害也。又尝观积铢累寸之家，艰难缔造，手创田园，遗训相承，俭勤共矢，其子若孙或安耕凿，或习贸迁，既有一人，即有一业，再传而后衍为盛族。此产与人并增之效也。以此观之，虽于颛氓[2]尚以扩充产业为要务，而况国家子元元[3]抚万众耶？

今天下五大洲以泰西各国为最盛。虽其或为君主，

[1]该文收入陈忠倚辑《皇朝经世文三编》，见《皇朝经世文三编·卷三十四·户政十三》，沈云龙主编：《近代中国史料丛刊》第76辑，台北：文海出版社1966年版，第535—536页。

[2]颛氓，愚昧的乡下人。

[3]元元，百姓。子元元，以百姓为子，也即教育百姓的意思。

或为民主，或君民共主，风俗不同，而人材挺生，莫不奋发有为，讲武通商，力筹富强。考其时，数审其盛衰，洵非一朝一夕之故矣。查英国一千八百十二年，有人十七兆，有产业二千七百兆磅，每人均扯计一百六十磅。一千八百六十五年，有人三十兆，有产业六千兆磅，每人均扯计二百磅。一千八百八十五年，有人三十七兆，有产业一万兆磅，每人均扯计二百七十磅。美国一千八百年，有人五兆，有产业一千零七十二兆洋元，每人均扯计二百零二洋元。一千八百六十年，有人三十一兆，有产业一万六千一百五十九兆洋元，每人均扯计五百一十洋元。一千八百八十年有人五十兆，有产业四万三千六百四十二兆洋元，每人均扯计八百七十洋元。法国一千八百五十三年有产业五千兆磅，一千八百八十一年有产业八千六百四十兆磅。以上英、美、法三国人民产业逐年递增之数如此。由此类推，西瀛各国情形大略相同，固不仅英美法三国已也，即三国已可概其余矣。

夫国家财赋之数，不盈则绌。若不随时稽核[1]，何以策其久远，立万年有道之基？故西瀛各国度支收掌[2]，立有专官，逐年出入之数，皆须清查一次。虽官项至繁不能毫厘细核，而大纲既举，总目斯张，自可有条不紊。中国昔时行井田之法，赋出于田，役出于丁，丁与田不相离，故人与产之数，均可随时考究。自阡陌开，而古制亡，丁与田离，既削其名而收其实，复隐其实而增其名，则人数之消长，势难与产数之盈亏同日而计矣。迨至目前灾祲日

[1]稽核，考核查对。

[2]收掌，收存掌管。

见，户口日繁，地亩未能加广，财赋未能加增，其何以筹足民之策而享和平之福耶？

且中国各省钱粮进项一切数目繁琐，头绪牵杂，非精于核算，洞悉款项，熟知案卷者，万难得其要领。况尔来军需等项，莫不由部综核，故部臣之事颇觉烦重，断难再添别项公事。为中国今日计，惟有添设保产部，专查各省公家产业，统计一年之内约税若干，进项若干，严核出入，凡有利益养民之事，莫不次第举行，准古酌今，因时制宜，勿狃[1]于陈言，勿拘于成例。力行既久，成效自征，从此家给人足，物阜年丰，中国富强之转机在此一举矣。当道其有意乎？谨献刍言，未始非千虑一得之助也。

[1]狃，因袭，拘泥。

# 论银行[1]

财者，国家之宝也，民之命也。宝不可滞，命不可困。昔太公为周立九府圜法[2]，而泉布之制[3]遂行天下，无有滞其宝而困其命者。夫泉者，水也，如水之行地不可一日止。此非独上下之相通，而亦盈亏之相乘。若止而不流，虽千寻之泉有立见其竭者矣。故圣人之大宝曰位，因位以制权，因权以制用，如汉文之宠邓通也曰：“吾能富之。”赐以蜀山之铜，而邓氏之钱满天下。彼其窃一日之权，尚足以萃四海之货，况以万众而自振其权可胜用哉？

考泰西各大国于数百年内所经办之事，不独通行本国，总期于五大洲一概通行。迨至近五十年来，轮舟、火

[1]该文收入何良栋辑《皇朝经世文四编》，题名易为《银行论》。见《皇朝经世文四编·卷二十二·户政》，沈云龙主编：《近代中国史料丛刊》第76辑，台北：文海出版社1966年版，第402—403页。

[2]九府圜法是西周初实行的货币制度。据《周礼》记载，九府包括“大府”，掌国王金玉玩好、兵器；“内府”，掌财货的收纳；“外府”，掌财货的支放；“职内”，掌国家赋课收入；“职金”，掌国家经费开支；“职币”，掌依法征收及支用帛币。由于九府各个机关收取不同的货物财币，需要一种便于作为支付的通用价值尺度。于是，太公望为周立九府圜法：“黄金方寸，而重一斤；钱圜函方，轻重以铢；布帛广二尺二寸为幅，长四丈为匹”（见《汉书·食货志下》）。见简巨《太公望创立“九府圜法”》，《上海财税》，1997年第3期，第29页。

[3]泉，古钱币名。《周礼·外府》：“货泉径一寸，重五铢，右文曰货，左文曰泉，直一也。”泉与布都是古代钱币，故称货币为“泉布”。

车相继为用，而五洲形势更无所捍格[1]。是以大宗银钱，虽国家户部及向来之汇兑庄皆不克综此大权。问有能宏揽巨纲，周流地球，使财宝无滞，民生不困者，其惟开设大银行之一法乎？西瀛各国莫不筹集巨赀争立银行，为裕国养民之道计。英国银行有本银五千八百万，法国银行二千九百万，德国银行二千四百万，土耳其国二千万，俄国八百万。每股分数目，多则一千余两，次则六百两，再次则四百两不等。此但指大银行而言也。若中等银行本银四百万者极多。统计英国大银行有六十处，分枝银行有一百八十八处，与各国往来相通者则不下一千号。德国大银行十七处，分枝银行二百二十一处。目前财用五洲既已流通，则各国总银行所办之事最巨。仅就英京一总银行言之，每日经手款项有银八千万两之多。由此类推，他国亦皆不少。

论者谓银行之设，可以兴利，可以除害，约举其事，厥有数端。国家库帑存储，向来随运随收，虽积如山阜，不准丝毫外借。如自有银行，无论银钱多寡，皆可往来周转，真所谓利如刀，流如泉，布如布，子母相权[2]，锱铢之微，亦有生息，不致徒藏无益也。此有银行之利一也。国家正赋之外，充军国之用，惟在整顿钱法而已。欲重钱法，必议鼓铸。向来中国铸钱仅都中宝泉、宝源二局，各省虽曾设局，然旋开旋停，故钱路不广。如自有银行，可

[1]捍格，相互抵触。

[2]子母相权，古代有关货币本位与流通的理论。货币轻重相权后，即以一种为标准，定出其他货币的交换率。引申为互相调剂。《元史·卷一四·世祖本纪一一》：“以至元宝钞一贯文当中统交钞五贯文，子母相权，要在新者无冗，旧者无废。”

以责成鼓铸，永除盗铸私销之患。更兼行钞法，可收宋元交子、会子之用。若按英国办法，如于遍国每口加本钱三两有零。此有银行之利二也。国家凡兴建大役，军务重情，经费不敷，非转贷于邻封不可。中国自同治年间西征需饷，曾借洋款，系沪上银行经理[1]，利息未免过重。如自立银行，将来一切军国大事亟需巨款，皆可由此大银行经手借用。行息既可从轻，而利权仍可操之在我，不致为他人挟持。此有银行之利三也。

至市井之徒术工垄断，凡有银钱入门兑换，短平扣底，明侵暗蚀，闾阎受害无可如何。若设立银行则此种积习自可一扫而空，其除害者一。近来海禁大开，五洲互市，金银行市或涨或落，其出入之权关系匪轻。上年本馆曾经论过此事，必须有人专管，国家方免大受亏耗。若设立银行则随时价值自有主持，永无损折之患，其除害者二。再查中国银钱铺面林立通衢[2]，即以居民四百兆而计，于千家中有钱铺一家计算，即有四十万家，与全国绿营人数大略相同。然钱铺之用心，皆系分财之法，正如蠹[3]之蚀物，暗中受害于无穷。若开设大银行则皆注意于生财之法，非独不至分人之利，且能使人与己皆能自生利。嗣后获利较丰，而又无损于人，不诚富国益民之要图哉！

方今中国正拟新立华德银行，倘能仿照西瀛大银行之

[1]据刘增和研究称："同治中期左宗棠以海关税作抵，先后举借外债 320 万两，同治十三年沈葆桢为台湾防务举债 200 万两，为西征举债 300 万两，均以海关税收入作抵押，归还时限 6 个月至 3 年不等，持续性借款造成两江等东部沿海省份财政压力巨大。"见刘著《左宗棠西征筹饷与清廷战时财政调控》，《近代史研究》，2017年第2期，第94页。

[2]通衢，四通八达。

[3]蠹，蛀蚀器物的虫子。

法推广办理，如同遍国人按每口加银三两，则款亦巨矣。夫既得此集巨款之妙法，将来开铁路立新学及一切益民之事，有何难哉？夫兴利者必深悉夫利之何以不兴，利一兴即无不并兴。除害者必深悉夫害之何以不除，害一除即无不并除。变通尽善，操纵自如，圜法之兴，庶几拭目俟之乎？窃愿在上者及早图之。

# 中外金银涨落说[1]

今夫利之源，犹水之源也。黄河之水虽发源星宿，其流终达于中国。今中外商务既通，则利源亦如河源，倘有阻遏，不有受亏者乎？况天地储精已，日出以予人，而物产即因所出之多寡，以为价值之低昂。此古今不易之理也。然又在人力之经营，人心之筹算，以为富饶之本。此中有权衡焉，不可不知也。

如欧洲前四百年全土所产之金止值银五千万两，而所有之银一万一千二百万，较金多两倍余。其时每金一两，值银十两。迨欧人得亚美利加洲以后，三百年内淘挖之金银有四千八百兆，较欧洲所有者加三倍。印度国又买欧洲金银一千三百六十二兆。此利源渐开渐盛之机也。今泰西各国矿局，在光绪十四年统计一年所入共一百二十一兆，又美国矿局统计一年入四十五兆，独占三分之一。故银价顿减，每金一两值银十五两五钱，非银多而价落之明效与。

又加以各国变易新章，独操胜算，独握利权，稍不留心，盈亏立见，如对敌然。非知此知彼不能以相抗也。如

[1]该文收入麦仲华辑《皇朝经世文新编》，见《皇朝经世文新编·卷十一·币制》，沈云龙主编：《近代中国史料丛刊》第78辑，台北：文海出版社1966年版，第817—818页。

英国以金为主，而银则等诸货物。凡夫交易均以金计，用银不过十两，余则尽以金焉。德人以银为主，金亦以为货物。在十九年前德相俾思麦思欲变法，学英人专用金，乃尽出其银以售于他国，而银价顿落，凡专用银者均亏矣。中国、印度亦均以银为主，法国、意大利、比利时、瑞士、希腊五国金银并用，然皆以金计。每金一两合银十五两半，一定之价或以金，或以银，均按数以计之。然自德相俾思麦一经变法，而此五国者亦受亏矣。美国前十二年定新章，每月铸银三万余元以交易，而银价大落。凡专用银之国，所亏不知其几千万亿也。近来电音[1]云，美国又改新章，每月由外买银四百五十兆。要其银价之必变可知。

由是观之，金银价虽一定，而一经变易章程，各处即有亏有盈。若是其所关岂浅鲜哉？中土商贾独惜其囿于近地之识见以为涨落。殊不知中外苟未通商则可，今既通商，彼此交易，而乃识见不能及远，将见利权倒操，中土不益困乎？所望富商大贾，其务思源流，本通于遐迩，利权互擅于中西。勿拘己见以为盈亏，勿囿偏隅以为涨落，庶不致自塞其源，以坐困也。书此以告世之操利权者。

[1]电音，疑指无线电报。

# 论金银涨落极有关系[1]

本年六月间本馆曾将金银涨落情形译登报端，固预知银价从此日涨，深冀有心人早自图维，今已果如所言，日见增涨，其所关系者甚大，请得而再论之。

考元初中统造元宝钞，每钞一贯，折银一两，每钞四贯，易赤金一两，当银四两。洪武十八年，令凡折收税粮，金每两准米十石，银每两准米二石，是金一两当银五两也。永乐十一年，令金每两准米三十石，则当银七两五钱矣。又令交阯召商中盐金一两，给盐三十引，则当银十两矣。至本朝专以银为币，金值愈贵。嘉道以前，每赤金一两不过值银十四两，嗣后十五六两，极昂时每金一两竟至二十两矣。合三朝计之金银之值，何以贵贱悬殊一至于此哉？顾说者谓自佛法入中国，而佞佛者用赤金以饰佛像，又缮写金字藏经，天下因此争造金为箔，故金耗而价昂。又或谓中国赤金，外洋采买最甚，故金价亦日贵，不知此皆谰语也。

查中国银坑向来禁止开采。天下五大洲，惟亚美利

[1]该文收入麦仲华辑《皇朝经世文新编》，见《皇朝经世文新编·卷十一·币制》，沈云龙主编：《近代中国史料丛刊》第78辑，台北：文海出版社1966年版，第818—819页。

加金银矿最多，亦最讲求开采。于四百年前欧罗巴洲人初到彼处通商，运金银回本国及分销亚细亚洲等处。由此天下金银数大增。亚美利加人当日甚有用银制为器具者，足见产银之多。夫金少而银多，故金值日昂，银值日贱。此自然之理也。即以近日产银之数计之，光绪四年美国出银三千四百余万两，其余各国出银三千八百余万两。光绪十五年美国出银五千万两，其余各国出银七千六百万两。每年均添银一万二千余万两。且不特银一种已也。即五金之产亦莫不较前多至数倍。如茶为中国交易之大宗，在当年平常之茶每斤不过值钱四十文，递至今日每斤则须二百文矣。此外各物无不由此类推。故以昔较今，物价均约加多五倍。可见五金之产亦较前多出五倍也。

夫利权之操不在于我，而在于人。古者中国闭关自守，天下一家，百姓足，君孰与不足？故王者不尚言利之臣。自海禁大开，西洋各国联袂来华，变四千年未有之局。是利权所在，彼与我共之，彼之利厚而我之利薄矣，彼之利盈而我之利绌矣。如近来美国每月买银四百五十万两，一月间各海口银涨七分之一，倘有人于此买银七千万两，即赔银一千万两。若卖银七千万两，即可余银一千万两。一进出间即有二千万两之多。一国如此，合各国之数当更有不可胜计者。一月如斯，安知将来之不涨？月复一月，年复一年，何堪设想？

诚以利之所在，小之关市面之盛衰，大之关国家之强弱。故西洋各国官商一体，相辅而行。商力所不足者，官有以助之；官用所不给者，商有以贷之。且各国均有公家银行，官商均有股分，以收利权。今中国为亚细亚洲大国，自通商以后，断难拘执成法，若不择善而从，预为筹画，操胜算于机先，一旦巨款亏耗，元气暗伤，较之兵戎之祸有过之无不及焉。近来粤东虽有自铸银洋之令，而其事尚小，无裨大局。总之，银数消长之机所关匪浅，果何以收我利权，富我商民，固我邦本？是不可不早为变计矣。窃愿当轴者起而图之。

# 论理财宜清厘款目[1]

尝观经纪[2]之家，鸡鸣而起，孳孳为利，于财货之出入则左持筹右握算，以较其锱铢。迨至岁除之际，复又核其总数。若者为货，若者为财，某也盈，某也亏，莫不表而出之，以登簿籍，使在事者罔不周知，所以示大公昭信义也。是商贾者，流于财货之出入，尚能厘然，各当有数目可稽，而况国家之正用乎？夫有国家者，苟能励精图治，近而各国之兴衰，远而百年之隆替，莫不互相考究，以增长其识见。虽国家之款项名目繁多，一时无从细核，然纲举者目自张，但求集其总数，分别登明，自可知其大略矣。吾观近日五大洲各国，惟欧罗巴最为富强，其出入之数亦最为明晰，今即以英国言之。

查英国近来兼有五印度、缅甸等处，幅员之广，较之中国足可颉颃。兹但考其本国大概之数，其款已不为不巨。总计英国纳地税银一千六百九十一兆磅，房屋一千九百二十六兆磅，外事二十六兆磅，庄家人五百二十一兆磅，国家息款五百二十七兆磅，石矿三兆

[1]该文选入麦仲华辑：《皇朝经世文新编》，见《皇朝经世文新编·卷六·国用》，沈云龙主编：《近代中国史料丛刊》第78辑，台北：文海出版社1966年版，第473—475页。

[2]经纪，做生意。

磅，矿务三十兆磅，铁厂九兆磅，煤气厂一百二十五兆磅，水厂六十五兆磅，运河七十兆磅，鱼十二兆磅，市水十一兆磅。外有杂场六百九十五兆磅，外国放债等一百九十七兆磅，本国铁道九百三十一兆磅，外国铁道七十六兆磅，又百姓息款一百二十六兆磅，外杂力二十八兆磅，读书与他贸易人五百四十一兆磅，又补读书与贸易人一百二十二兆磅。以上共计七千余兆磅，皆系纳税之数目，仍有不纳税者三百三十五兆磅在外国。另有贸易人五百兆磅，屋内家具、古玩、宝物等件九百六十兆磅，国家禁地五百兆磅，以上共计二千余兆磅，皆系不纳税之数目。两项统共计一万兆磅，每年生利共有五百五十四兆磅。若照前合算每一人均分银二百七十磅，每一家均分银一千三百五十磅。总计地土六分之一，凡承买地土者，定本数目均以二十六年利息为准；买房屋者，定本数目均以十五年利息为准。其余利薄者，定本则以三十年为准；利极厚者，定本则以四年为准。

以此观之，英国产业进款为数甚巨，库藏充实，甲于五洲。虽有国债，若以进款相较，多至十三倍有奇。此英国每年财赋数目之大略也。其余泰西各国所有国计盈亏之数，莫不晓然于大众。不独本国之君、臣、上、下可以共知之，即各国之君、臣、上、下亦无不共知之。诚以国之财赋，苟不早日结明，非上下相欺，开蒙蔽含混之习，即内外相玩[1]，长因循泄沓[2]之风。所以西瀛各国实事求是，弊窦不生，用能富强日辟，国势日兴，盖有故焉，非

[1]玩，忽视，轻视。

[2]因循，沿袭，按老办法做事；泄沓，拖拖沓沓。

偶然也。

中国当康熙、乾隆间，丁粮出入，岁有常额，考之典籍，有案可稽。故彼时海内殷富，万邦慑服，可谓盛已。迨至咸同军兴以后，各营报销有迟至十数年而未办者。各省奏销之案，每多逾限，虽经谕旨严切，宪文催促，而因循延玩，相率效尤者，比比皆是。即大部虽欲迅速清厘，核其总数，势必有所不能为。今日计惟有变通旧制，祛除积习，譬如商贾分立市肆，必先慎选司帐之人，另立新章，严其出入，核其盈亏，将见日计不足，月计有余，而财货于以丰盈，基业于以巩固矣。今夫经国之道莫要于养民，养民之道莫要于理财。故古之治国用[1]，分掌于三府，而统之以太府，经之以太宰，而九赋九式明晰秋毫，诚重之也。《礼》曰：财用足，而百志成。所愿有经国之责者，勿漠置之也可。

[1]国用，治理，管理。

# 论邮政

从来为治之要，不外富国益民而已。然富国者，非横征暴敛之谓也，否则损下益上，府库充盈，闾阎凋敝矣，亦益民者，非豆区釜钟[1]之谓也，否则孑义[2]煦仁，惠施溥遍，政体乖张矣，今欲上裕国计，下便民生，朝廷无帑藏之亏，草野有欢腾之效，其惟仿照西法，变通邮政乎？

夫中国自开海禁以来，与外洋各国通商互市，推诚布公，讲信修睦。我国家简派大臣出使各国，并选聪颖子弟出洋肄业，凡有制造、驾驶、电报、开矿、轮船、铁路各事莫不次第举行。虽铁路仅有津沽一处，尚未推广，然李傅相、张制军屡次奏请举办，惜知此事者尚少，屡有阻格，故一时未能遽成。独邮政一事，至今尚拘守旧规，无有议及者。

按欧洲各国邮政，其前亦如中国驿站，只递在官文件，商民书函概不能附寄。迨至百年前始经英国上下议院会议，以为大公之政必须国与民交便，况泰西商贾遍于五洲，若不广设书信馆，何以使万里游人音书常达耶？故特

[1]豆区釜钟，春秋时的度量单位。《左传·昭二年》：“豆区釜钟，四升为豆，各自其四，以登于釜，釜十则钟。”

[2]孑义，小仁小义。

简命大臣总理[1]其事，凡于城乡村镇商民麕集之埠皆有分馆，无论公私文函一体传递。惟商民函件须稍贴信赀，在其本国止费二十五大钱，不论远近，即以为设馆经费，若寄外国才费六七十文。每年除支销外，所余之款有数千万者，仍可助国家度支正用，不拘远近，皆有人经理，往来迅速，从无遗误，且取价极廉。即日本亦仿而行之，其利国便民之举诚至善也。

若中国之驿站，则专递朝廷之谕旨，督抚之奏折，文武各员之咨移，寮寀[2]同官之禀牍。凡有涉于公事者莫不由驿站马递，间有寻常信件夹入递送，亦皆官幕中人。外面均有关防印信封筒，始能代送，是以沿途马夫往往因此拆阅，见有不关紧要之件即任意弃置。乃近日遇有折禀要件亦复时有开拆迟误之弊，见于京报者指不胜屈，迨逐站挨查，彼此推诿，及至查明已多耽搁，此无人专管之所致也。且闻国家设立驿站，每年经费需用银至三百万两之多，其款不为不巨。乃各省有紧要公事仍复专弁赍送，若将此费与各省信局之费共计，亦不下三百万之谱。倘中国亦仿照西法，变通邮政，广设书信馆，则商民寄信之费合计，各省不第省前此之六百万，而且可赚数百万甚易易也。如此非惟旅人受无穷之惠，即目前经费支绌之时，岁增如此巨款，亦裕课[3]之大计也。可见中朝向日官商邮递之费，年年徒糜巨款，岂不惜哉？

或谓有明末造曾因裁撤驿站致盗贼蜂起，开流寇之

[1]总理，全面主持管理。

[2]寮寀，指僚属或同僚。

[3]课，赋税。

祸，故至今深鉴前车，不敢轻议更章。不知明季苛政甚多，加以连年饥馑，上无振恤之典，下有追比之苦，故不得已而为贼耳。若我国家，列圣相承，深仁厚泽，浃髓沦肌，万民向化，四海输诚[1]，即变更邮政而传递人役仍可受役公家，以资熟手，又岂有流亡之虑哉？今当轴者果能勿拘成见，勿分畛域，迅速举行，是则吾之厚望也夫！

[1]输诚，表明诚心，献出诚心。

# 纪西国送信章程始末[1]

西国国家递送信函章程，日异月新。古时寄密信，必藏匿身畔或发际皮肉内，防人劫夺。始步行，继乘马，至一驿则换班易马。如寄信至乡僻村落，便倩贸易中人由城往乡，顺便携往，此古法也，与中国无殊。迨国家改设信局，遂于寄信一事较为便利。初用马车驰骋，仍形迂缓，故遇紧要信件专派人乘马飞行，每点钟可驰十八英里。及铁路告成，来往消息更捷，每点钟可行三十七英里，较乘马更迅。人心喜悦，咸惊为神，盖与中国人性同也。斯时，信局信赀亦从廉，第不能大减以其神速之故。

考当时伦敦中人户口每年付出信力，较平素居家日用为昂，如父子每月通两次安信，所费即已实多。若为人佣作店伙，几至终岁难通家信。故每一子弟外游，不啻鱼沈雁杳[2]然，只缘信力太昂耳。按其时每一信赀需费洋银半圆，故贫寒之家恒苦难措，甚至父母之丧逾期，不获得讣奔归者。各营兵卒更将家口付之度外，俨与无家者等，

[1]该文收入麦仲华辑《皇朝经世文新编》，见《皇朝经世文新编·卷十三·邮运》，沈云龙主编：《近代中国史料丛刊》第78辑，台北：文海出版社1966年版，第1013—1016页；收入陈忠倚辑《皇朝经世文三编》，见《皇朝经世文三编·卷五十四·兵政十一邮政》，沈云龙主编：《近代中国史料丛刊》第76辑，台北：文海出版社1966年版，第826—828页。

[2]比喻音讯断绝。《金瓶梅·第七七回》：“谁人望将比目鱼分开，瓶坠簪折，今日早鱼沉雁杳。”

盖通信维艰，不如断绝牵挂也。信赀视程途远近及信中大小轻重为断。如信面稍觉适观，或多加纸张一层，则必增益信赀。国之大臣，信面注明官爵，例准免却信力。物议不平，又改新章，集多人公雇一人专送，众股摊派信赀，于是较信局为省。另有狡黠者，先期约家人预订暗记，此后由信局寄家信只作空函，仿殷浩[1]故事，家人阅信面数字便知游子在外平安，不必展视，仍还信局，可免信赀。似此一类办法日久行之，信局受累既多，遂又不得不更章矣。又商贾中人每值传报，各埠银洋货物时价，或嫌信赀太昂，则暗用字码通达消息，亦藉省信赀若干。

在一千八百十七年前，送信者多系乘马，故携带信件无多。后将孔道[2]以碎石修整，所有信函以车载送，携带较多。先时每点钟仅行四英里，人嫌其缓，商之信局再求加速，于是每点钟可行五英里。迨五十年后夜间加班，兼程每昼夜可行一百二十英里。如人寓伦敦，相去在三百英里外，只须五六日可得回音。其由伦敦递信至较远处所，每礼拜可递送三次，再远者每礼拜可递送两次，再远者每礼拜可递送一次。但每日登程宜早。由各处送信至伦敦，无一定时刻，送信至各处，亦无一定时刻，似此迂迟，人咸苦之。嗣经大臣拍马[3]建议，以装载客商之马车更代。每车四轮，车容十人，较信局递信其速倍之。信局所带之信，需费三边士者。按一边士合大钱二十有奇，马车则需

[1]殷浩（？—356），字渊源，东晋陈郡长平人。后赵灭之后，任都督扬豫徐兖青五州军事，统军进取中厚，以平定中原为己伍。兵败后，废为庶人。后来桓温写信给殷浩，召其回京任职。殷浩表示接受，但因担心回信写得不恰当，又拆信修改，闭开十数次，最后只寄出空的信封。见《晋书·卷七十七·列传第四十七》。

[2]孔道，大路。

[3]拍马，英大臣名。

费两先林。一先林十二边士。亦有时众人愿增信赀，以期更速者。旋又改用载人之大马车寄信，取此车派兵护送备御途次不虞劫夺，且风雨无阻，途程不计险夷。启程之期与安抵之期俱有定准时刻，故寄信者更有把握，益形方便。

当国家之初次仿行也，人情疑虑。迨坚持十年后，觉前此每礼拜只可通信一二次者，今则每礼拜可以逐日通信矣。因之生意日旺，国家所入信赀年盛一年。综计一岁中可得信赀银二十四万磅，较曩昔[1]仅入信赀银三千磅者，其数奚止倍蓰[2]。由是人乃知为有利无弊，且较从前时日减省一半。遂各遵此法行之，直至通行铁路始止。盖屈指计之，前后不过五十年耳。一千八百三十六年英国共有寄信马车九十四辆，系以四马驾一车者。另有寄信马车四十九辆，系以两马驾一车者，该车每点钟可行三十英里，每英里合华路三里余，连歇息在内。至一千八百三十八年综核，寄信马车来往里数共计有七百万英里。合计里数几于一日周行地球。

每日民人观此信车出入，争以先睹为快。当一千八百二十七年，每晚由伦敦开车动有二十七辆之多。此项车辆行程里数暨行抵各处统计五千五百英里。每值半点钟以前车欲开轮，搭客胥立道旁只候。此项车辆之马夫悉著号衣，马与鞍辔率皆洁净修整，夜晚观之颇觉耀目。每午后八点钟车将开时，人役全执信袋，分置车内有条不紊，故众心喜跃争睹。如值每岁国皇万寿，各车必布列整齐，游行京都各街，如中国赛会相似，藉申祝颂之义，于是人人竞羡。

英国信局规模宏阔，有非他国所可比伦矣，马车每

[1]曩昔，从前。
[2]倍蓰，数倍。

次开行，必令其由总理书信馆门首经过，盖欲使总理者察阅一周。近有英人名希利者，与权要友人结纳因议信赀仍昂，拟设法再从廉减。爰酌拟每四函信件凡送至大英境内者只需费银一边士，合大钱二十有奇。先纳信赀，后方发信。如此则信赀不致落空，于国帑可期无误，然又与管理信局诸人不利。盖若辈惟知贪利，不解推广招徕，故有阻挠新法之意。希利则坚持定见，条陈国家。国家乃下之数大臣公议，议准后又饬下议院复议。适斯时英之读书儒士亦久有拟改信局章程之意，今既经大臣及下院议准，于是姑试行之。按照每信四边士改用每信一边士，信赀先付，信面粘鹰头为记，除国家公事免纳信赀外，他人一样纳赀。如此试办。后于一千八百四十年正月十号始，全遵希利新法，改用每信一边士，倘已纳信赀，则于信面粘一鹰头，追抵其欲寄之处，使不再索信赀，否则倍罚。盖寻常信件分两，不可过半两，每半两多加一边士。始也，系用英皇后图像鹰头印于信面上。继因不适于用，遂改用鹰头印于另一纸上，听人自行粘贴各信面。

第一年循照是法行之，国家入款尚少，一年中只收四十六万五千磅，较少三分之一。而众意知久于其事，必可获利，仍坚持之，于未设之局增设多处。又值铁路告成，而往来益形便捷矣。且查第一年所以不能获利之由，只缘众人嫉忌希利，相率阻挠。迨挤去希利，仍用外部大臣其所办寄信诸事，又复不孚[1]人望，于是更无起色。众心复思希利，爰将希利请之复回。仍归其经理以故，始终克奏大功，卓著成效，百姓悦之，皆各恭敬为礼，天下群则效焉。至一千八百七十年，此十年中，仅英之一国综计

[1]不孚，不能使人信服。

信函来往，已有八百四十七兆之多。至一千八百八十年，信函更属兴旺，共有一千零二十八兆之多。此尚指大宗信件而言，另外小宗信件亦有一百一十一兆。又寄至各处新闻纸等件共有三百四十五兆，较畴昔[1]几不可以核计。

由是观之，则国家一岁所入信赀进款概可想见。又信局以外又兼管汇兑庄，无论何处信局，皆可发寄汇票，其现在每年所汇银两共有二千万磅。以此核算，则每百人中应用五十一张之汇票。另有信局兼管电报者，亦复年盛一年。在一千八百七十年，共寄有电报信八百六十万二千七百三十二件之多。至一千八百七十九年增涨至二千三百三十八万五千四百十六件。其国家电报信暨新闻纸尚不在此数之内。即以电报信力一宗而言，已有二十五万七千六百零一磅。迩来英国信局除费用以外，每年进项一千余万。于是各国见其进项之多，皆效法之，尽立信局。近来合计各国信局所收之信赀，每年不知其若干亿矣。至一千八百七十四年，德相俾思麦思设立五洲通信总章程，每封只费大钱五十文，为各国寄信方便起见。盖亦实与国事有裨[2]。

此西国递送信件章程始末也。倘中国果能仿行，则成规不远，事半功倍，获利定可比隆。纵当创始之初难以如数，然即收效十分之一亦可每年获利银一百六十余万两。在国家既进如此财源，而于寰区百姓亦较便益。目前急务其在斯乎？窃愿当轴者知所变计焉可也。

《时事新论·卷九》终

---

[1]畴昔，以前。
[2]裨，好处。

# 卷十　军务

# 说兵[1]

且天下可百年不用兵，而不可一日无兵。诚以兵也者，有保国卫民之道，而不可以或弛也。故先王寓兵于农，即比闾族党而为伍两。卒旅之师搜苗狝狩[2]，而为征伐击刺之法。六乡之内，六军寓焉。内足以为强干之谋，外足以为制乱之具。有事免追呼召募之扰，无事鲜屯聚廪饷之费。法至善也。降及后世，兵与农分，兵不识耒耜，农不识干戈，古制浸亡。南宋之括财，明季之加赋，皆因不识机宜转为兵多所累，以致积弱不振，识者讥之。

我朝八旗[3]兵制，深合三代遗风，绿营兵额五十余万。果使将领得人，固足以战无不胜，攻无不取，杀敌以致果，扬威而克敌矣。乃承平日久，营规废弛，习成畏葸。粤逆之乱，流毒十余省，历时数十年，全赖二三知兵

[1]该文收入陈忠倚辑《皇朝经世文三编》，见《皇朝经世文三编·卷五十四·兵政十》，沈云龙主编：《近代中国史料丛刊》第76辑，台北：文海出版社1966年版，第812—813页。

[2]搜、苗、狝、狩分别为古代对春、夏、秋、冬四季狩猎的称谓。

[3]八旗，清朝特有的集军事、生产和行政管理于一体的社会组织，旗下之人称作“旗人”或“八旗子弟”。八旗的雏形来自明代女真人的射猎小队“牛录”。努尔哈赤将这一制度进行了改善，于1615年正式创立八旗，分为镶黄、正黄、正白、正红、镶白、镶红、正蓝、镶蓝八个旗色。随后数十年的征战和发展过程中，又逐渐吸收了蒙古、汉人等族群而增设蒙古和汉军八旗，形成了一个以满洲为核心，以蒙古、汉军为主体的多族群联合的社会集团。

文臣，统以湘、淮募勇，忠义激烈，认真血战，方能扫荡群丑，一律肃清。而绿营额兵几如虚设，是以当时言者有裁兵并饷之议，有以勇改兵之谋，意非不良也，然似尚未折衷于一是。何也？国家兵制，动出万全，泥古者非，背古者亦非。处今日之时，用今日之兵，能师古而兼合今者，其惟参以泰西之法乎？

夫泰西各大国不独寓兵于农，且寓兵于士、工、商贾。如美国民人除残疾癃废不计外，其余壮丁平居无不习学武艺。一经有警，则士皆敌忾，人尽知兵。至德国章程，惟文学富贵及传教人等不入兵籍。此外，举国之民均隶于军。自二十岁起，三年充战兵，四年充守兵，再五年则入团练营操演。或战兵不足，仍需随时征调，至五十岁者，则皆回守本国，不列战兵。然倘遇时事危急，战守需人，虽文学、富贵、传教各人亦当出而教练守御，卫国家而保乡里。

法国亦然。凡部民应效力者，悉入伍籍，不准出资雇代其当兵。年分则自二十岁至四十岁为度，有行兵、战兵、留兵、戍兵之分。大约壮者充战兵，老者充留兵，若行戍之兵，则随时派驻也。所有免充兵丁条例，如父母年过七十，子当留养者，免之；父母俱无，仅余幼弱长子当留养者，免之；父故及远游仅存老母子宜留养者，免之。家有两丁当免其长兄，已当兵当免其弟，或兄弟有当兵受伤阵亡者俱免，或出外贸易及别有责守者亦免。以上德法情形如此，推之英俄各国，虽军制稍有分别，然观其大略即兵即民亦未尝歧而二之也。

故泰西各邦，兵可多集而费不妄糜。近复精益求精，高跖远掌[1]。既雄峙于域中，复虎视于海外，盖有故焉，岂偶然哉！查中国于军兴之日，各处坚壁清野，行团练保甲之法，业已成效昭著。今国家诚能谕饬各省大吏广开学堂，合中西文武之事而并习之。数年之后风气大开，乡党里闾皆教其子弟，从此士皆有勇，人尽知方。而地方守令再能留心择其尤者，量材器使，或拔补绿营千把之缺，或另奖官职以资鼓励，嗣后倘有寇警随时随地皆可檄调。夫如是将作士气、士识、将心，虎贲有脱剑之风，罝兔[2]尽干城之选[3]。转移强弱在此一举，窃愿当事审慎图之。

[1]高跖远掌，又作“高掌远跖”，比喻规模巨大、气魄雄伟的经营。汉·张衡《西京赋》：“缀以二华，巨灵赑屃，高掌远跖，以流河曲。”

[2]罝兔，张网捕兔。

[3]干城之选，捍卫国家的干才。

# 论水师　一[1]

且盈天地间万物万事，其足以临机制胜，高出寻常者，莫非求其精练而已。试观志士读书收简练揣摩之力，吾人处世有老成谙练之名，凡事莫不宜练，而况为折冲御侮[2]兵制之大乎？夫保国之模，曰安内、曰攘外，而练兵之要，曰陆路、曰水师，陆兵则不惮关塞之崎岖，自足扫欃枪[3]而清沙漠，水师须狎风涛之险悍，始能捍外患而固海疆。况迩来轮船、火车、电线、机器相继为用，疑有鬼神之助，以泄造化之奇，若仅守本国之门户，恐山川不足恃其险，城郭无以资其坚也。今天下水师以英国为最盛，盖缘英国属地分布五洲，若防守稍疏，难保无金瓯之缺，故英国之兵制以整顿水师为先。然综论水师要义，厥有五端，试考其略，以备采择。

一坚船宜多置也。查中国长江水师，兵船有长龙、快蟹、舢板等名目，外海水师有艇船、沙船、钓船之制，

[1]该文收入于宝轩辑《皇朝蓄艾文编》，见《皇朝蓄艾文编·卷四十一·军政四》，上海：上海官书局1903年版，第30—31页。

[2]折冲御侮，打败敌军，抵抗外来的侵略。宋·胡铨《上高宗封事》：“呜呼！参赞大政，徒取充位如此，有如敌骑长驱，尚能折冲御侮耶？”

[3]欃枪，彗星。《尔雅·释天》：“彗星为欃枪。”

然皆刳木为舟，恃帆樯为利济[1]，以之防萑符[2]之盗则有余，以之防外海强邻则不足。且近来泰西各国海战攻敌之具日新月异，有铁卫船、铁甲船、转轮炮船、蚊子船，大小各别，名目不一，然总须物料精良，多多益善。考近日英国连在制造厂内兵船共有五百十六只，法国兵船三百四十二只，德国二百五十二只，意大利国二百二十二只，俄罗斯国二百二十只，中国九十六只，日本国八十六只，每国制船经费均不下数千万金，其极大船价需银一二百万两，可见各国竞相仿效，极深研究，不遗余力矣。

一兵船宜操练也。中国内河水师时有操演之举，然海面之争衡与江上之战斗不同，长江虽云天堑投鞭可以断流，大海则浩无津涯，非练习多年不能测浅深而定方向。兵凶战危，措施匪易，心精[3]力果，教训乃成，故上年英国调集兵船一百一十只，教其操练。当斯时也，适德皇赴英游历，因即作壁上观[4]。但见英国兵船分为二队，一作据守爱尔兰海岛之势，一作英军争夺此岛之势。自西历八月十五日开操，十日方止，错综参互，大小疾迟，神而明之，变幻不穷，此亘古以来水师中未有之大操也。此外法国兵船十七只，操练时亦假作争战，形计六日方止，共操二次。德国兵船操练大队，船二十七只，小队船五只。俄罗斯国兵船操练大队二十四只，小队十一只。美国操练船四只，均作争战形势。各国操练之认真如此，此调集各船合操并非各船自操之可比也。

---

[1]利济，救济。

[2]萑符，盗贼。

[3]心精，心神专一。

[4]作壁上观，坐观成败，不帮助任何一方。

一行船宜求快也。尝闻棋争先著，兵重先机，固由谋画之深，亦由器械之利。兵船乃水师之器械，倘一朝告警，万里乞师，赴援之劲旅未能速来，而压敌之强邻早已飞至，可奈何？故外洋大兵船每点钟可行六十里至百里不等。考英国兵船在亚非利加洲东之山石拔海口为葡萄牙人所阻，当时英国兵船仅七只，炮五十尊，水手九百八十名，因飞信至英京，英京发电于上年十二月二十五日，征调各处兵轮速来此地，及明年正月初十日，虽离英京有二十日轮船程途，不过十五日，即有兵船十五只，大炮一百五十尊，水手三千三百名抵其地。可见路虽相隔窎[1]远，船虽分散五洲，数日词即可调集，讵非灵捷之验欤？

一兵船宜分驻五洲也。各国整军经武原所以卫我商民，固我疆圉[2]。凡各处滨海要区必须往来游弋，或驻防，或会哨，声息相通，收水师之实用，不徒务水师之虚名。考英国五洲，皆有属地，故兵船计分九处，澳洲有船十一只，中国有船十九只，印度有十三只，英国南海五只，欧洲地中海二十三只，亚非利加洲西海并南海八只，北亚美利加东海十一只，南亚美利加东海四只，太平洋八只，彼此轮查各海岸，无事则散处，有事则策应，首尾相顾，表里相资，故海隅有长城之故，敌人泯觊觎之心矣。

一屯煤宜有地也。古者水师端资樯楫，一帆风顺，即可径达，近来轮舟全恃机器，非煤不克运行，故海上有事必须预备屯煤之所，方足以资接济。查英国五洲皆有储煤地方，星罗棋布，左宜右有。计澳洲有二处，亚细亚洲有

[1]窎，远。

[2]圉，边陲。

七处，欧洲地中海有二处，亚非利加洲有七处，亚美利加洲有七处，屯积丰富，允无牵掣之虞，宜乎长驾远驭，雄峙虎视也。

于戏船炮之坚利，操练之精纯，运行之迅速，巡历之广远，接济之周备，此五者有志之国倘能仿而行之，庶几慎益加慎，精益求精，将尽知兵，士皆用命，振周亚夫[1]之旗鼓，岂徒破敌于寰中，麾虞允文[2]之艨艟[3]，不且争雄于域外哉！

---

[1]周亚夫（？一前143），沛郡（今江苏丰县）人，汉代军事家，以作战英勇、指挥有方著称。

[2]虞允文（1110—1174），隆州仁寿人（今四川仁寿县）人，宋代军事家。绍兴三十一年（1161年），金完颜亮率领百万大军进攻宋朝，横越淮河，进迫长江。虞允文统合沿江各处军队，与金军决战于采石矶，结果大败金军，赢得了著名的“采石大捷”。

[3]艨艟，古代一种战船。

# 论水师　二[1]

原夫经世之道，保民莫先于富国，保富莫要于强兵，而兵不自强，善其事必先利其器，器非易利，有治法尤贵有治人。方今海禁大开，通商立埠，无事则玉帛联交，有事则干戈立见，诚历代未经之变局，亦智人难测之危机，惟是欲备折冲舟舰，务精其操练，欲筹战守，炮位宜极其轻灵。《书》曰：“人惟求旧，器非求旧，惟新。”[2]苟仅邯郸学步，陈腐相因，何能有备无患耶？此欧洲各国所以竭虑殚精，标新领异也。

查上年欧洲各国兴造兵船甚多，英国亦然。上年春间，英国新造兵船七十只，共费英金二千一百五十万磅，每磅计合华银四两，约在五年内造成。自立议后先于数月内赶做兵船一千六百万磅，内有一千一百万磅交商贾代办，余乃国家自造。计定章以后，一年中共造成兵船三十一只，外有水雷船二十三只，除此仍有新造兵船十七只。船既造成，又新添驾驶各员弁水手共三千四百人。盖从前兵船多系国家自造，后经法、英、美三国上下议院

[1]该文收入于宝轩辑《皇朝蓄艾文编》，见《皇朝蓄艾文编·卷四十一·军政四》，上海：上海官书局1903年版，第31—32页。

[2]语出《尚书·盘庚上》。

议，以工料令各厂备办，然后较国家命匠自成之，价值稍省。然美国工价甚贵，如新造兵船一只，价费五十万磅，英国自造价值可省一半，此欧洲各国竞造兵舰，设法节省价值之情形也。

然整顿水师，非广购船只不可，讲求海战，非新置炮位不可。外洋火器随时变化，精益求精，从前专尚一百十吨极大之炮，近则此种大炮不过数尊，余皆多置中等之炮，易于运用。查光绪十二年间，英国中等炮只有三十四尊，近来则有一千二百三十一尊，若如百十吨之炮，亦仅有数尊而已，其考究大炮也如此，然犹不止此也。考英国船厂，用人至一万七千之多，每人均扯，每年需薪银六十八磅。法国现在添造船只，工匠更多，船厂有二万一千人之数，每人均扯需薪银四十磅。由此观之，英法造兵船价值不相上下，然英之工艺甚捷，如法国须一年造成，英则半年可成。夫海上鏖兵，只争先后，苟能临机迅发，自可决胜当时。

光绪十四年，法国总管水师人云：当年费银二百三十四万制造新船，今年法国除从前已定做各船外，又需新造铁甲船六只，赶于明年造成，仍有意再用银二百四十万制造新船。德国除平时水师费用外，今年又用银二百五十二万，为造新船之需，内有船一只，值五十万磅，其快船每一点钟行六七十里。俄罗斯现亦新造快船，内有一只极快者，每一点钟能行百里。近来泰西各国莫不讲求水师，如美国从前最不留意水师，现亦新造船只，拟用英银五千五百万磅。其余奥国、智利、希腊、荷兰、日本、西班牙等国皆有新添兵船。

总之，旧船难敌新船，慢船难敌快船，一国既造，各国亦不得不仿造，虽风会所尚，亦时势相逼而然也。夫兵可百年不用，不可一日而不备，强兵之要，首在理财，克敌之功，尤资利器，惟其殚厥心[1]于平日，取精用宏[2]，斯能作其气于临时，同仇敌忾，若战守先资，毫无凭藉，辄欲与方张[3]之敌，新硎之器，观兵海上，争胜行间，是则非蒙之所知也矣。

---

[1]殚厥心，竭尽心思。典出《诗经·周颂·昊天有成命》：“于缉熙，单厥心，肆其靖之。”

[2]取精用宏，享用多而精。语本《左传．昭公七年》：“蕞尔国，而三世执其政柄，其用物也弘矣，其取精也多矣。”

[3]方张，正当扩展、强大之际。

# 论水师　三[1]

从来制贵因时，泥古者多误，器当适用，胶执者鲜通。孔子曰："生乎今之世，反古之道。如此者，灾及其身者也。"[2]《曲礼》曰："礼从宜，使从俗。"可见圣人处世，初无成见之拘。倘士生今日，躬列行间，而欲修介胄[3]虚文[4]，仿车战古法，未有不成宋襄之仁，致房琯之败，取辱于一时，贻讥于众口者也。我国家龙兴辽沈，兵制之善远迈前代，而火器营之鸟枪、抬枪命中及远，尤为往古所不及。乃自道咸以来，五洲互市，外洋之军火则更进而益上，且随时变化，精益求精，异而更异。前此之所恃者，不旋踵而弃如敝屣。故近日五洲各国争雄，海上铁舰有坚软，枪炮有灵钝，火药有精粗，莫不悉心考究，操胜算于先机矣。

查制造轮船炮火等事，向惟英国擅长。现在德法之制，足可与英国并驾齐驱。此外他国皆有制造厂，亦时有

[1]该文收入于宝轩辑《皇朝蓄艾文编》，见《皇朝蓄艾文编·卷四十一·军政四》，上海：上海官书局1903年版，第32—33页。

[2]见《礼记·中庸第三十一》。

[3]介胄，被甲和头盔，为古代的军服。《汉书·卷四八·贾谊传》："斥候望烽燧不得卧，将吏被介胄而睡。"

[4]虚文，不切实际的仪节。见《五代史平话·周史·卷上》："勿营缮下宫置宫人，及作石羊、石虎、石马、石人等物，此等虚文，宜一切革罢。"

格致之士造成新器，然皆逊为弗如。夫极大兵舰有钢甲、铁甲之制，亦有钢铁甲并用之制，最厚者二十二寸，虽以极大炮弹之力一时亦难洞穿。其炮极大者，有一百十九吨，乃德国克鹿卜[1]厂所制，实为五洲第一巨炮。至次等之炮，用时能及十三里之遥，无论敌国轮船炮台，营垒城郭，发至十次必有五次可中。此外又有一炮，用时能及二十里之遥，而不过四十七秒钟即可直达，此项火炮大而且准，尤为攻守利器。然犹不止此也。又有机器炮一种，能于每一分钟时发六百响，其炮名曰麦克新。更有于一分钟时能发十次至二十次、三十次不等。大率皆体坚路准，迅猛殊常，火炮中尤推神品，较之别项炮位，利钝相去霄壤。

至于各国所用洋枪，不外六种。从前均系装进一子即发出一子。现有新式小枪，携带极为轻便，放时少则五子，多则八子，连环递出，其提装描放，远而且速，真能以快击慢，以少击多，允为洋枪之冠。而毛瑟、来复等制，固不得专美于前也，且放小炮用小粒火药，放大炮用大粒火药。然从前火药制成，率皆渣滓未净，故一半成气，一半成烟，往往临阵放枪，使敌人望烟而避，或乘烟而进，省察不及，流弊滋多。现在各国皆讲求无烟火药，其第一种无烟之药即系棉花药，因彼毫无余滓，故能尽变成气，但棉花药有时不火自燃，偶有疏虞，遽尔轰发，危险异常。近有英人名罗卜者，另得新法制造火药一种，既可无烟，又不致有他害，诚火药中妙制。按罗卜者，即当日创造代那密之人，其用心亦良苦矣。

[1]克鹿卜，现译克虏伯（Krupp）。克虏伯兵工厂由阿尔弗雷德·克虏伯（1812—1886）创立，是全世界最重要的军火生产商之一。

以上各节均近日西国水师简练船炮火药之大略情形也。总之，西人制器，专心致志，稍有苦窳[1]，必从而改造之，务抵于精而后已，其所以日兴月盛，雄峙海外者，非偶然也。今国家整军经武，凡所用船械必须自行制造，始可操纵自如。若一一仰给于人，购诸外国，倘一朝有事，局外之国或谨守公法不肯出售，或敌国行贿反间绝其来源，只奋空拳，何能御敌？惟有悬不次之赏，求绝诣之人，炉锤在手，规矩从心，庶几詟[2]服百蛮，永清四海矣。

[1]苦窳，器物粗劣，多疵病。《韩非子·五蠹》：“其商工之民，修治苦窳之器，聚弗靡之财，积蓄待时，而侔农夫之利。”

[2]詟，丧胆，惧怕。

# 论水师　四[1]

善医病者，必察其受病之源，而后病可瘥[2]也。善治国者，必察其致危之道，而后危可安也。自古御外侮与御内寇不同，治水师与治陆军不同。中国从前发捻[3]披猖[4]，迭经统兵大员倍加整顿，陆军则精练淮湘，水勇则兼资闽粤，用兵廿稔[5]，大难卒平，非不立有良规，收其成效，无如后先异致。今昔攸殊，外患日深，强邻日逼，虽近来难拘旧制，稍变新章，设立海军，购制铁舰快船，添建南北洋水师，为巩固海防之用，然规模窳[6]立，训练未精，以之自守门户犹恐不足，若欲鏖战[7]行间争衡海上，则胜负之势不待智者而决也。

考近日英国水师，天下莫强，兵船数目连在厂中制造者，不下五百余只，若一经有事，商船仍可调用，至他国兵船极少者亦有数百只、八九十只不等。中国水师船只与

---

[1]该文收入于宝轩辑《皇朝蓄艾文编》，见《皇朝蓄艾文编·卷四十一·军政四》，上海：上海官书局1903年版，第33—34页。

[2]瘥，病愈。

[3]发，太平军。捻，捻军。

[4]披猖，猖獗。

[5]稔，本意庄稼成熟。古代谷一熟为年，所以稔又引申为一年。

[6]窳，弱小的意思。

[7]鏖战，激烈地战斗。

之比较，莫不相形见绌，无论两三国联络用兵不能抗衡，即偶与一国失和，以干戈从事，其势亦难相敌。可见中国战舰设欲预备交绥，非加倍赶添，不克有济。故本馆前曾将外国水师情形先后三著论说，藉当刍荛之献，吾知世之披览者必不河汉[1]斯言也。然中国积弱，水师因之不振，当此海禁大开，藩篱尽撤，彼西人之环而相伺者，何难长驱直入？为进尺得寸之计，其所以不然者，岂真畏我之强而不敢逞耶？只因英、美、德、法、俄诸大国势均力敌各不相让，一有举动，难免有掣肘之虞，而中国转得暂因无事。

夫中国当轴诸公未常不洞悉隐微，极思筹备海防以御外侮，无如知者少而不知者多，一人謇謇[2]，莫敌众口哓哓[3]，故每以经费不充阻挠大计，卒至因循坐误，年复一年，积重难返，事事落人之后。性情拘执，难语变通，才识迂疏，莫言振作，此贾长沙所以为长太息，以至痛哭流涕而不能已也。然中国地大物博，出产富饶，若认真整顿，其经费之数即十倍于今日，亦复何难？总之，世有古今，势有强弱，政有得失，治有盛衰，若不因其时以图补救，则是坐以待尽而已。况前事者，后事之师，前车者，后车之鉴。居今日而求自强，惟有仿德、俄、日成法，早为变计耳。考德、俄、日三国富强，虽时有先后，而迹其奋兴之始，要不过数十年，即已收其功效。以中国之大，果能握要以图，早改旧制，其势当更易易，所患者宦途各

---

[1]河汉，比喻浮夸而不可信的空话，转指不相信或忽视（某人的话）。《庄子·逍遥游》：“吾惊怖其言，犹河汉而无极也。”

[2]謇謇，忠诚正直的言论。

[3]哓哓，形容争辩的声音。

人囿[1]于闻见，未能宏济时艰。诚能此后凡有监司大员，必须令其出洋游历，知各国地土广狭、人数多寡及教法、农政、商政、制造、道路、信局、国家出入款项、水陆兵制等事，学识既充，经猷[2]自远。否则胶守成规，不通时务，即坐待十年与世无补，将来与回佛等教各国同出一辙，岂不慨哉！

噫！世变无常，富强有道，倘能力图奋发，虽弹丸亦足自雄，果犹泄沓相循，即万里何能自立？略陈管见，敢师舌击，以参谋博采众长，尤冀指挥而奏效。所愿当事者睠怀[3]艰局，俯纳[4]葑菲[5]，是则蒙之厚望也夫。

《时事新论·卷十》终

---

[1]囿，拘泥。

[2]猷，计划、谋划的意思。

[3]睠怀，亦作“眷怀”，眷顾、关怀的意思。宋·曾巩《节度使制》：“惟亮天功，待汝守四方之効；无轻民事，副予安百姓之心。尚体眷怀，岂烦多训。”

[4]俯纳，采纳。

[5]葑菲，两种野菜，根虽恶，但茎叶可食。后人以“葑菲”用为鄙陋之人或有一德可取之谦辞。明·李昌祺《剪灯余话·卷五·贾云华还魂记》：“愿以葑菲得侍房帷，偕老百年，乃深幸也。”

# 卷十一　教务

# 以教救世之法

在昔中土列国时人大抵皆谋利己之国，阜己之财，而未有以利人为事者。孔子出而悲天悯人，周流列国，实欲各国之民出水火而登袵席[1]，诚有天下一家中国一人之量，绝无私意容于其间也。迨汉、唐、宋之世诸大儒竞出，皆以教化斯民为己任，直至于今亦莫不以教为重。且不但中土已也，欧西之国亦如此。当罗马大兴之世，盛讲练兵，以为能互相效尤，亦以好武为事，而世遂大乱。自救世教出，专以变化人心，救世为本，各国附之，其教大行。惟欧洲北半各处，原为未受教化之地，专恃兵力，虽欲强服之，殊不易易。后救世教有本一定会[2]者，在各处设立学塾，著书讲道以教人，又著书论商法、农法等事，各国多受其教焉。

当回回国欲占欧洲时，适在宋元之际。欧洲各国王不能抵御，乃请于教会皇代为作主以御之。教皇乃约欧洲各国联合为一，始将回人逐出境外，欧洲获安。迨至明清之际，救世会派人往美洲南、北、中各地并澳洲、太平洋

[1]袵席，借指太平安居的生活。语出《大戴礼记·主言》：“是故明主之守也，必折冲乎千里之外；其征也，衽席之上还师。”
[2]现译名不清楚。

群岛及非洲与亚细亚并未教化之地教导一切，其人遂渐次受教。今耶稣教出实非为一人一国计，特为五洲各处之人计。故其在远方传教也，每年费银四百余万两，其在本国传教及行各善事之费尚不在内。此西国崇尚教化，以化民之大略也。

今英有布德者，年六十二岁。自幼好道读书，后以传道为事，均按旧章办理多年，终觉不惬心意。一千八百六十五年酌改新章，欲在未教之贫民中传道。其夫人亦好道，口才聪敏，品学兼优，即其子女亦皆能行其新法。办理十二年，立有传教之所三十处，有三十六人襄赞之。如是者又十七年，共有传教之所五百二十四处，传教人一千二百八十七名。又二十三年，传教之所共有一千三百二十二处，传教人三千七十六名。又二十五年，即光绪十六年也，传教之所共有二千八百六十四处，传教人九千二百四十九名。其教中女子亦皆可出而传教，每人薪水少则每月三两，多则十二两。外有并无薪水自备资斧以助善者一万三千人。计有书院教导传教人者三十处，另有七日报两处，共出四十万零三千张。又有两月报共九万八千本，此但在英本国印行，其在他国印报之数不在其内。再传教总局在英国，而传教之地则遣其子女分往五洲三十二国兼理之。来往书信无算，但计其电报一年之费共银八千两，每年进项计有三百万两。凡奉教人必先誓立数条之愿，全戒烟酒及詈[1]人之语、亵玩之词。凡遇善事须实力奉行，不可徒博虚名，如遇鳏寡孤独，及一切苦难之人亦必极力资助，终身不变，皆于礼拜堂信誓焉，至去

[1]詈，责骂。

年核计二十五年内受化者已有五十万人。

此外又有救贫民之妙法，去年布德君查英国京都并外省多有贫穷而糊口维艰者约有四百万人，欲思良法救贫，不使失所。其法有三：一，将一切贫而赋闲之人先于各县各府城内设立公所，使之在内作工，俾衣食丰足，以便早晚劝化之；其二、在外省各处买地若干，顷将此贫民拨往垦种，并教以各等农人新法及各等技艺；其三，俟教导娴熟，使乘船分往五洲地方，如坎拿大[1]、澳洲并非洲南隅等处，使之垦种荒田。然其人之所以贫者，良以平日习于游惰，遂至为非。布德君教之之法，先将此等人劝化之，俟性情改变为善，然后再以此三法为之安置，俾不至冻馁。

然为此数百万人筹思生计，非财足不为功。如有人一时捐银四十万两，再按每年捐十二万两则可办理成功，现已有人筹款捐银四十万两矣。故布君接手办理合前进项每年有银三百一十二万两，按每百两得利四两计之，当有本银七千八百万两，方能有此进项。然又非捐本银以蓄积也，皆系现用现捐，且出于其人之心悦诚服，绝无抑勒。此皆布君体天心以救苦难，故其行之也，人皆钦佩，而其功效之捷，亦合五洲亘古以来所罕有者。虽然其所以设愿救贫民，不使一夫失所，此博施济众之愿，尧舜犹病[2]，而布君欲一旦行之，其志甚大，其愿甚宏，亦可谓独绝千古矣。现在西国各新闻纸馆已将其所行之法详细登报，本馆以其法良意美，故亦照录。至其法之能行与否，俟验后再译。

[1]坎拿大，即今加拿大。
[2]病，烦恼、苦恼的意思。

# 预弭教祸说

天下莫不有民，即天下莫不有教。教也者，牖世觉民[1]之网维也。当中国未通于外，所行者惟尧、舜、禹、汤、文、武、周、孔之道。《中庸》言修道之谓教，固非别有所谓教也。方今中国海禁大开，环地球九万里，五洲各国无不叩关通好。然其召衅之由，交涉之案，不外清界、通商、传教三端。夫清界、通商大抵因土地货财之故，其纷争故无足怪。而传教之旨，本名救世，乃华人不悟，每肆诋诽，良可慨矣。

溯救世教之源流，不在唐虞之后，当中国三代之际，埃及、叙利亚、巴比伦等国皆极盛之日，先后思灭其教，乃势如燎原，愈扑愈炽，遂使自立其国，名为以色列。递至汉时，罗马大兴，相嫉尤甚，毁以色列之京都，俘救世会之士女。三百年中极力歼除，伤亡极众。卒之天佑善类，屈久必伸，不独罗马人归之，即欧罗巴与亚美利加人亦莫不归之，可见救世教之源远流长，固非人所能废禁也。况数十年来，土耳其国不明救世之意，残害会友，虐待教民。是以欧洲各国之名公卿于光绪四年咸集德京，议

[1]牖世觉民，也作“觉世牖民”，诱导、教育人民的意思。《诗·大雅·板》：“天之牖民，如壎如篪。”

使土耳其地入教，被逼者均自立一国，往来列邦，各传各教，彼此无阻。由是观之，凡害救世教者即背万国之法，失一国之和，关系诚非浅鲜。

且救世教专门为善，考其善举，亦约有三：一则讲道明理，劝人行善；一则广设学塾，启迪后进；一则施医助赈，济困扶危。虽每年在中国所费银两不下百余万，亦毫无顾惜，不以险远阻其程，不以寒暑纷其志，务使举世共乐雍熙[1]，以尽救世之本意。乃中国民人见闻未广，疑惧偏多，或造言污蔑，或聚众闹堂，以奉天治人之大道，屡有明暗逐阻之奇厄。

噫！是岂教士之过哉？在中国，今日既与外洋通市，自宜令本国之人广习五洲语言、文字及格致等学，方能办理交涉要事，不致别开衅端。若救世教劝人为善，其从违本听人自愿姑勿且论，惟会中在华设立义塾，使诸生于中西之学兼营并骛[2]，正为国家储才，俾异日收用人之效。此外，施医、助赈等事亦无非救患恤灾，上补朝廷仁恩所未及。故日本当年不知救世之益，亦常以传教为厉禁。近则详细考究，深明其理，顿改旧规，不独已来各教士为之辟地筑馆，助行善事，且拟至外洋延请会友推广大教。夫耗他人之经费，竭他人之心思，启我民之知觉，拯我民之患难，固不待智者而知其有益矣。岂中国为亚洲亘古大邦，转不如东瀛一岛国耶？

尤可虑者，教务多一国保护，即中国多一处衅端。如

---

[1]雍熙，和乐的样子。《文选·张衡·东京赋》："百姓同于饶衍，上下共其雍熙。"

[2]兼营并骛，指一心二用，都想照顾到的意思。

从前天主教止法国保护，今又有德意等国保之。又如光绪十六年十二月二十六日，本馆报内所载德国教士因在山东受华人欺凌，无可申诉，不得不陈请本国出为保护，已蒙允许，今德钦使又派领事一员前往山东保护，亦岌岌乎未出大乱耳。呜呼！彼教既已来华，自当由华官保护，使人无可藉口。乃中国自失其权，授人以柄，将来各国效尤，吾恐中国从此多事矣。观于回教、婆罗门等教行于印度，英国家向不禁止。近年新加坡华民，英亦特设一官，为之保护，期于彼此相安，是诚法之至善者也。嗣后中国内外各官倘能详考救世教之益，广为晓谕，俾民教辑睦，猜忌不生，遐迩一体，共登善域，是亦鄙人所厚望也夫。

# 保护无辜论

从来古先哲王本大公之怀，运至仁之量，近则一乡一邑均归胞与[1]之慈，远则万国万民同沐含宏之化。故其时率迩者踵武，逖[2]听者风声，被恩深醉，饱之私身，受形为歌，舞响慕重，梯航[3]之愿，闻风发为讴思。《书》曰：宥[4]过无大，刑故无小。与其杀不辜，宁失不经，虽当用刑之中，犹蔼然寓忠厚之至焉，矧其为无罪有功之远人，忍令惨受荼毒耶？知此可与论闹教堂之一事。

查光绪三年，山西大祲[5]，西国教士慨然乐助，共劝捐银二十余万两，亲自散放。其时灾荒之后，疫疠盛行，因之而死者四人。光绪十五年黄水为灾，齐鲁之郊均成泽国，奉天等处亦有水患。经华官出与西国人商助，而西人又劝捐银三十余万两，仍由教士亲往各处散放。

且不仅助赈已也。耶稣教士频年施医治病，约计各省每年诊治内外两科，共有三十四万余人。奉教而协办善举

---

[1]胞与，“民胞物与”的略称。指以民为同胞，以物为朋友。语本宋·张载《西铭》：“故天地之塞吾其体，天地之帅吾其性，民吾同胞，物吾与也。”

[2]逖，远。

[3]梯航，梯与船，登山渡水的工具。引申为引荐人才。

[4]宥，宽恕，原谅。

[5]祲，不祥之气，妖氛。

者，共有四万人，义塾学生共有一万六千人。且凡有益于中国各书，无不著述刊行，每年共合费用银一百万两。其余各种善举，不分畛域，与本国一例相看。在西人岂有他心哉？无非欲救众生苦难耳。然此但就耶稣教而言，天主教尚不在内。独是海禁大开以来，屈指已将三十年。中国官绅之于西国教士，从未闻有优礼接待者，即间有之，亦不过一二人而已。每当教士初到一处，官绅多阻之，或将房主押责，或将本身驱遣。华例待匪人不过如是，竟以加诸教士，其视教士与匪人何异耶？

前年，扬州、芜湖、安庆、和州、南京、丹阳先后滋事。初烧教堂，继毁西人坟墓，甚又杀害西人，惨目伤心，莫此为甚。且教士本非一国之人，恐从此与几国失和，关系非浅。但西人来华传教，所行尽为善举，何至使华人痛恨如此？无他，皆由挖眼、剖心、淫乱等谣言故耳。此案查经多次，终属子虚，乃内而京都，外而省会，各大衙署至今仍未释疑，是以每次请出示禁止，往往延至一二年而未办，即或出示，亦属勉强，并未将此事剖白，雷厉风行，故亦难收实效。

夫上下之情，本相默喻。上既迭次办理松懈，下亦习惯无所畏碍，以致闹成大案。犹幸中国尚有数大臣深明西教之枉，所诬各事皆虚。目前西国教士惟求中朝简派明白大僚，查考西教各事，如真有碍于中国王法风俗，即请将各教士一律驱逐回籍，按照万国公法治以应得之罪。倘系平空污蔑，捏造谣言，必须赶紧设法整顿，并遍国晓谕，将细情表明。如此认真办理，各人疑心即可冰释。不独中外善人相安无事，即各国大局亦可和好如常，不致有意外之虞矣。

本馆主人在华二十余年，深悉此事中国亦非有心欲害西人。所惜者，中国官绅百姓一百人中，难得一二人明白西教细情者。拟将西教大略陈说一二，登诸报端。如欲细考益处，则请阅《万国公报》，其每月所登救世教益，皆从西国史鉴中摘录要事。凡中国出洋大臣及出洋肄业各生莫不知其确实，并非空言无补也。所冀中国澈底查明，出一公论，保护无辜。倘再疑惑，不妨在本国十八省，内而王大臣，外而督抚，特派游历各国，细查教务各益，如日本、暹罗等国情形。勿畏难而苟安，勿因循而贻祸，将见中外一家，彼此辑睦。目前所以为仇者，行且永相好矣，目前所以为患者，行且转为福矣。中国升平之治庶几拭目俟之乎！

# 教务本末　上[1]

第一问：教务讲何事？

答曰：大概有三。一要讲普世各国大教之益；二要讲救世教之益及立会在各国传教并各会同异；三救世教在中国有多少会、多少人，用何法教人等事。

第二问：中西万国普世人能知有多少数目否？

答曰：能。欧罗巴、亚美利加、澳大利亚并亚细亚之印度，每十年清查一次，毫无差谬。惟中国及下余之国止知大概。如此算普世之人数有一千五百兆，每兆一百万，中国有四百兆上下。

第三问：论普世大教门共有多少？

答曰：救世教又名基督教，随从者有三百九十七兆。随印度教者一百九十兆，随回回教者一百八十五兆，儒释道三教共四百兆，犹太教七兆，下余杂教人数更少，多半非正教且愚昧未化。

第四问：今随从救世教者何国？

答曰：欧洲、美洲、澳洲各国是也。

第五问：诸教有何关系于其国？

[1]该文收入于宝轩辑《皇朝蓄艾文编》，见《皇朝蓄艾文编·卷六十七·宗教一》，上海：上海官书局1903年版，第28—30页。

答曰：国之兴衰多随教之真伪。如教有一半真，其国亦一半兴。倘有十分真，其国亦十分兴。查五洲大兴之国，惟从救世教者为最。合地球中十有七八属其管理，而救世教中又惟从耶稣教之国最盛。凡知五洲之务者，尽知之此明验也。

第六问：随回教者何国？

答曰：土耳其、波斯、埃及、亚非利加北半小国，并亚细亚洲之伊犁、新疆一带小国，共一百八十五兆人，内有印度回教人五十兆。

第七问：回教有何关系于国之兴衰？

答曰：若遇粗笨之国人随之，则教之制造，教之战阵及一切器具，尚可增其见识、手艺，其国似较前为盛，如亚勒伯、亚非利加、印度等处皆从回教而有益者也。惟遇文治之国，则虽以权力逼人随之，而久仍不见有益。其国不但不兴，而且日见其败。如土耳其、埃及、波斯，先皆文治有名之国，后随回教而日衰，至今不振。此非明效大验与？或曰由唐至宋、元、明之际，回教之国，非大有名者乎？答曰：当时回教中有名士，不但读其本教之经，即欧亚非各洲之要经，及一切学问，彼皆读习。当时兴旺，职此之由，今亦有回教明人，欲兴其国，改学救世教，此其证也。

第八问：随从佛教者何国？

答曰：中国、日本、西藏、蒙古、缅甸、暹罗、锡兰。此皆在亚洲东南角一带，核计其人数，甚不易知。惟有儒释道三教之人，并日本神道教人数，合计尚可易识，共有四百二十兆上下。

第九问：佛教有何关系于国？

答曰：亦因多谈报应，以感化人心。若遇强暴之国，随其教日久，自必生其慈爱和平之心，如蒙古是也。其经卷颇不少，亦似有深理。士子辈每乐观之。但日久总属虚无，不但至理实学，不能达出，即今世现在，亦弃而不顾，惟求来生，故随从之国，亦未见有一兴者。即其古地印度人学之者，止有六兆人，中国初行之时，读书人亦多有好学者，今殊寥寥。谁复向西藏、蒙古，佛教最兴之地学之者哉？此佛教关于国之兴衰之明证也。

第十问：随印度教人，果系何国？

答曰：只有印度一国随之，他国不能随也。随其教者有一百九十兆人，而全印度共有二百八十五兆人，可见通国人不皆随也。

第十一问：印度教何教也？

答曰：印度国大兴之教，又名婆罗门教，所拜之大神名梵天王及梵王。每讲时咸称为一切众生之父，即所谓大主宰之说。若寻常人所拜之鬼神无数，书上所载有三百三十五兆之多，几乎一人一神，不可胜纪。盖彼国只自觉聪明道德，远迈众人，视他国为夷人，不屑与之来往。

第十二问：印度教有何关系国之兴衰？

答曰：佛教所讲他生之说本出于此，尚有一样风俗，名为加士得[1]，亦是印度教所立。此加士得风俗分人为四等，似士、农、工、商之类，不以德行为贵，但以生何门第为贵。如居官之贵者总为贵，奴仆之贱者总为贱。非同

[1]加士得，即caste，现译种姓制度，是曾在印度、孟加拉国、斯里兰卡等国普遍存在的一种以血统论为基础的社会体系。这一制度将人分为4个等级：婆罗门、刹帝利、吠舍、首陀罗。

等人不相晋接，不相婚姻，不相往来。不止此也。虽各行业，亦不许改，如私改，则群起攻之，夺其产业，并降为下等，永无升等，且其俗只有下降，永无上升之期。倘若过海（注：其国三面近海），出界则为私逃，立即降等籍家，使不得脱。实天下第一受困之国，此印度教之害也。

第十三问：世界尚有二三百兆人受何教？

答曰：此等人尚未受教化，多半在亚西亚、亚非利加二洲，拜鬼拜神无数，并非按书籍传下来者，谓之愚人是也。随其意立教，忽起忽落。本无正道之教，善恶不分，多凶杀斗很之事，每年害人无数，实在可怜。有道者甚悯之，宜亟设法拯救以挽回之也。

第十四问：受大教之人共有多少数目？

答曰：有一千一百六十兆。若将此数散归各教，其数列于左。按人数一百分中，救世教有三十四分，回教十六分，印度教十六分，儒、释、道及日本神道教四教合有三十六分。

第十五问：在外国传教者果系何教？

答曰：救世教、回回教、释教，下余各教，系在其本地本国传教。回回初行之时，向四方传教，今则止在亚非里加洲黑人中传教，他处未有传也。释教初行之时，向南、北、东三方传道，今五百年之内，亦未闻有向新地传道者。惟有救世教，今已传至一千八百余年，四方均传。今耶稣教在外国传道者，有一百余会，五千余人。天主教在外传教者，有二千八百余人。

# 教务本末　中[1]

第十六问：救世教分几门？

答曰：分三门。复原教，在中国称耶稣教。罗马教，在中国称天主教。希腊教，又名东教。耶稣、天主两教为西教。

第十七问：随耶稣教者究系何国？

答曰：欧洲北方各国，北亚美利加洲各国，并澳大利亚洲。如英、德、荷兰、瑞士、瑞典、挪威、美等大国共一百三十兆人。即南方各国亦略有此教，自明朝已与天主教各分。

第十八问：随从天主教者何国？

答曰：欧与美之南半各国，如法、西班牙、葡萄牙、意大利、澳国、比国、巴士[2]、比鲁[3]、直利[4]等是也，共一百九十兆人，即北方各国亦略有。

第十九问：随希腊教者何国？

答曰：最大之国俄罗斯，从希腊。此教本由希腊传至

---

[1]该文收入于宝轩辑《皇朝蓄艾文编》，见《皇朝蓄艾文编·卷六十七·宗教一》，上海：上海官书局1903年版，第30—31页。

[2]巴士，今译巴西。

[3]比鲁，今译秘鲁。

[4]直利，今译智利。

俄罗斯，故名希腊。尚有小国共七十五兆人，此教自宋朝与西教始分。

第二十问：因何向各处传教？

答曰：其故有二。一曰救苦，一曰感恩。世上之国无论大小，难免争战之事，因之百姓受其苦难。救世教欲万国和睦如弟兄，永无战争，则百姓安居乐业，共庆和亲矣。故亚非利加为奴之苦，亚细亚盗劫之苦，姑不具论。兹论各国贫苦之户，住无屋、服无衣、食无粟、又兼一字不识，受人欺侮，因而抑郁生疾者有之。倘在幼小，当此境地，其能无夭折乎？所以有道者务思设法怜救之也。然此犹皆外苦也，更有内苦不可治者。人心坏，诸恶生，陷于罪以入地狱而不可救焉。是则外苦易救，内苦难救也，难救者借天力救之。盖人分三等：有未受教者为下等，已受教者为中等，有多受教者为上等。下者千人中恐无一知字者，其识见亦但知百里之内，身所经之事而已，如亚非利加之内地，中国之苗番是。中等或百人中有一至十识字者，能知千里万里之事，能好古敏求，如印度、土耳其等处人是。上等则人人识字，又知万国之事，及凡古今有益之事皆好之，如英、美、德等国是。然传教者不但为救苦也，又欲使之感恩。查五大洲万国中，凡不识字不受教者，为天下第一受苦之人。彼仅从印度教、回教、儒、释、道教者，不过比未受教者之苦稍轻耳。若随救世教之国，则受益良多，较比随印度等五教之益尤多也。盖一入斯教，则以上诸苦渐少，各益渐多，人能勿知感乎？然尤贵无论何处，有救世妙法，必须传遍地球，使人人尽沾其益，方可以对上帝也。勉之望之。

第二十一问：救世教复原以后，属何国，立会向远方传教？

答曰：先有法国，法国虽多天主教，而亦有耶稣教。瑞典、日耳曼、荷兰、挪威、丹国，后有英国、美国。

第二十二问：如今最出名向远方传耶稣教者何国？

答曰：英、美、德一国。

第二十三问：英国有多少会向远方传教？

答曰：英国男会有二十八处，女会有十四处。散书会、医病会有九处，共五十一会。每年进项，大者银九十余万两，少者不足银一千两，共有银四百余万两。

第二十四问：美国有多少会向远方传教？

答曰：男会有二十四处，女会有三十一处，共六十五处。大者进项，每年有六十万两，少者不足一千两。共进项每年三百六十万两。

第二十五问：德国有多少会向远方传教？

答曰：有十会。每年进项银五十四万两。

第二十六问：欧洲他国，尚有在远方传教者否？

答曰：有。荷兰十会，每年进项八万两。法国一会，每年进项四万两。挪威一会，每年进项四万两。肥音阑国[1]在欧洲极北，属俄，有一会，每年进项银一万六千两。瑞典三会，每年进项九千两。瑞士一会，每年进项九千两。丹国一会，每年进项银六千两。外有希腊教，俄罗斯传教于日本，不知进项多少。

第二十七问：除以上大会外，尚有何会？

答曰：有二十三处自立会，与上诸会公立者迥异，多半是一人立者。每年进项大者多则十万两，少者不过四百

[1]肥音阑国，现译芬兰。

两。大小会每年共进项银十四万两。

第二十八问：耶稣教在远方传教之各国，各会各进项共有多少？答曰：有一百六十七处，每年进项共有八百余万两。

第二十九问：天主教在远方传教有多少会？

答曰：有二十六会，每年进项彼教人向不登报，所以无从考证。

第三十问：此等进项从何而来？

答曰：耶稣教进项系各同教友每年捐纳，出于本人乐意，量力而捐，并非强派。天主教所进，大约多半系买地买房，赁租收息而来，少半系捐项。

# 教务本末　下[1]

第三十一问：耶稣教在中国传教者有多少？

答曰：英国有二十一会，教师有四百九十八位。美国有十三会，教师有二百八十五位。德国与欧洲他国七会，教师四十九位。自立会教师四位。各国会共四十一，各国教师共八百三十六位。此按千八百八十九年之报钞来。今按千八百九十年大聚会，男女教师有千二百九十五位。每年助善花费银百余万两。

第三十二问：天主教在中国传教人有多少？

答曰：有十会，法国会教师、天主教教师称神夫，有四百人分于十三省。意大利教师八十二人，分于四省。比国教师二十九人，分于二省。西班牙教师二十九人，德国教师十四人，共计教师五百五十三人。此按一千八百八十七年之报钞来。

第三十三问：救世教前有何益于他国人处？

答曰：有益于艺，如衣、农、房、工、商；有益于文，如创字、创书、著书、格物、立学；有益于政，如立国、立法、治国、睦世；有益于俗，如救命、救奴、救

[1]该文收入于宝轩辑《皇朝蓄艾文编》，见《皇朝蓄艾文编·卷六十七·宗教一》，上海：上海官书局1903年版，第31—34页。

苦、救妇；有益于德，如改恶增善，如连善立会；有益于道，如能生信、生望、生仁，皆借天力以助之者也。以上诸事，凡国家无有者使之有，国家已有者使之精益求精。

第三十四问：救世教有何益于中国？

答曰：耶稣教来中国只数十年耳，现在传教人虽多，而初来数人所作之事不能多。然虽不多而其萌芽已可概见。从前中国人不知外国事，今则谈外国事之书多矣，此书十有九皆传教人所作。如今中国立招商局，有许多轮船、人之来往，货之转运，皆甚便捷。但初立招商局之总管人，本由传教者书房出身。至于修铁路、电报或制货、运货、买货，凡大有益于国者，乃早数十年已有耶稣教常讲此等之事故也。再中国前曾派一百学生，往外国读书，为晓西学之益，由总管人带去，亦耶稣教中人也。至于徐中丞[1]所辑《瀛环志略》，亦由美国教师所传，始得周知。又今传教者立讲西学之塾，其学生大小有一万六千名。至于医院各处设立，每年医病者有三万人。此皆耶稣教数十年所作之事，俟人皆晓然此等事均为中国而设，始无有敢訾议者，将来益处更大也。

第三十五问：西学果属何法何事？

答曰：论法大概有四字可以盖之，曰横、竖、普、专而已。何谓横？盖各国各有要学，聚而参考比校，择其善者而从之，则学精矣。何谓竖？各样要学，各有精微，但将各国历代求精之法，就其中精益求精，举而行之，裕如矣。普者何？上察天文，下察地质，中察万物。凡有关

[1]徐中丞，即徐继畬。徐继畬（1795—1873），字松龛，又字健男，号牧田、松龛先生，室名退密斋，山西代州五台县人，是中国近代开眼看世界的先驱之一。

于人事者，必研索其理以为用，日久即成为各学，普之谓也。专者何？人生如白驹过隙，一艺之精，犹须数十年之力，若细讲各学，一人何能周知？然必须知各学之大概，而后即一事以求精，殚心研思，必欲得人所未得之理，专之谓也。

若论事，西国曾分为三，曰性、曰人、曰物，皆按理数精求而得。治心、治人、格物之法，如电学、化学、重学以及铁路、轮船、电线等事，皆治物之法。国会之外，又有民会，如利士之会，利农之会，利工利商之会，皆有各学之法，此皆治人也。凡官府所不能为者，各会常代为之。教会立教堂，借天力修良心，化恶为善，并能鼓励善人，使愈为善。不但去己求利之心，而且生利人之心。且凡得重生者，皆愿舍命救人，可谓上帝义子。后凡属上帝者，无论神、人、物，其理早晚必晓然洞澈，而亦胥为之统摄焉，此治神心之学也。再查历代能治物者，未必能治人。能治人者，未必能治神心，惟能治神心者，可兼治人治物之能，此所以治神心为独尊也。

第三十六问：救世教之人，所信者何事？

答曰：皆以为上帝创造天地万物，生养万国万代，又设法救普世万国。皆以为世上诸苦，本出于罪，皆因素违上帝之心故也。所以无论人与国，若离开上帝，诸苦必生，且不能久远。皆以为耶稣降世，本为除人之罪，故设天国，使凡好圣、好义、好善，无论何国皆合而为一。上敬主，下爱人，到处设会救世，务使世上人将来无一作恶，无一贫穷，无一无知，无一无福者。皆以为天国非人可以权势统辖者，均归上帝统辖也。皆以为人当考察天地万物及人之身体灵魂，生前死后之至理，缘上帝造物，皆有益于人者也。皆以为天地万物有妙理，善人得此妙理，原可借用以有益于普世。若恶人得此妙理，或借获利以利己，或专用以富强其本国，然究不能久远，已有明验。盖缘上帝创造万物，皆为善人而设之故也。皆以为上帝圣神，可以住人心中，能感动人行善，又能指点人遵依天道而行。然人力有限，必借天力以助之。则人之才能、德行、智慧，肆应不穷，直如用电、用汽，有益于万事也。皆以为上帝圣神，凡悔改能得者，无论人与国，有罪可以免，或病痛及一切患难，均可以除。将来人之灵魂，可以长生不灭，譬如桂那治脾寒，种牛痘防天花之效验，且其效之速，又如电能化铁为磁石，树枝之接，树虽不同类而能同生。盖上帝既能长生，所以凡接得上帝圣神者，亦可以长生也。皆以为人在世之大事，不但欲衣食充足而已，仍要知救人之事，无论宗族、亲友，本国、万国均宜救之，使世上无一受苦难者。皆以为上帝是万国人之父，万民皆如同胞。上帝既欲救万国儿女，所以万国儿女，亦宜均体天父之意，而怀救世之心，效仿上帝，方称为上天之孝子，此天人之伦，较世上五伦为尤重。皆以为天下各国各教之善，皆由天而生，不可去一，必须培养，使之滋生，所谓道之大原出于天也。皆以为人生今世之事办完，上帝必将人之灵魂召回，以便交代一生之事。凡体上帝好生之心者，不再将灵魂束缚世界，自可别游天上诸世界。凡无天孝者，自有黑暗死地以拘之。皆以为凡同心者，必按日期聚会、敬主，又商何法能救世。如遇愚人则教导之，遇恶人则劝戒之，使之悔改。以上各条，凡信而行者，皆谓为得重生之人。又凡投降主者，上帝必令万法保护，今世无论何邪，没世[1]无论何地，皆可防备，且死后必得永生无穷之福。此救世教以耶稣圣道教人之心经也。

第三十七问：他国得救世教之益甚多，何以中国至今得益者甚少？

答曰：一则外国人初来中土，风俗人情，及教之相宜处，有未能晓然者；一则中国人未知外国传教之意，并各教之异同，往往以传闻之讹，而信之为真，遂有肆行訾议者。倘不细查其实，恐将来之祸，仍不止此。所望中国贤人君子一一细考。俟此事了然，则识见相通，将来共为宣化，则教之益于中国者大矣。

《时事新论·卷十一》终

[1]没世，死亡。

# 卷十二　杂学

# 气球考[1]

气球一物，古无所纪，惟《山海经》载周饶、奇肱等国有飞车之制，空中游行，日可万里，而其制未详，亦并无气球之名。自欧西各国起意制造，以备寄信探敌之用，而其始造之人亦未能精，盖即今气球之滥觞也。迨后愈制愈精，遂为西国之独步。兹仅考其始制之法愈进愈上者，以备大雅观览焉。按古时希腊、罗马诸国曾有空中行走之物，而无实在之确据，只传闻口语而已。自唐时至明代数百年间，西国人生有妙法，欲于空中飞行者造成图画，至今犹存，而殊无气球之名。

气球之制，实始于法国人士在乾隆四十八年时制造也。是人孟姓兄弟[2]二人，始造之以为一国之用者。后乃思得一法，作一布球，高三丈余，下有口。于地上烧柴

---

[1]该文收入陈忠倚辑《皇朝经世文三编》，见《皇朝经世文三编·卷六十二·工政二》，沈云龙主编：《近代中国史料丛刊》第76辑，台北：文海出版社1966年版，第939—940页；该文也收入于宝轩辑：《皇朝蓄艾文编》，见《皇朝蓄艾文编·卷二十六·工艺三》，上海：上海官书局1903年版，第21—22页。

[2]孟氏兄弟，即约瑟夫-米歇尔·孟格菲（Joseph-Michel Montgolfier，1740—1810）和雅克-艾蒂安·孟格菲（Jacques-Étienne Montgolfier，1745—1799），法国发明家。1783年，孟格菲兄弟受碎纸屑在火炉中不断升起的启发，发明了热气球。1897年11月21日下午，孟格菲兄弟又在巴黎穆埃特堡进行了世界上第一次载人空中航行，热气球飞行了25分钟，在飞越半个巴黎之后降落在意大利广场附近。这次飞行比莱特兄弟的飞机飞行早了整整120年。

草，使其烟焰之气自球下口入满，自然上升，甚高。然逾十分钟即落，去原处四五里。许名之曰火球。盖缘烟气装满球腹则球热，热则涨而轻，故上升；俟时久气凉而缩与他分量同，故落。后孟某又访格物家，询问有何法可使球之不落。有告之者曰，球下缀人，仍以火生烟，长使球热或可不落。格物家曰：否否，不如用轻气装入球内，自难落也。乃以绸制一丈三尺之球，又恐其泄，乃于绸外抹漆一层，又用磺镪水、铁末子生轻气装入球内。法京中人闻放气球，争先睹焉。乃以放炮为号，示人来观，球升三百丈，逾三刻许，又落于乡村间，去京师五十里。村人见从空而下，皆惊，不知何物，争以刀斫之，寻即破坏。时正夏令也。自此始有气球之制焉。

至秋又制一球，下缀以篓，置鸡、鸭、羊于内，球上升百五十丈，未几又落，鸡、鸭、羊无恙。至十月，又放球，人乃敢坐其中，上升亦无恙。至腊月，又造球二丈七尺高，内有舌通于外，仍缀以篓，篓中置土袋焉。若上升过轻，则搦舌使轻气由上放出即微落。倘落甚速，则撒去土袋中土，球即轻而复上矣。至是孟姓兄弟及格物者一人共升，觉悠悠扬扬甚稳，适高二百丈许，逾两点钟始落于乡间，去京城九十里。方其下落之速也，孟某急将土袋撒去时，见日已将没矣。乃球下去土袋，旋轻而又遽上升，恍睹日光仍悬于空，尚未落焉。以此可知地形亦如球之圆云。自此欧洲各国皆讲气球，竞欲上升矣。

去年，有已故之美国人计其乘球上升曾二百三十八次云。初升之时势甚危，因之跌毙者亦不少，惟英人乘球上升受伤至今止一人而已。当年美国有人制一球甚别致，制一篓于中坐人，周围系以小气球四十七圆亦装以轻气，乃分量过轻不能落，大惧，始以刀刺球放轻气出乃落。后英国人请格物家考究，空中高下之气分浓淡，下方之气浓，上升十五里以上过淡而且寒，手足俱冷如冰。至咸丰年间英又有人考究此气乃知，过十五里以上气太淡不足用。人在上，如屏气而不能出，又过寒，故甚高人不能堪也。

西国此球为军中用者多。如欲知敌在何方，无虑甚远，升高已可睹见。如俄、美、法等国每于交兵时常用之。昔同治年间法都被德人围困，内外不通，乃将各处信件百余函并列墙上，以照像法照成一小纸封，寄鸽项，然后乘气球上升出围，于球中放鸽，各投所之皆能达。由此观之，气球之有关于探敌通信之用大矣。再，气球之外，又有空中下落之利器[1]，形同伞盖，虽去地五百丈，落时亦悠扬飘荡不至撞损。此去年事也。又，从前气球在空中游行皆顺风力，而不能自主。今各国又生别法，制一球在空中，由人为主，欲东则东，欲西则西，且不惧风之逆焉。然式样甚多，皆各借其气之力以为游行。近十年中，电学内已生出若干妙法。格物家欲借电力行球在空中，亦有小效。将来后之学者精愈求精，其大效必有可观者焉！不禁拭目俟之。

[1]此利器应为现今的降落伞。

# 电学考[1]

璞尔生者[2]，丹国儒士，电报学堂之师也。近著《电学述略》一书，以示学者，使知电之所以生之理，以广其用焉。按二千年前希腊人有精格致之学者，尝考琥珀一物，摩拭既久则能吸物使近，又遽推之则可呼物使远，此电学之始也。然人尚未知其所以然之理。至明朝时，英国太医院有一名医考察物理，知硫磺、玻璃及蜡亦能有呼吸之力，与琥珀同，然尚未明其所以用。迨本朝初年，有德国人制一机器，运动之，不但能呼吸，又能发电光。至是电之名始著。

至雍正七年有英国人察知电器能走之物如铜、铁等类，不能走之物如玻璃、丝绸之类，则行电、禁电之法始出矣。又法国察知电之用，有两因，名之曰阴电、阳电。是时，又有美国人察知琥珀、玻璃、蜡等所生之电光，非

---

[1]该文收入陈忠倚辑《皇朝经世文三编》，见《皇朝经世文三编·卷十二·学术十二》，沈云龙主编：《近代中国史料丛刊》第76辑，台北：文海出版社1966年版，第184—186页。

[2]璞尔生，也写作濮尔生，具体生卒年份不详。根据傅兰雅编《中国教育指南》所记录，璞尔生全名为O. H. O. Poulsen，丹麦人，北洋电报学堂的主管。李提摩太所提《电报述略》一书的英文名为*Electro-Telegraphy*，是璞尔生为电报学堂学生编的教科书。见John Fryer, *The Educational Directory for China* (Shanghai: The American Presbyterian Mission Press, 1895), p85.

等寻常之火，实与天上之电光为一类。由此而知，电之所关大矣。又察电之所走，能引旁线一时生电。至乾隆四十五年，意大利国人能用两种金如铜、倭铅[1]之类，以铜丝密缚，即能生电，因之又有湿电之说。嘉庆二十五年，丹国人查考电学，又知以铜线过罗盘针，则针随电走，不能自主。至道光三年，法国人又察知，以电线过铁则铁自变为吸铁石[2]。迨道光十一年，英国又有人考知电不但能化铁为吸铁石，而吸铁石又能生电。至是电学一步进一步矣。

道光十七年时，英、美两国相隔万余里，音问难通，乃缘电线过罗盘针及变吸铁石彼此相生之法，格物家遂揣摩而生造电报之法焉。至咸丰四年，又有人能造电灯，光明倍常。九年，法国人又有造存电瓶者以备用。意大利人又揣知生电之法专用吸铁石，机轮一转，气自生，生生无穷，电不胜用矣。既不用摩拭之法，又无须湿电，更为简便。此二十年内，集众人之心思，尽百物之考察，而电学始大明，电之功用始大异焉。

盖先用钢生电者，今则皆用熟铁轮机一转则化为吸铁石，以吸铁石生电，其力较大于钢。且人既得此新生电之法，知电能化物，有借以为包金、包银之饰者，不第此也。又缘电光之明及电火之烈而知以电火照于农田，则如日照之暖[3]，而禾稼可生。若将电火运于土内，则禾苗更易长矣。电之关于人用者岂不大哉！此生电器之大概也。

---

[1]倭铅，即锌。

[2]吸铁石，即磁铁。

[3]煖，同“暖”。

道光十七年，英美人既得电报之法，民间犹以为戏玩，惟铁路公司知其益，乃沿道设电杆以报铁路来往相避之信。及道光二十四年，英廷亦知此大有关系，乃用之，远近无不报者。至咸丰八年，英美相隔不下万里，音问甚迟，乃协商于海底添设电线以通信焉。嗣因路太远，虽有极大电力,缘铁针之分量太重不能灵转，是信仍不能通也。后英人别作一表，但借无分量之日光以达之。其先虽用极大电力总不能达，今竟以极小之酒盅，用绝细铜丝一，倭银丝一，再加一滴镪水[1]，电力立时达到。其运思之妙，可谓极矣。

今之电报在海底者甚多。联络各国之线，合计其长，足绕地球五周之用。又发电报之机不一，有按西国二十余之字母发者，然此犹易事，但按其书寻证，虽未学者亦知，但不速耳。近又有新法使其针自按号码，然嫌无墨迹可认。又有揣得新法者，使其针自画号码，有墨迹可寻矣。此法在咸丰四年奥人所出后，又有人揣出新法，能使其针为字迹、图画及图像皆如真者，不愈出愈奇乎？法虽奇妙，然寻常之用，仍不外奥人所出之常法，使略加更改，便稍精矣。寻常发电报，每数百里或数千里，中间路远，各处总须掉换。今则用新法直达，不必掉换，如英京至波斯京，万余里一直达到是也。当电报初立之时，每一分钟止发四五字，今则每一分钟可发四百六十二字。其始也，以五条线发一信，今则以一线发六信，均在一时，各不相碍，真巧妙也。今西国人因其便而用以达信者多，计英

[1]镪水，指具有强酸性质的液体，如硝镪水(硝酸)、硫镪水(硫酸)、盐镪水(盐酸)，腐蚀性极强。

国每一礼拜发信不下百万函。电报不愈盛乎？此电报之大概也。

再德律风[1]亦可借电报之线，用而不碍。在光绪二年美国人创设德律风。其始也，止能传语数十里，今则借铁线传语七百余里矣。若用铜线可传语六千里。创此器者尝曰，此物若灵巧得法，愈传愈远。虽中华京都至法国京都相隔数万里，亦可以如对面语焉。此德律风之大略也。

要之，电学之为用，实关系万国兴衰也。昔德国将军毛奇在军，虎幄[2]中皆有电线与各营将弁通，凡有出令虽本营人无有知者，外人何由伺探乎？故凡不晓电学者，皆不克与之敌。英有大商骆某，生意遍各国。彼终岁不出门庭，而天下各国生意盛衰无一不知。此皆恃电报、德律风等之用也。不第此也。凡士、农、工、贾四民亦无不仰赖之。此可知电学之兴，虽古之制作，亦未有逾于此者。所愿中华人士慎勿专袭电学之皮毛，而不深究其奥理。苟能深究，自可悟出新法，独抒心裁，生生无穷，用之不尽，岂不懿与？

---

[1]德律风，今译电话。

[2]虎幄，以虎纹为饰的幄幕。此处喻指毛奇的行军指挥部。

# 煤油述略[1]

光绪十六年七月二十四日之夕，天津水次[2]，煤油船不戒于火，倏忽并燃，照耀天地，因思煤油为自然之利，惜华人未明其法，不知所由昉[3]也，爰述颠末[4]，以溥[5]告众人云。按古时日用炊爨[6]非柴即煤，二者而已。近西国有易以煤油者，以煤油之出较多于煤也。然试问煤油何自而生？先是化学家有以炭[7]一分，清气[8]四分；或炭二分，清气六分；炭三分，清气八分；炭四分，清气十分；炭五分，清气十二分；炭六分，清气十四分，配合化成者。然前四配合，皆为气质，至第五配合，按寒暑表三十二度，即为流质，第六配合五十二度，第七配合七十二度，亦均为流质，第八、第九配合炭若大，即成为实质。[9]配合虽如此不一，然各配合又仍有各性，此化学

[1]该文收入于宝轩辑《皇朝蓄艾文编》，见《皇朝蓄艾文编·卷二十三·矿政二》，上海：上海官书局1903年版，第21—22页。

[2]水次，指船只泊岸之处，码头。

[3]由昉，发端、起始。

[4]颠末，始末。事情自始至终的过程。

[5]溥，假借作普，指普遍。

[6]爨，烧火做饭。

[7]炭，即“碳”

[8]清气，即氢气。

[9]原文并无第七、八、九种配比之法，疑原文有漏印。

家能随类而成，或气质、流质、实质也。后有自地中出者，如掘井然，忽遇此油，其井浅深不等，诚自然之利也。

然前千余年，西国人亦知有此油，但所出无多，用法亦未得。惟前三十年，美国人先得此井，出油最多[1]。次俄国在里海、黑海之间。次缅甸，次印度，西北之毕罗勑[2]斯丹国，所出亦多，现此数处，不第以之炊爨，并轮舟轮车，皆易以煤油，取其用之较洁于煤也。虽今日本埠煤气灯亦系燃煤油，其明倍常。虽然，地中何以有油也？盖凡此油之出，大约傍烟煤之矿者多，所以有浅深不等，地中有火生炭气，地中之水遇火为气。但此气按化学家为清养[3]二气所成，炭遇清气而化为新物，曰煤油，日久则生聚多。遇人出之各井泉，然随出随长，但天生之油，内多渣滓，若燃以为炊爨则可，若燃灯，必须煎炼而后明亮。其渣滓淘出，亦皆各有用，无弃物。

今此油发售五大洲，但即中国论，每年进口煤油直二百余万金。若合五洲计之，其生意亦极大矣。中华内地，现在煤矿林立，所获非少，独觅煤油，未得其法，遂使地中之宝，秘而不宣。倘皆能务格致、化学、地利等书，则各处凡有煤矿者，必或有出煤油之法，各极心思，各逞材力，制造成用，不第内地有益，而且亦可出洋，集之皆成巨款。中华绅士，苟能胞与为心，皆极深研几，以

---

[1]1851年，美国商人塞缪尔·奇尔（Samuel Kier）开始销售用石油提炼出的煤油，同时出售为此发明的煤油灯。原来奇尔是开发盐井的，但是他在宾夕法尼亚的盐井无意中发现了石油。开始他只是把石油倒掉，后来他请来化学家从石油中提炼煤油。他被历史学家称为“美国石油工业之父”。1859年，石油钻探家德里克（Edwin Drake）在宾夕法尼亚用钻井的方法打成美国第一口油井。

[2]勑，同“敕”。

[3]清养，即氢气和氧气。

求格致、化学、地利等书，则坐而言者，即可起而行，亦未始非养民救人之一法，则天地自然之利，岂独有厚于西国哉！

# 塞门德土记

塞门德土[1]制自泰西四五十年前，其性坚韧，其用经久，搀以沙水可以代灰，瞬即结实无论。并堪代石，他山之石，椎凿既难，转运不易，惟代以塞门德土无论短小者成之匪艰，即长至十余寻，大至三十吨者亦如印印泥，如锥画沙。较之用石，核其难易之殊，不啻霄壤之别。迄今制造愈精，推行愈广。且由欧洲而至中国，如炮台营垒，以及河工，概弃三合土而用塞门德，年中购办所费不止以万亿计。以外洋之泥土易我国之金钱，是亦一大漏卮也。爰考求其制并用土各法，以为有心时事者告，请试言之。

法系穴地为坎，以青胶土和白粉土去其渣滓，用水调如牛奶式，导入别池澄清之，下用火炙令干，上用铁爬画分条缕，复搀焦炭入窑，煅炼三日，嗣炭质化尽，余土团作核桃形，用碾碾成极细面粉，而塞门德土成。其搀和之法，譬如青胶土百斤和白粉土三四百斤入窑，每土百斤搀焦炭五十斤，此系制法之大略情形也。若以塞门德土一分，搀洁净无泥河沙二分便可代灰。若加入碎石五分或十二分，其坚结便堪代石。惟用作石需于位置时然后调水，否则势难移动耳。其碎石分寸系用斗量，并非秤较。

[1]塞门德土，即cement，现译混凝土。

此又用法之大略情形也。

至于试验该土成色之高下，英国以之制成小砖，两端宽三寸，中类蜂腰，宽一寸，有半厚，亦如之。砖成悬于水际，下坠重物，如系上品能任三百四十斤至八百斤。即以任重之多寡，定价值之低昂。每吨一千六百八十斤。除装桶另计外。西历一千八百七十年至一千八百八十年，售银五两六钱至七两六钱不等。而制土宜在水滨，不宜内地。盖于胶土、粉土取携既便，而过都越国又无转折之虞也。语曰：百里不贩粗。否则运费浩繁，恐难图利矣。又，用土宜旧，而不宜新。若急就章装运出洋，须于用时铺晾数日，匀拨数次，俾受空气，方与土宜，而利各用。其存储之处，宜干爽，不宜潮湿，宜温和，不宜过于冷热。此又土性异宜之大较也。

从前以之代石，现在轮帆各铁船其骑缝胥以塞门德土粘连，且以之代铁。功用之广，当可不言而喻矣。闻日本国现经仿制计制造局一所，内火轮房、机器房、晾土房各两间，窑十六座，又屋八间，烟囱四具，每高十丈，每月成土六百桶，旁有红砖窑一座，每日计成红砖一万方。中国开平煤矿于去岁亦就唐山制造，以便河南、山东两省防河之用，从此利源不致外溢，幸何如之。

# 制造钢铁记略[1]

自五材[2]并用，归修土谷，八政[3]农用，爱宝稼穑，文王卑服，即康功田功[4]，豳诗《陈风》[5]，盖于耜举趾[6]，筑场纳稼之间，王化基焉。则知土田者，圣王所以顺承天德，阜育群生，理财聚人，守邦之本也，顾有土有财，农事为足民之政，亦因利而利，卝[7]人见周礼之书，历来中国矿产，虽多封禁，而养生所需，如煤如铁，各省例准开采，昔苏文忠公曾有利国监铁冶文，此其明证也。

---

[1]该文收入于宝轩辑《皇朝蓄艾文编》，见《皇朝蓄艾文编·卷二十六·工艺三》，上海：上海官书局1903年版，第11—12页。

[2]五材，五种物质。指金、木、水、火、土。

[3]古代国家施政的八个方面。《书·洪范》：“三，八政：一曰食，二曰货，三曰祀，四曰司空，五曰司徒，六曰司寇，七曰宾，八曰师。”后世所称“八政”多指此而言。《汉书·王莽传中》：“民以食为命，以货为资，是以八政以食为首。”

[4]语出《尚书·无逸》：“文王卑服，即康功田功。”卑服，使衣服粗劣，穿粗劣的衣服。也指从事卑贱之事。康功，平整道路。田功，做农事。

[5]出自《诗经》。

[6]于耜，整修农具。举趾，举足、抬脚。引申为举起农具，进行耕作。《诗·豳风·七月》：“三之日于耜，四之日举趾，同我妇子，馌彼南亩。”朱熹《集传》中解释为：“举趾，举足而耕也。”

[7]卝，同“矿”。据罗宗阳、邓志瑗、罗元浩等人解释：“卝人掌理出产金玉锡石等富有矿藏的地方。，设置藩界，立下禁令，让当地人民予以守护。若要及时采取，就探测产地，画出图形，授与那些开采的人，巡视并执行禁令，惩罚违禁者。”见氏编《周礼直解·仪礼直解》，南昌：江西人民出版社1993年版，第145页。

日者客有问难于西儒某君曰：今自大开海禁以来，洋铁运入中国甚多，其铁质之佳，远过华产，岂天时地利各有不同欤？西儒某君闻之，哑然曰：此何言也？夫同此覆载，岂有厚薄，彼铁之佳，实彼人之事克尽，炉化之精足以全其真液耳。近来西国产铁之数日兴月盛，查西历一千七百九十六年，英国出铁只有十二万五千吨，每吨计一千六百八十斤。近百年内，添制机器、铁路、轮船、桥梁需铁极多，统核所产之数，较前加六十八倍。夫制生铁之法，本所素有，惟生铁太脆，未炼之初，原质中本有渣滓，其渣滓中有磺、炭、燐三项，非精于镕锻[1]不可。故除生铁之外，又有熟铁与钢两种。炉火有纯杂，工夫有浅深，诚非易事也。

客曰：制铁之难，敬闻命矣。然生熟铁与钢之分，究若何而成？曷弗明以告我。西儒曰：诺。今请为子毕其说。考生铁每百两中约有炭一两五钱，或更有多者。熟铁须入炉再炼再化，无渣滓即成。至钢质每百两铁中约有炭少者二钱，多者一两五钱，即名为钢。炭少者为软钢，炭多者为硬钢。从前化矿为铁之法，多用木炭烧化，因此境内树木往往尽付焚如，核计所费甚巨。及至西历一千六百十九年，有英人始用煤化铁，惟俄罗斯、瑞典，至今仍有用木炭者，又有用焦炭及煤油者，又有用煤气者，如美国向产煤油、煤气甚多，因即用此化铁。余游华久，尝见中国晋省一带，化铁炉大若花盆，殊不合用。今日西国化铁之炉，较中国烧砖瓦之窑尤大数十倍，其化铁法多用煤与青石装满，外引凉气入炉，运火熔化。

[1]锻，把金属放在火里烧，然后用锤子打。

一千八百二十九年，英人联立生[1]，又不用凉气生火，先将气烧热，再令进炉，其热或数百度至一千六百余度，化矿更速。俟化毕，从炉中流入地沟，自成铁矣。铁矿有磺在内，必先用火烤热，将硫磺及杂渣之气散尽，然后化之，方成好铁，此镕化铁矿出磺之法也。至西国造钢新法，现在精益求精，从前造钢之法，将生铁烧热，即用铁钳取出以锤打之，便成熟铁，嗣用熟铁条一层，上加以炭，再加铁条一层，外用做磁气泥包裹，仍送入炉中，经火烧炼即能成钢。此法未免费事，约计此种钢价，每吨需英银五十磅，合中国二百两。

至一千八百五十五年，又有英人卑士美[2]用格致之功，考造钢之理，约计钢价每吨只需英银十磅，合中国银四十两，亦可造成，此法初得时，欲售与英国家，英国家不用，而卑士美遂自以其法制造出售，数年间即已大富。其法维何？盖生铁之质最脆，皆因炭过多之故，其以制钢之炉，将生铁三吨或十吨化水，俟空中之气吹进，铁中之炭与空中养气合，化为炭气泡而出，只需半点钟时，全炉

---

[1]联立生，疑为James Beaumont Neilson （1792—1865），尼尔森，英国发明家，1792年8月22日生于英国拉纳克。1817年任格拉斯哥煤气厂领班，不久任经理兼工程师，在该厂工作达30年之久。1865年1月18日逝世于柯尔库布里。尼尔森在格拉斯哥的克莱德钢铁厂做热鼓风试验成功，于1828年获得此项专利。他试制的热鼓风机使每吨煤生产的钢铁产量增加2倍，每个鼓风单位使钢铁产量增加1倍。用热鼓风方法可以从贫矿中提炼铁，用原煤或低质煤取代焦炭，并适合建造大型熔炼炉。

[2]卑士美，即Henry Bessemer（1813—1898），贝塞麦，英国工程师和发明家，他发明了贝塞麦转炉炼钢法，并于1856年取得了专利。这个发明解决了大规模生产液态钢的问题，奠定了近代炼钢工艺方法的基础。

之铁已成钢矣。嗣后又有穆捨[1]者，得一用錳造钢之法，每铁百两，用錳十二两或十四两，即成最好之钢，平常钢质最易变磁气，以之造船，或有碍于罗经，惟有錳之钢，磁气绝少，现在造船者多用之，此铁矿出炭之法也。又有出燐之法，将生铁入化钢炉内，上加石灰，其燐自与石灰融洽，此铁取出，即无燐在内。自得此法，每吨钢只须英银五磅，合中国银二十两。

西国讲求新法，不遗余力，即以造铁造钢而计，欧美两洲，每年可省银三千余万两，关系顾不重哉！余观中国鄂省张香帅已按以上新法采用，而晋省煤铁之产又极多，倘有钜贾殷商卓见远，预为考究泰西制造钢铁新法，并选派子弟至鄂省新开铁厂，习学制造之法，一旦北省铁路举办，即可采晋省之铁用，鄂省之人，更何事仰外洋鼻息耶？且北省为三辅要区，拱卫帝京，尤非铁路不可，果能早日筹备，将来贸易之人获利倍蓰，贫困之户生计日舒，每年商贾必添数千万进款。有子曰：百姓足，君孰与不足。富强之机，所关匪浅，惟望有识者及早留心，必俟日后为他人垄断，而始悔前此之瞢瞢也，盖已晚矣。质之高明，然耶？否耶？

[1]穆捨，即Robert Forester Mushet（1811—1891），英国冶金学家。1848年，穆捨购进12吨镜面白口铸铁．进行研制锰钢的实验。他认识到锰作为一种脱氧剂的价值。他认为贝塞麦钢脆断的主要原因是硫和磷，提出在铁水中加镜铁以除硫，使贝塞麦法得以广泛应用，从而发明了高锰钢。1868年，他又发明了锰钨系自硬钢。

# 说医

昔范文正少时尝曰：吾不能为良相，必为良医，以医可以救人也。陆宣公[1]晚年家居，尤留心于医，闻有秘方，必手自抄录，曰：此亦活人之一术也。观于二公之言可知医虽小道，其寿人济世之功，实匪浅鲜。然而医岂易言哉？凡疗病者，必先知脉之虚实，然后为之方，乃能奏效。其次，君臣佐使亦当明辨。凡合药宜用一君、二臣、三佐、四使，亦有一君、三臣、九佐、十使者，此方家之大经也。且药有阴阳，配合子母、兄弟根茎，花实草石骨肉。有单行者，有相须者，有相使者，有相畏者，有相恶者，有相反者，有相杀者。凡此数者，必九折臂、三折肱乃可为良医。否则，不惟名不出家，名不出门，且恐庸医杀人，无所逃罪于天地间矣。

慨自后汉华佗索火烧书以后，医学几失其传。故出蛇走獭之奇，徙柳针茅之变，求之今日，已如广陵散不在人间，岂其术秘而不宣耶？人未能极深研几，不得不让西医出一头地已。西国之医，必经国家考验，果能得医之意，察脉之真，然后准其行道。不第此也。凡疾之在腠理、在

[1]陆贽（754－805），字敬舆。吴郡嘉兴（今浙江嘉兴人），唐代政治家、文学家、医学家，曾为唐德宗宰相，后遭流放，赠兵部尚书，谥曰宣，人称陆宣公。

血脉、在肠胃、在骨髓、在膏肓，或上药、中药、下药以及五气、五声、五色，必分其等而察其微，且设会而聚议之，竭广众之智识，穷医药之变化，缒幽凿险[1]，斗角钩心，必抉其精微奥窍而后已。其所以不惮烦琐者，盖不敢草菅人命也。

十四年前，欧美两洲之名医公同商酌，每二年篮期择地会议一次，举医学而讨论之。计第一次会于比国，再会于奥国，今拟会于英之伦敦。每次会议必举其切要者互相考察。一，察各国患病者，每万人中确有若干所患之病，共有几种。二，防病传染，如有病人，禁止进口。无论何症，当清其源。如水不洁净，牛奶肮脏或脏腑生虫，居处潮湿，皆易致病。必使水浊而清，其病自免，以此类推，则病源自清矣。三，查痨瘵[2]等症皆系肺叶生虫所致。四，查人与牲畜所生同类之病，或不同类者。五，查孩提之病。六，凡街道沟渠秽气薰蒸，一经感触，必有采薪之忧[3]。七，凡住房所受之空气或有不足，亦易染病。八，化学与医道之关系若何。九，治水陆兵丁所染之病。十，国家应立何项章程。凡此十端，皆医者所当，反覆推究而不容掉以轻心也。

夫西国医学固已空前绝后，可谓神乎技矣，而英国医院更棋布星罗，以为病者调养之所。屈指计之，共有一百十一处，分为三类：一系治各色杂症；一系治贫民之

---

[1]凿，开凿，开拓。缒幽，用绳索送达幽深之处。缒幽凿险，比喻追求险峻幽奇的艺术境界。

[2]瘵，病，多指痨病。

[3]采薪之忧，因生病不能打柴。语本《孟子·公孙丑下》：“昔者有王命，有采薪之忧，不能造朝。”

病；一系专治疯病。而此三种内又分许多专门，除捨药之外，另有洁净房屋，以便来院诊视者安居静养。今经西人查明，寓居英京之人共有三百八十余万。匀计每三万四千人合有医院一所，每一百五十九人合有养一病人之处。以此数反覆推算，譬之天津有五十万人，应有医院十四处。若有七十五万人，应有医院二十一处。人数愈多，则医院亦应与之俱多。

今除西国教会在于城厢内外设院施医不计外，我合肥相国关心民瘼[1]，亟欲起疮痍而登仁寿[2]。爰于紫竹林饬建男女施医院两处，选派精于西医者分司其事。每年造院请诊者不知凡几，即赖以全活者亦难偻[3]指以计。民之受其赐者皆曰微西医不足以起死回生，微传相有活人之心，亦不足以疾愈而寿长也。果能扩而充之，俾医院多多而益善，再以中医、西医参考而互用之，夫何难追踪葛氏，媲美桐君哉？

或曰死生有命，修短有数，人力难以迴上帝之心。然使操岐黄术者果有解颅理脑之奇，穿胸换心之异，造物亦将退处无权。第未精其业而率尔操觚[4]，不独不足以活人，适足以杀人，为大可虑耳。是又当慎选其人而善用之，广开医院而普救之。将见民无夭札[5]，人尽遐龄[6]，

---

[1]民瘼，人民的疾苦。《后汉书·卷七六·循吏传·序》：“广求民瘼，观纳风谣。”

[2]仁寿，德高而长寿。语本《论语·雍也》：“知者乐，仁者寿。”

[3]偻，弯曲，屈曲。

[4]操觚，觚，古代作书写用的木简。操觚，原指执简写字，后指写文章。

[5]夭札，遭疫病而早死。夭，短命，早死，未成年而死 。札，疫病，也指遭瘟疫死亡。

[6]遐龄，老年人高寿的敬语。

席蓐[1]之间，既免呻吟之苦，普天之下，酿为太和之春，岂不懿欤！岂不懿欤！

[1]席蓐，席与褥，泛指铺垫之具。

# 税考[1]

粤考王制，天子不言有无，诸侯不言多寡，食禄之家不与百姓争利。故三代以上，关市稽而不征，风俗敦庞，商贾饶富，成一代承平之治也。降及后世，藉口于周官泉府之名，立平准均输诸法，收什一之税，以充国用。唐有间架之事[2]，宋有市易之法。至明宣德四年，更设钞关七，所以收船钞兼榷商税。盖自秦汉以来关税日急，与古者御暴之意大相矛盾矣。然永乐初，西洋诸国使臣来华，载胡椒与民互市，有司请征其税。帝曰：商税者，国家以抑逐末之民，岂专为利？今远人慕义而来，乃欲侵其利，所得几何而亏辱大体。不听，此诚宽大之诏也。以上仅就中国言之也。

近来，五洲竞尚通商，各国人货此往彼来，履迹交错，入口之货，莫不有税。若本国各省各属不自抽税者，惟美国为然。论者谓各国能推广不收外税，而后可争端绝，风气醇，天下人民永享太平之福。然各国抽收外税，

[1]该文收入麦仲华辑《皇朝经世文新编》，见《皇朝经世文新编·卷十二·税则》，沈云龙主编：《近代中国史料丛刊》第78辑，台北：文海出版社1966年版，第874—876页。

[2]间架之事，即现在的房产税。唐德宗时为应付不断扩大的军费开支，向民间征收间架税。

轻重不一，揆度其意，约有三端：一因存报复之心，彼此有事不相洽，则于该国商货入口别立重税，以示困辱；一因存保护之心，人情购物喜贱而恶贵，若外国货物税轻价减，必致有碍本国交易，故不得已于外来货物稍收重税以保商务；一因存裕国之心，或本国有大举动、大工役，经费不足，不得已多收外税，以济国用。之三者乃泰西各国税价轻重之情形也。今试略举大概，藉资考证。

查俄罗斯于一千八百五十九年入口布匹，每八十四斤收税银三十二两。后二十年，收税银二十八两。再后五年，又加税银至三十六两。德国于一千八百五十九年入口布匹，每八十四斤收税银一两八钱。后二十年，收税银一两二钱。至一千八百八十五年，又收税银二两六钱。荷兰国一千八百五十九年入口布匹，每八十四斤收税银或有少仅二钱者，或有多至一两一钱者，数目不一，嗣后复概行免税。比利时国一千八百五十九年入口布匹，每八十四斤收税银五钱，后二十年收税银不足二钱。法国一千八百五十九年禁止外货入口。后二十年，入口布匹每八十四斤或收税银一钱二分，或收二十四两，多寡不等。奥国一千八百五十九年入口布匹，每八十四斤收税银二两一钱，后二十年收税银一两八钱，一千八百八十五年，又加收税银二两。美国因有水患，于一千八百五十九年入口布匹，每值百两收税银十九两。后二十年每值百两收税银五十两。至一千八百八十五年，仍照五十两之数，并无增减。此专就布匹而言，他货可以类推。

再查英法立和约时，初论价值收税，后论货物收税，无一定之议。又有欧洲小国名罗美尼亚与法国立和约，法国因该国关税过大，故凡遇该国入口之货，每百两即收税银五十两，较之他国皆格外加重，此即所谓报复之事也。若英国货至西班牙，较二十五年前税价更小。此外，土耳其国从前定税每百两止抽银八两，后又涨至十二两、十五两不等。历考五洲货物入口税最重者，莫如美国，计每百两均约抽银至四十余两之多。英国地土分据五洲，欲本国不定税则甚非易事。其往印度布匹，每百两收银五两，他项货物每百两收银十两，至光绪五年间则一概蠲免。又印度南海道地名毛里兜等处，定税每百两收银五两、七两不等。亚非利加洲南之大狼山即好望角，入口货物每百两收税银十五两。此通考泰西各国收税之大略也。

夫取求务极公平，出入宜权轻重。往往有挟一时之忿气，特加重税以逞快于目前者，迨至各国闻风裹足，致入口之货大加减色，所得之数不偿所失之数，始悔前此之太过，亦已晚矣。总之，居今之世，为今之政，断难希上古之风，不征不税以致于太平。但能使万国公议一律持平，本不偏不倚之心，无畸重畸轻之弊，斯亦挽回税务之一道也。

# 加税辟地议[1]

昔夏禹有会计之纪，周官著理财之条。诚以有国家者，不得不取诸民以裕度支，而治百事也。然古者率皆准乎什一，以定均输之法。故虽有征敛之名，仍寓宽大之意。降及后世，取用烦苛，虽一丝一粟难逃关市之稽。迨至暴政日甚，怨府日兴，则人心摇动，共起异图，而后悔朘削[2]聚敛之误，呜呼晚矣！

旷观千百年来掊克[3]之君，未有不亡国失地，从未闻有以重税为兼并之术者，有之自泰西始。夫泰西各国收税数目多寡不同，虽裕国足用不得不尔，然其欲振兴商务则免税招徕，欲兼并邻邦则加税困累。其深谋远虑，殊难一例而观。故本馆曾将泰西各国税章著论登报，俾有心人知所补救。今请就泰西加税之事再申其说焉。

查俄罗斯为近日海内大国，跨有欧亚两洲，土地极广。然所属各处均为荒寒寥廓之区，田产既不富饶，又难

[1]该文收入麦仲华辑《皇朝经世文新编》，见《皇朝经世文新编·卷十二·税则》，沈云龙主编：《近代中国史料丛刊》第78辑，台北：文海出版社1966年版，第876—877页；又见陈忠倚辑《皇朝经世文三编》，见《皇朝经世文三编·卷二十八·户政六》，沈云龙主编：《近代中国史料丛刊》第76辑，台北：文海出版社1966年版，第443—444页。不过陈辑标题变为“加税开地议”。

[2]朘削，剥削、盘剥。朘，缩、减少。

[3]掊克，聚敛，收刮民财。掊，聚敛。

收通商之益。自向中国两次请地，凡黑龙江以东诸城莫不据而有之。近今珲春一埠商务日兴，居人日众，推原其故，皆由所到之货概不收税，故贸易之徒趋之若鹜耳。兵法云：将预取之，必先与之。此即俄国免税招徕之意欤。独是免税为兴商之道，收税乃生财之源。

进观德、美两国更有加税之法在。考德国前列日耳曼群邦时，欲兼并东西部落。故定新章，凡附近小国已经立约者，收税即有一律之法，势极便益。其未经立约者，收税即难一律，从中不便之处甚多，因不得不一并立约。此加税辟地之一证也。至美国百年前本英之旧属，于中国乾隆四十年，华盛顿奋其沈雄[1]之才，卓然崛起，骎骎乎有若敖[2]蚡冒[3]以启山林之势，与英血战多年，遂割英属十余省，自立合众之法。目今地广人众，势与欧罗巴诸大国抗衡。然溯合众之初，其十余省中莫不遵守法度，独迤北一省抗不遵服。惟合众之法，凡本属各省进口之货概不收税，而未从各省进口之货，无不加重收税。卒使未从之省，商贾不通，民人逃散，不得不拱服而后已。美国加税之情形如此，乃近来毗连美境之坎拿大省及英之工匠各人亦欲其附从，因专将该处来货倍立重税，俾受其困，将来如英不设法阻止，恐坎拿大省仍有不得不从之势。此又加税辟地之一证也。

[1]沈，同“沉”。沉雄，沉毅雄健。

[2]若敖（？—前764），芈姓，熊氏，名仪，熊咢之子。周平王七年（前764年）熊仪卒，被尊为“若敖”，这是楚君有谥号的开始。

[3]蚡冒（？—前741），一作鼢冒，芈姓，熊氏，名眴，东周初期的楚国君主，《左传》作“蚡冒”，《韩非子》和《楚辞·东方朔·七谏》作“楚厉王”，楚霄敖长子。

方今泰西各国，惟英之税较轻。凡未制造之物，如羊毛、棉花等件，皆一概免税。故英之商务为欧亚各国之冠。虽英属地散处五洲，势难蠲免[1]本国之税，使财赋无出，亦难重税以困他国，使闻风者裹足不前，然以英之重视通商，信义自守，平正自持，惟恐失和于他国。固不能为法、俄之无税，更不屑效德、美之重税也，英诚识大体矣哉！

本馆前论俄以铁路侵地，是铁路者，犹用兵之利器耳。今美以加税辟地，说者谓无用兵之形，而有用兵之心，能安享得地之利，免劳师耗财之害。较之铁路侵地，岂非劳逸迥别欤？总之，天下事惟求其平而已。孔子曰：不患寡而患不均。均即平之谓也。欧阳子[2]曰：物不得其平则鸣。此后五洲税务，必须早日公议，一律持平，无畸重畸轻之弊，乃足以息争端、消乱萌也。非然者窃恐人心易动而难安。苟他国受困过深，蓄久发暴，而后悔前此之横征苛敛为害甚也，讵可及哉！讵可及哉！

[1]蠲免，免除。

[2]欧阳子，疑为欧阳修。不过“物不得其平则鸣”一语并非出自欧阳修，而是出自韩愈《送孟东野序》：“大凡物不得其平则鸣：草木之无声，风挠之鸣；水之无声，风荡之鸣。”

# 纪灯浮之益

谚有之曰：行船走马三分险。然走马与行船较，马之险犹逊于船之险。盖驰马视乎驭者之善不善，苟能罄控[1]得法，马虽惊逸亦不致有颠踬[2]之虞。若行船则毫无把握矣，或遇风浪或触暗礁，备不胜备，防不胜防，以故失险之事时有所闻。因是西人于海口各要隘创设灯塔、灯船、铁浮等件，以指示迷途，俾行海船只知所趋避，意至美，法至善也。

按灯塔所设之灯，其光之大小、高下，远近不一。如光比水面高三丈，可以照八十九里。高十丈者，可以照一百四十二里。高十五丈者，可以照一百五十五里。高二十丈者，可以照一百九十八里。灯光高至十五丈即可敷用。缘灯光所到已在百里之外足以提防，高至二十丈者往往不用。

以上之灯，厥有六等：头等直径一丈二尺，二等一丈，三等八尺，四等六尺，五六等在五尺上下。内有所谓返照者，有所谓直照者。何为返照法？以极亮之物附于灯后，使光由附于灯后者射出，此之谓返照。何谓直照

[1]罄控，指驰马与控马。

[2]踬，被东西绊倒。颠踬，倒仆，下跌。

法？以琥璃聚灯之光，使之一往直前，此之谓直照。先年用返照者居多，近年新得直照之法，较返照倍明，故皆弃返照而就直照焉。一、二、三等之灯大抵设于海岛要隘，其四、五、六等皆系设于不甚险要之处。灯有五色，有单双者，有忽明忽暗者，以备行海船只见何式灯，即知为何处，易于防备也。明灭之灯，如环旋转，或十分时显一次，或二十分时显一次，其光较四面照者明亮八倍。盖四面照者，其光散明灭。而直照一线者，其光聚也。灯之价亦不一，有值银万余两者，有值二千两者。海口所设之灯，其价一二千两或数百两不等。或谓电灯最亮，何不改用？殊不知电线稍有未妥，必致贻误。所谓差之毫厘，谬以千里也。

灯塔之制亦不一，有专以砖石造者，有专以塞门德土者，有专以钢铁者，因地制宜，并非拘定一格。如海中无安置灯塔之处，即以灯船代之。灯船之外，又有所谓浮者。浮以铁为之，两端锐形，浮于水之浅处，即水深之两旁，以便船由深处行驶，俾免搁浅。商埠繁华之区，轮船来往，昼夜如梭，浮仅宜于白昼而不可用于昏夜。刻经人思得善法，以煤气贮于浮内，其明于昼。内贮煤气需银一二千两者，可以用至四十余日，虽有风浪无妨于事。

中国海关，西人每年造各海口灯浮椿总册一卷。捧读一过，见所设之灯浮椿三项如星罗、如棋布，而部位方向又既详且尽，兹综其大数表而出之。计册开各海口所设之灯共有八十三盏，分为六等。外有六十八浮，五十八桩，灯船六艘，灯房十八座。司其事者，洋人二十四名，华人一百六十名。山东沿海属境设头等灯四，内直照者三，返照者一。而设于天津海口者则系第六等，因该处无甚危险故也。计在海岛之灯，其式不一，有五色、有单双、有明暗。设在海中者，其光可以射至九十里。其设在江河者，灯光稍逊，要皆有益于行海船只，而为人所不可不知者，故录其大概如此。

《时事新论·卷十二》终

# 报中杂论 跋

报馆之设，凡以备人耳目也。中国古无此制，然郑乡校论执政，子产勿毁者[1]，欲就其中择善而从，比物此志也。故其论述之事，皆为当世之切要，以辅廷议之所不及。而中国之所切要者，莫若通五洲之事。虽然中国亘古未与泰西通也，其所以为治乱之迹与夫盛衰之故，皆验于史鉴之所纪，圣贤之所传，昭然若合符节，拘守此说，牢不可破。今欲进一议，曰：非尽天下景物而变更之，一如泰西之所为，不可以为治。则将曰：彼不过徒讲富强之术耳。今欲尽中华文物而弁髦[2]弃之乌乎可？

噫！此言良是也，惜未达权也。夫权之为道，准乎时势之宜，通乎古今之变，而不可一例拘也。假使海禁于今未开，华洋于今未涉，则以中华之道治中华之人，苟能贤者在位，能者在职，固已足致太平，又何必鳃鳃焉[3]专讲五洲之事哉？而今则海禁开矣，华洋交矣，虽使古圣贤当

[1]典出《左传·襄公三十一年》："郑人游于乡校，以论执政。然明谓子产曰：'毁乡校，何如？'"

[2]弁髦，古代男子成人时举行冠礼，先加缁布冠，次加皮弁，后加爵弁，三加之后剃去垂髦，不再用缁布冠。后即用弁髦来比喻没有用的东西。《左传·昭公九年》："岂如弁髦，而因以敝之。"

[3]鳃鳃，忧愁恐惧的样子。《汉书·卷二三·刑法志》："故虽地广兵彊，鳃鳃常恐天下之一合而共轧己也。"

此，亦必变通而不敢拘泥。乃固执古时治乱之迹以为鉴，不已大相左乎？

仆来华二十余年，深知中华受病之由，并今时各国兴衰之故，且有明效大验于此。倘效寒蝉而不言，坐视中华束缚于贫弱之中而不能自振，恐乖践土食毛[1]之义，亦非圣教一视同仁之心，故特借承报馆之乏而覙缕[2]以陈，非不惮烦也，报馆之职也。然此事非一朝一夕所能罄，今止承办一年，所未及论者甚多，特于停止之日总叙年来论述之事，重作提撕[3]，以冀文人、学士、公卿、大夫深相考究焉。按予初职报馆时，除每日登论说一篇外，凡七日必讲中国须知之事。故杂地、杂学并论列之。如论五洲各国幅员、人数、教门、学校、商务数段，以备中国比较也。俄罗斯并日本，皆中国强邻，日生觊觎，不可不防，宜思所以自振焉。故论俄人富强之由，前后十数段。并述日本近二十年内整顿国务诸事，较前已极强盛，因述其强盛之由十一段，以为中国警醒也。

近数十年，欧罗巴为五洲之首。其所以为首者，缘皆取法于欧洲也。独中国各处书塾无一知讲欧洲之事者，故特叙述欧洲古今历代有为之君凡十段，以见其旧制之变更也。至于历代著名之良臣、辅弼、贤士倡行各事迹，更拟缀叙十数段，以资见识。惜无时日，故未暇及。今近中国西南最强之国，莫印度若也。在汉及唐时有称述，惟今日

[1]毛，泛指土地上生长的粮食、蔬菜等植物。后以“践土食毛”谓蒙受君恩。语出《左传·昭公七年》：“封略之内，何非君土？食土之毛，谁非君臣？”

[2]覙缕：指事情的原委。

[3]提撕，警惕、提醒。北齐·颜之推《颜氏家训·序致》：“吾今所以复为此者，非敢轨物范世也，业以整齐门内，提撕子孙。”

中土各处书塾绝无一人知而述之，故不惮烦，代为论列。缘印度今非昔比，大更旧制。东至中国川滇两省，为西藏东南界，西至克什米尔，为西藏西界。已遍国开设铁路，安置电线，立邮政局，修水利，设书塾以讲新学，凡六章载于报中。外有安南、暹罗、缅甸、西藏邻地属印度者俱列于报。又有美洲、澳洲纪略各一。凡若此者，中国不欲振兴则已，中国苟欲振兴也，此事不可不考也。

又每七日列图一张，即各国要事，排列次序，凡三十余图，以便比较中外各国孰先孰后焉。又电学近二十年内所出新法大概，较各学为尤有关系，以其能变化无穷也。凡发信、发光、传力、化物，用处无穷。故著电学二十余条，以见大概，有心者即而求之，其用曷有极哉。又化学为四民所不可少之学，故著说十余篇，以备用焉。至于各国养民、利民诸法，随意论列，不可指数。盖无论每日所著之论，及讲各国之事，皆不外此。

余之所以不惮烦言者，凡以为中国计也，盖良不欲中国落人之后，致余所论诸说盖为空谈，则余之所厚望也。倘一旦华人士不约而同欲考察各国教民、养民诸新法，中国复兴之机可计日而待。良以[1]国之兴衰在此，民之生死亦在此，华人士慎勿河汉斯言[2]也。

全书完

[1]良，确实。以，原因。良以，确实是有原因的。
[2]河汉斯言，言论夸张荒诞，不可置信。